监察法实施中的证据问题指引

Guidance on Evidence-related Issues in the Implementation of the Supervision Law

邓矜婷　主编
劳瀚慧 等　编著

法律出版社
LAW PRESS · CHINA
北京

图书在版编目（CIP）数据

监察法实施中的证据问题指引 / 邓矜婷主编 ; 劳瀚慧等编著. -- 北京 : 法律出版社, 2025. -- ISBN 978-7-5244-0433-0

Ⅰ. D922.114.4

中国国家版本馆 CIP 数据核字第 2025M7A534 号

监察法实施中的证据问题指引
JIANCHAFA SHISHI ZHONG DE ZHENGJU WENTI ZHIYIN

邓矜婷 主编
劳瀚慧 等 编著

策划编辑 陈 睿
责任编辑 陈 睿
装帧设计 李 瞻

出版发行 法律出版社
编辑统筹 法律出版社
责任校对 王晓萍
责任印制 胡晓雅
经　　销 新华书店

开本 710 毫米×1000 毫米 1/16
印张 11.25 **字数** 177 千
版本 2025 年 7 月第 1 版
印次 2025 年 7 月第 1 次印刷
印刷 保定市中画美凯印刷有限公司

地址：北京市丰台区莲花池西里 7 号（100073）
网址：www.lawpress.com.cn
投稿邮箱：info@lawpress.com.cn
举报盗版邮箱：jbwq@lawpress.com.cn

销售电话：010-83938349
客服电话：010-83938350
咨询电话：010-63939796

书号：ISBN 978-7-5244-0433-0
定价：52.00 元

凡购买本社图书，如有印装错误，我社负责退换。电话：010-83938349

目　录

前　言

2018 年《监察法》实施后，赋予了监察机关独立的调查权，使职务犯罪案件的办理模式发生重大转变，由此出现的法法衔接、证据转化等理论问题引发了学界经久不息的讨论。同时，由于职务犯罪案件具有高度隐蔽性和手段复杂性等特点，其证据的调查和审查一直是司法实务中的重点难点。然而，《监察法》的取证规则在初期较为粗疏，特别是在与《刑事诉讼法》衔接方面，缺乏明确的操作性指引。监察机关取得的证据如何合法、有效地转化为刑事诉讼证据，如何在职务犯罪案件中形成稳定、充分的证据链条，一直是学界和实务界的焦点问题。

随着 2021 年《监察法实施条例》及各地实施细则的逐步出台，部分证据转化问题得到了规范与解决。但在实践中，监察证据与刑事诉讼证据的衔接仍面临诸多挑战，包括如何保证监察程序中的证据合法性、如何平衡控辩双方在证据审查中的权利、如何应对庭审中的翻供问题等，这些都直接关系到职务犯罪案件的审判质量与司法公正。2024 年年底对《监察法》的修订，完善了监察机关在强制措施方面的不足，对调查取证规则进行了更细化的规定，新增了基于证据等审查制作审理报告的要求，并明确禁止暴力非法取证，解决了部分职务犯罪案件证据审查活动的问题。2025 年《监察法实施条例》的修改更新也吸纳了更多的实践经验和制度成果，进一步规范了监察权限和监察程序，特别是完善了新增强制措施的配套规定，强调了同步录音录像的检查，简化了提供流程，突出尊重和保障人权。《监察法》及其实施条例的不断完善体现了监察工作规范化法治化正规化水平的全面提升，但具体在证据规则方面仍有进一步完善的空间。

在职务犯罪案件中，言词证据尤其是犯罪嫌疑人或被告人的口供，因其重要性而成为证据审查与认定的核心。本书以此为切入点，探讨在无供述、稳定供述与翻供案件中，证据审查和认定的难题与解决路径。这一研究不仅具有理论意义，更直接服务于职务犯罪案件的司法实践，对提升司法透明度和证据使用的规范化水平具有重要价值。

本书立足于监察法实施以来的实际情况，聚焦于职务犯罪案件中的证据问题，尤其是口供的认定与审查。主要内容分为以下四个部分。

第一章关注无供述案件三大难题，对于如何认定受贿主观故意，提出通过行为推断并引入推定规则；对于如何认定"一对一"收受财物行为，建议完善间接证据补强机制；对于如何认定共同犯罪中同案人的知晓情形，主张以推定规则客观化主观认定，提升裁判统一性和可预测性。

第二章聚焦稳定供述案件，解决法法衔接难题，完善证据审查认定标准。本章分析《监察法》与《刑事诉讼法》衔接中的证据审查难题。针对《监察法》取证规则的不足，建议在其规定阙如时参考监察法规、地方细则及《刑事诉讼法》；若规定冲突，应遵循《刑事诉讼法》证据规则。对于立案前程序合法性审查的证据问题则需分情况讨论，具有特殊性的证据需补正或审慎认定。函询材料应当仅作间接证据，实物证据审查需关注取证程序合法性。

第三章讨论以非法证据为由翻供的情况，围绕非法证据排除程序的启动标准与审查方式展开。非法取证方式可分为直接暴力、非直接暴力及程序瑕疵三类，其审查启动需被告方提供非法取证线索，并根据侵害程度采取不同标准。刑讯逼供为审查重点，控方须以"排除合理怀疑"证明无刑讯行为，录音录像是关键辅助，法官需综合考虑取证行为的影响判断其合法性。

第四章探讨不以非法证据为由翻供的认定及量刑影响。翻供增加控方举证责任，庭前供述需补强，但非所有翻供影响量刑，仅对主要犯罪事实虚假陈述的翻供具有可责性。量刑需综合评估翻供行为与其他因素，确保从宽情节适用的公正性。

在研究方法上，本书采用理论与实践相结合的方式，综合运用理论法学、规范法学和实证研究方法。一方面，从法律文本出发，梳理现行法律法规与司法解释；另一方面，通过典型案例研究，总结证据审查实践中的具体问题与解决经验，为相关理论提供实践依据。

本书以职务犯罪案件中最具争议性的证据问题为核心，提出了对口供审查与认定的新见解，并尝试构建科学的证据标准。在理论层面，本书提出职务犯罪案件中证据审查的规范化建议,丰富了证据法学与监察法学的研究领域。在实践层面,本书针对法法衔接中的重点难题,提供了具有操作性的解决路径,有助于提升司法机关在证据审查中的效率与公正性。在立法建议层面,本书为进一步完善《监察法》与《刑事诉讼法》的衔接规则提供了有益参考。

本书适合从事职务犯罪案件办理的法律实务工作者,以及对监察法、刑事诉讼法和证据法领域有研究兴趣的学者和学生。

本书的完成,要感谢本团队成员的辛苦工作和卓越贡献,感谢劳瀚慧、杨润琦、李杰、胡泊、李昊英、崔行易、周民、王璇、刘昊洋、赵雨潼、曹宇、张蒲花。感谢中国人民大学刑事法律科学研究中心在本书撰写过程中提供诸多宝贵的学术资源与平台支持。感谢实务部门的专家提供的丰富案例与实践经验。

谨以此书献给所有为推动司法公正与法治进步而努力的人们。

第一章 无供述的案件中证据的审查认定

一、本章概述

无供述案件,是指在刑事诉讼中,犯罪嫌疑人、被告人自始对自己只作无罪辩解,拒绝作有罪供述或者保持沉默的案件。[1] 当案件涉及多个犯罪事实时,犯罪嫌疑人针对其中某一个犯罪事实自始不予承认也包括在本章的讨论范围中。所以,若无特别说明,本章对全案无口供与全案中某个犯罪事实无口供不作区别对待,适用相同的规则。

由于职务犯罪案件的隐蔽性强、物理空间中所留痕迹较少,在职务犯罪案件的查办中存在严重依赖口供证据、查办思路"由供到证"等问题。其中,这些问题在贿赂犯罪案件中的表现最为突出。贿赂犯罪可谓"三无"犯罪,即没有传统意义上的犯罪现场,没有目击证人,也没有直接被害人。许多案件的行贿人与受贿人采用现金交易的形式,导致犯罪活动中的"收受财物"这一关键犯罪行为缺乏与之关联性较强的书证和物证,也极少会留下视听资料。加之国家工作人员伙同他人共同受贿的情况比较普遍,使对受贿罪主观要件的证明和认定愈加困难。相较之下,贪污、滥用职权、玩忽职守、徇私舞弊等职务犯罪行为,或导致国有资产、公共财物减少,或有明显违反职责的客观表现。零口供案件的主要难点集中于主观方面的证明和认定。因此,为避免泛泛而论,本章将以最具典型性的贿赂犯罪案件为中心,针对贿赂犯罪的构成要件和常见证据进行具体分析,并以此辐射到其他职务犯罪案件的证明难题,以期在解决无口供案件事实认定难题的同时,减轻办案过程中对

〔1〕 参见王佳:《"零口供"下的犯罪认定》,载《人民司法》2009年第12期。

口供证据的依赖。

本章将通过法规梳理、案例中司法经验总结,并综合学术讨论成果,回答无口供贿赂犯罪案件认定难题中最为突出的三大问题,即如何认定无口供案件中受贿人的主观故意? 如何认定“一对一”职务犯罪中收受财物行为? 共同犯罪中,如何认定受贿人对近亲属及特定关系人收受财物的知晓情况?

第一,职务犯罪的主观要件是一大证明难点。犯罪的主观方面是犯罪人的内部心理因素,除少数犯罪人可能留有日记、纸条、账册等证据将其内心的犯罪故意表露于外之外,在大多数情况下,旁人很难知悉其行为的动机、意图等认识和意志因素。因此,口供证据在证明主观方面上具有无与伦比的优势。而在无口供受贿案件中,整体而言,要求行为人对“利用职务便利”、“收受他人财物”和“为他人谋利”有所认识。具体而言,一则可以通过行为人的客观犯罪行为、犯罪情节以及其接受调查期间的表现对其主观故意予以认定。二则对于受贿故意的认定只需要行为人对财物与职务存在关联具有认识即可。三则可以适当运用推定的方法认定受贿故意,由辩方对所指控的行为不是贿赂行为举证,但在证明标准上,辩方仅达到优势证明标准即可。

第二,由于贿赂案件的证据以言词证据为主,经常会出现被告人、犯罪嫌疑人和行贿人等关键证人各执一词的现象,实务中称为“一对一”案件,这是无口供案件的又一大证明难点。在“一对一”案件中,案件证据呈现出以两方相互矛盾的直接证据——被告人的辩解和行贿人的证言——为主线,其他少量的、散乱的、证明力较弱的间接证据为辅的结构。从横向上看,由于刑事诉讼中的证明责任由公诉方承担,对被告人供述和行贿人证言所要求达到的证明标准并不相同,被告人的口供与行贿人的证人证言分别作为辩方和控方的证据,分量并不相当。从纵向上看,审查“一对一”案件的证据包含对言词证据“质”的要求和补强证据“量”的要求,“质”与“量”的要求存在一定的反比例关系。

第三,近亲属共同受贿已成为受贿犯罪中一种普遍的犯罪形式,增强了犯罪的隐蔽性和复杂性,无疑也进一步增加了认定难度。无口供案件中国家工作人员往往辩称自己对亲属的受贿行为不知情,以期脱罪。为应对这种不断发展的犯罪形式,最高人民法院先后出台了若干司法解释对此进行规范。但由于各司法解释出台的时间跨度较大,且对共同贿赂犯罪的规定较为分散,实践中存在诸多分歧。通过运用文义解释、系统解释等方法进行法条释义并结合法理分析发现,在认定事实时,应当牢牢把握行为人有无共同犯罪故意这一核心,而这一核心的关键在于判断国家工作人员的主观故意。司法解释中的"明知"包含"知道"和"应当知道"两种情况。而后者中的"应当"仅表示推测,不表示一种命令。在一些案件中,国家工作人员与请托人长期存在权钱交易关系,并长期通过特定关系人收取财物或提供其他帮助,这种长期的意思联络构成概括的故意心态,因而国家工作人员对特定关系人如何收受财物以及财物的具体细节不必知晓。最后,在如何审查国家工作人员是否知道受贿事实的问题上,除直接证据外,需要加强对间接证据的运用能力,可以理性第三人的标准推断得知国家工作人员知道受贿事实,并通过建立推定规则,减轻控方证明负担。

二、无口供案件中受贿人的主观故意的认定

为进一步加强反腐败工作的法治化,《监察法》用留置取代"两规",并对留置的使用条件和审批程序等作出严格限制,还在 2024 年的修改中增加了强制到案、责令候查、管护三种措施。《监察法》第 44 条第 2 款规定,调查人员进行讯问以及搜查、查封、扣押等重要取证工作,应当全过程录音录像,留存备查。《监察法》第 50 条第 3 款规定,监察机关应当保障被强制到案人员、被管护人员以及被留置人员的饮食、休息和安全,提供医疗服务,以加强对被调查人员合法权利的保护,遏制刑讯逼供问题。但人权保障与获取犯罪嫌疑人口供、查明事实真相之间存在紧张关系,在充分保障被调查人员口供自愿性的情况下,出于逃避制裁的心理,被调查人员供述的意愿也将降低。这将加剧事实认定的难度,尤其是对犯罪主观方面的认定,因为行为人的心态藏于其内心,所以在刑事司法领域犯罪主观方面的认定一直是非常棘手的问题。通常情况下,仅靠口供认定行为人的主观方面仍显不足,而在无口供案件中要想认定行为人的主观故意就更为困难。

根据《刑法》第 14 条第 1 款之规定,犯罪故意是指"明知自己的行为会发生危害社会的结果,并且希望或者放任这种结果发生"的心理态度。犯罪故意的认识内容包括认识性因素和意志性因素。但在认识的内容和行为人对各内容主观过错的认识程度上,学界仍存在分歧。在是否要求行为人对危害结果有所认识的问题上,一种观点认为,对行为结果的认识仅针对结果犯。而另一种观点认为,任何犯罪都会发生危害社会的结果,犯罪故意认识因素的实质是对危害结果

的预见。[1] 在"明知"的内容上,"明知"包括对构成要件事实的认识和对危害性的认识。[2] 事实认识内容包括行为性质、行为对象、行为结果、因果关系、行为时间地点方法手段等特殊罪名的特定事实。[3] 但由于此种传统理论主张对故意与过失作完整的理解,同一犯罪不可能出现对行为出于故意而对结果出于过失的情况。有学者采用犯罪故意的要素分析模式,将犯罪的客观构成要素分为行为要素、情状要素和结果要素 3 类,并对各要素行为人的主观方面为"故意"、"明知"或是"过失"展开分析。[4] 其中,需要明确的是,"明知"是行为人本身对相关事实的一种认识,包含了"确实知道"和"可能知道",而不包含"应当知道"。[5]

关于受贿罪主观方面的争论则主要集中于对"为他人谋取利益"的理解上,从立法论层面来看,有肯定说与否定说之争,从解释论层面来看,有旧客观要件说(行为说)[6]、新客观要件说、主观要件说、混合违法要素说等。其中,实务界的主流观点由新客观要件说中的许诺说转向主观要件说。2003 年《全国法院审理经济犯罪案件工作座谈会纪要》(以下简称《经济犯罪纪要》)明确:"为他人谋取利益包括承诺、实施和实现三个阶段的行为。只要具有其中一个阶段的行为……就具备了为他人谋取利益的要件。"而 2011 年发布的 3 号指导案例"潘某梅、陈某受贿案"中,法院对谋利要件的解释立场转向主观说,认为国家工作人员明知他人有请托事项而收受其财物,视为承诺"为他人谋取利益",是否已实际为他人谋取利益或谋取到利益,不影响受贿罪的认定。理论界的主流观点也是主观要件说,认为"为他人谋取利益"只是受贿人的一种心理态度,属于主观要件

〔1〕 参见陈兴良:《刑法哲学》,中国政法大学出版社 1997 年版,第 164 页。

〔2〕 参见冷大伟:《犯罪故意"明知"问题探析》,载《烟台大学学报(哲学社会科学版)》2015 年第 5 期。

〔3〕 参见付玉明:《犯罪故意的事实认识与内容解读》,载《中国刑事法杂志》2016 年第 6 期。

〔4〕 参见劳东燕:《犯罪故意的要素分析模式》,载《比较法研究》2009 年第 1 期。

〔5〕 参见冷大伟:《犯罪故意"明知"问题探析》,载《烟台大学学报(哲学社会科学版)》2015 年第 5 期。

〔6〕 参见高铭暄主编:《中国刑法学》,中国人民大学出版社 1989 年版,第 692 页。转引自王显荣:《被动型受贿中"为他人谋取利益"的司法解读——以〈全国法院审理经济犯罪案件工作座谈会纪要〉有关"为他人谋取利益"之规定为视角》,载《河北法学》2010 年第 4 期。

的范畴。[1] 其中,有观点认为,应当将"为他人谋取利益"要件纳入主观要素的范畴,并将非法占有目的作为该类犯罪的隐性超过要素。[2] 另外,付立庆教授持混合违法要素说,认为在默契受贿和一部分收受礼金的场合,"为他人谋取利益"表现为默示的具体或者概括性承诺,属于主观违法要素;在事后受贿的场合,"为他人谋取利益"则是纯粹的客观违法要素。[3] 由此可见,对于受贿罪的主观方面的争论主要在于:故意是否包括"为他人谋取利益"?而随着讨论的深入,主观要件说逐渐占据主流地位。

在明确了受贿罪主观方面的内部构成后,需要进一步解决的问题是,在实践中如何认定国家工作人员的主观心态?要求国家工作人员"明知"自己的行为可以"为他人谋取利益",是否可以进一步要求其"应当知道"?实践中,受贿罪由于其本身缺乏物证、缺少直接受害人、没有物理犯罪空间等具有极高的隐蔽性,贿赂案件对口供证据的依赖性较高。而无口供受贿罪中直接证据更加稀缺,除少量案件中行为人留有日记、账簿、纸条等书证,行贿人可以提供录音、聊天记录等直接证据外,主要依靠行贿人证言,并佐以其他证人证言。行为人存在索贿情节时,其主观上积极利用职务所形成的优势地位,希望能够非法占有财物的认识和意志因素都表露于外,但在收受财物这样关键且隐蔽的情节上,容易形成"一对一"的局面,即行贿人称国家工作人员向其索取贿赂,并收受财物,而受贿人矢口否认。在没有索贿情节时,行贿人与受贿人容易形成攻守同盟对抗调查。在这些缺少口供等直接证据的情况下,认定受贿罪主观故意是难题,需要进一步对主观构成要件中的各子要件逐一分析,通过更多的间接证据,形成更紧密严实的证据链条对主观方面加以证明。

从学术界的讨论和司法实务界的裁判案例来看,都已经放宽对主观故意的证明要求,只要达到以下条件即可。一般而言,受贿罪要求行为人对"利用职务便

---

〔1〕 参见王作富、陈兴良:《受贿罪构成新探》,载《政法论坛》1991年第1期。转引自王显荣:《被动型受贿中"为他人谋取利益"的司法解读——以〈全国法院审理经济犯罪案件工作座谈会纪要〉有关"为他人谋取利益"之规定为视角》,载《河北法学》2010年第4期;陈兴良主编:《刑事法判解》(第3卷),法律出版社2001年版,第40~41页;马克昌:《受贿罪客观要件探析》,载《武汉大学学报(社会科学版)》1992年第1期;劳东燕:《论受贿罪的实行行为》,载《政法论坛》2020年第3期。

〔2〕 参见胡敏:《论受贿罪的主观超过要素》,载《河北法学》2009年第1期。

〔3〕 参见付立庆:《受贿罪中"为他人谋取利益"的体系地位:混合违法要素说的提倡》,载《法学家》2017年第3期。

利”、“收受他人财物”和“为他人谋利”有所认识。第一,直接证据对于认定行为人心理状态并非必要,在缺乏直接证据时可以通过行为人的客观犯罪行为、犯罪情节以及其接受调查期间的表现对其主观故意予以认定。第二,对于受贿故意的认定只需要对财物与职务存在关联具有认识即可。通过其行为表现,站在一般人的角度判断案涉财物的价值是正常的人情往来,还是情感投资式贿赂行为。第三,可以适当运用推定的方法认定受贿故意,由辩方对所指控的行为不是贿赂行为举证,在证明标准上辩方仅达到优势证明标准即可。鉴于职务犯罪过程中一些事实之间常态化的联系,我国法规细则及案例中都体现了对通过推定认定受贿故意的支持,以便解决受贿罪证据短缺所带来的证据难题。

(一)法规、细则的发现

1. 通过间接证据认定主观心态

《刑事诉讼法》第 55 条规定,“没有被告人供述,证据确实、充分的,可以认定被告人有罪和处以刑罚”。该条还规定了证据“确实、充分”所应当符合的条件。可见,认定国家工作人员的主观心态时,直接证据并非必要,在无口供案件中仍可以根据间接证据,如一些次生证据证明国家工作人员有串供、毁灭证据等行为,继而证明其具有犯罪的主观故意。

2. 通过客观行为认定主观心态

虽然《刑事诉讼法》及其司法解释,以及一些针对经济犯罪案件、贪污贿赂刑事案件的司法解释、指导意见、会议纪要主要关注犯罪客观构成要件的认定,专门针对行为人主观故意的规则和认定标准较少,但是对这些法规细则进一步解读,发现在缺乏犯罪嫌疑人、被告人直接将犯罪故意表露于外的证据时,犯罪的主观构成要件可以通过行为人的客观行为予以认定。

例如,最高人民法院、最高人民检察院《关于办理贪污贿赂刑事案件适用法律若干问题的解释》(以下简称《贪污贿赂案件司法解释》)第 16 条第 2 款规定:“特定关系人索取、收受他人财物,国家工作人员知道后未退还或者上交的,应当认定国家工作人员具有受贿故意。”对此种情形可采用不作为的理论来解释。对于特定关系人索取、收受他人财物的,国家工作人员在知道的那一刻开始,就具有返还或上交的义务;如果行为人知道之后未履行返还或上交的义务,则其行为在客观上构成不作为的受贿,同时,主观上具有不作为的受贿故意。[1] 不过,如何认定国家工作人员"知道",仍需要进一步根据其行为表现或采用推断的方式予以认定。

再如,最高人民法院、最高人民检察院《关于办理商业贿赂刑事案件适用法律若干问题的意见》第10条规定:"办理商业贿赂犯罪案件,要注意区分贿赂与馈赠的界限。主要应当结合以下因素全面分析、综合判断:(1)发生财物往来的背景,如双方是否存在亲友关系及历史上交往的情形和程度;(2)往来财物的价值;(3)财物往来的缘由、时机和方式,提供财物方对于接受方有无职务上的请托;(4)接受方是否利用职务上的便利为提供方谋取利益。"在认定行为人与请托人之间的财务往来并非馈赠而是贿赂后,通过其以馈赠形式掩盖受贿目的的行为表现,即认为行为人具有受贿的故意。与此相类似,《经济犯罪纪要》第3条第6款规定了认定国家工作人员以借款为名索取或者非法收受财物情形的考量因素,在认定以借款掩盖非法行为和目的的事实后,可以认为行为人明知自己的行为是受贿,而且希望贿赂发生,并为此积极掩盖自身的非法行为。此外,最高人民法院、最高人民检察院《关于办理受贿刑事案件适用法律若干问题的意见》(以下简称《受贿案件若干问题意见》)中所列举和规定的"以交易形式收受贿赂""收受干股""以开办公司等合作投资名义收受贿赂""以委托请托人投资证券、期货或者其他委托理财的名义收受贿赂""以赌博形式收受贿赂""特定关系人'挂名'领取薪酬""收受贿赂物品未办理权属变更"等情况均同理,在此不再赘述。

综上,对受贿故意认定的核心就在于国家工作人员知晓其收取的财物与职务存在关联,认识到这一关联关系则意味着国家工作人员对收受的财物为贿赂性质、对请托人的请托以及该请托与职务相关都具有认识。同时,国家工作人员利用种种形式掩盖收受财物的目的,可以间接证明其犯罪故意。

3. 通过推定认定主观心态

在通过推定认定受贿故意方面,我国加入的《联合国反腐败公约》已有相关规定。由于贿赂犯罪具有隐蔽性特点,贿赂案件本身存在证据少、取证难的问题。《联合国反腐败公约》第28条规定:"根据本公约确立的犯罪所需具备的明知、故意或者目的等要素,可以根据客观实际情况予以推定。"《联合国反腐败公约实施立法指南(2012年第二修订本)》(以下简称《反腐败立法指南》)进一步细化了该

---

[1] 参见劳东燕:《论受贿罪的实行行为》,载《政法论坛》2020年第3期。

公约的约定。《反腐败立法指南》第 202 条对受贿的主观构成要件作出具体的规定:"唯一的心理或主观要素是意图索取或收受不正当好处,以此为条件改变在公务中的行为。"该指南第 350 条、第 368 条对推定主观故意提出立法意见:"缔约国必须确保根据本公约确立的犯罪的明知、故意或者目的等要素,可以根据客观实际情况予以推定(第 28 条)。""国家起草人应确保本国取证条文得以就罪犯的心理状态作出此类推定,而不要求在认定其心理状态之前提供供词等直接证据。"我国已于 2005 年签署加入《联合国反腐败公约》,根据该公约的规定完善国内法是缔约国的义务。目前公约的立法精神在实践裁判中已发挥一定的效用,已有法官通过推定的方式,在个案中认定国家工作人员的心理要素。

(二)案例的启发

经过对裁判文书的检索,发现实践中无口供案件定案的情况数量极少。曾有学者在 2012 年、2013 年对三市的所有检察院展开调研,发现无一例无口供贿赂犯罪案件。[1] 有新闻报道也指出,被告人不供案件在司法实践中并不多。[2] 已检索到的无口供案件体现出法官对受贿罪主观故意的证明审查标准较为宽缓,只需满足以下几点要求即可。第一,行为人对其所收受的财物性质有所认识,此种认识并不要求行为人了解案涉财物的具体价值,仅需意识到案涉财物具有一定的价值,超出正常人情往来即可。例如,"王某萍受贿案"中,被告人王某萍私自接受某校校长任某某以学校名义的邀请,携其丈夫出国旅游两次,接受该校财物一次。虽然被告人王某萍并不确切知道旅游的具体支出金额,但对于出国旅游的花费有一定的认识,所以认定其收受贿赂的主观故意。[3] 第二,行为人对财物的来源有所认识,即行为人知道或应当知道财物由谁送出,至于财物从请托人到行为人其间如何辗转送达,何种方式送达则无关紧要。第三,行为人对请托人的诉求有所认识,但是行为人无须知晓请托人的具体请托和诉求,仅需要概括地知道请托人的请托事项即可。第四,行为人对请托与自己职务之间的关系有一定认识。行为人作为国家工作人员,对其自身的职权范围和因职权而产生的影响力具有也应当具有较高程

[1] 参见李明蓉:《贪污贿赂犯罪案件口供问题研究》,中国人民公安大学出版社 2016 年版,第 186 页。

[2] 参见张萨德:《浙江省首起"零口供"受贿案终审》,载中国法院网,https://www.chinacourt.org/article/detail/2002/12/id/29416.shtml。

[3] 参见浙江省杭州市萧山区人民法院刑事判决书,(2006)萧刑初字第 0710 号;参见苟红兵:《从"游贿案"谈非物质性利益的受贿罪构成》,载《人民司法(案例)》2007 年第 6 期。

度的认知，所以行为人只需知道请托与职务之间的联系客观存在即可。例如，"李某荣、吴某忠受贿案"中，尽管李某荣辩解称"以优惠价格购买光大集团的房产与其职务行为之间不存在权钱交换性"，但法院认为李某荣利用职权为行贿方谋取了利益，且行贿方同意以明显低于市场价格也低于房地产开发商"针对不特定人的最低优惠价格"出售房屋给李某荣，可知李某荣低价购房与其职权行使之间具有明确的对价关系。[1] 而且，从时间先后上看，这种认识并不要求与收受财物、获知请托事项同时产生，行为人能够预见到请托与职务行为之间的关联即可。

首先，对主观故意的认定只要国家工作人员认识到收受的财物与其职务有所关联即可，即只需受贿人的职权对请托事项有一定的影响力，受贿人不必对请托事项具有决定权。在"罗某如受贿案"中，公诉方指控罗某如收受学生赵某家长 2 万元，但罗某如上诉称，其不是北大附中小升初艺术特长生考试的评委，无权决定录取考生，故其不构成受贿罪。北京市第一中级人民法院认为："罗某如系北大附中小升初艺术特长生招生领导小组的工作人员，负责拟定管乐类招生计划、考试内容及打分表，在招生前提出推荐名单供学校参考，罗某如虽无录取考生的决定权，但是其作为音乐教师提出的推荐意见对于学校作出是否录取考生的决定有一定影响力，故罗某如利用其职务便利，向北大附中推荐赵某，并收受学生家长支付的钱款，符合受贿罪的构成要件。"[2]

其次，对受贿故意的认定多采用从客观行为和事实推断行为人内心意思的方法。例如，上述"罗某如受贿案"中，罗某如上诉称其并未向赵某家长提供银行账号，直到案发才知道赵某的家长给其转账人民币 2 万元。而证人詹某的证言及罗某如名下工商银行账户明细证明，詹某于 2007 年 2 月 13 日按照罗某如提供的银行账号转账人民币 2 万元，罗某如于次日将该笔人民币 2 万元取现，说明罗某如对于詹某向其账户汇款的情况系明知。[3]

最后，推断的基础不但包括证据证明的事实，还包括犯罪嫌疑人、被告人在接受调查过程中的表现。无口供案件中，法院通过认定索贿事实，可以认为被告人的主观故意明显。例如，在"赖某平受贿案"中，被告人赖某平利用其北京市海淀区

---

〔1〕 参见广东省高级人民法院刑事判决书，(2018)粤刑终 1536 号。

〔2〕 北京市第一中级人民法院刑事判决书，(2015)一中刑终字第 718 号。

〔3〕 参见北京市第一中级人民法院刑事判决书，(2015)一中刑终字第 718 号。

图书馆馆长一职的职务便利，先后4次索取他人财物共计人民币2,738,785元。被告人赖某平拒绝承认其收受了除20万元好处费和购书卡之外的财物，并且否认索贿情节。法院认为："四位行贿人是与海淀图书馆不同项目合作的相对方工作人员，与赖某平直接接触，之间并无牵连或者利害关系，其证言均能证明赖某平索贿的事实，并且其中两位证人都证明了赖某平索贿比例为合同款的20%，证言内容相互印证。同时，本案起获的字条、证人邵某提供的录音亦清晰记录了赖某平索贿所要实现的经济利益，与上述证人的证言内容能够相互印证。因此，上述证据能够证明赖某平向合同相对方索贿的事实成立。"[1]在认定了被告人的索贿事实后，法院没有专门讨论其犯罪主观要件，而是直接从索贿行为中认定被告人具有犯罪故意。

在被告人否认受贿故意时，法院则通过当事人对收受财物是否具有归还、上报、上交的行为或意思表示予以判断。例如，在"李某玲受贿案"中，被告人李某玲利用担任证监会发行监管部监管六处处长的职务便利，明知某公司希望取得其对该公司再融资申请的支持，仍收受该公司副董事长庞某给予的面值5000元的资和信商通卡10张。根据行贿人庞某和介绍人夏某的证人证言，经夏某联络，庞某、夏某与被告人李某玲在某酒店会面吃饭。庞某将购物卡用橡皮筋系在一起，装进头饰的小盒子，再把小盒子和一盒燕窝装在两个塑料袋里送与李某玲。被告人李某玲辩称，其对这5万元购物卡没有受贿故意。一审法院和二审法院均认为：案发后侦查人员从李某玲办公地起获涉案资和信商通卡，李某玲虽辩称资和信商通卡是夏某所送，其准备与夏某核实后退还或上交纪委，但其于2015年6月25日的供述显示，办案人员向其核实资和信商通卡的来源时，其拒绝回答该问题。结合李某玲的供述，其并无将资和信商通卡退还行贿人或向办案机关如实交代的意思，进一步体现其受贿的犯罪故意。[2] 该案中，法院认为犯罪嫌疑人、被告人拒不承认犯罪事实的行为也是其主观心态的一种反映。在客观构成要件事实得到证明的前提下，被告人保持沉默、拒不承认客观事实的态度即反映出其对自己行为是受贿的性质具有认识。再如，在"李某玲受贿案"的另一起受贿事实中，公诉机关指控

---

〔1〕 北京市海淀区人民法院刑事判决书，(2018)京0108刑初611号；北京市第一中级人民法院刑事裁定书，(2019)京01刑终201号。

〔2〕 参见北京市第二中级人民法院刑事判决书，(2016)京02刑初148号；北京市高级人民法院刑事裁定书，(2017)京刑终244号。

李某玲收受某公司李某1给予的奔驰牌汽车，涉案奔驰牌汽车虽未登记在李某玲名下，但李某玲从2007年至2014年案发一直占有该车辆，法院认为："李某玲长期控制、支配涉案车辆，足以证明其具有收受该车的主观故意和客观行为。"〔1〕

不过，在访谈检察官、法官时，我们发现实践中无口供定案在职务犯罪当中还是非常谨慎的。不少检察官、法官认为，无口供案件中，缺乏直接证据，或者证人证言与国家工作人员的辩解形成"一对一"的对峙局面，难以直接认定事实，而是需要利用间接证据和较为复杂的推断。

（三）学术理论中的发现

1. 财物与职务关联性认识成为主观要件认定的核心

传统观点认为，对于收受贿赂来说，行为人主观方面的意志要素包含两个决意，既要具有收受贿赂的决意，又要具有利用职务上的便利为他人谋取利益的决意。唯有上述两个决意同时具备，才能成立收受贿赂的故意。〔2〕如认为受贿犯罪主观罪过的内容包括对"利用职务之便"、对行为是索贿或受贿、对行为的性质为"权钱交易"，以及对"为他人谋利"有认识。〔3〕有观点认为，收受他人财物的故意与利用职务之便为他人谋取利益的故意的产生应具有先后性，即不论收受他人财物的行为与利用职务之便为他人谋取利益的行为的实施谁先谁后，收受他人财物的故意须产生于利用职务之便为他人谋取利益故意之先。而且"收受财物的故意与利用职务之便为他人谋取利益的故意之间应具有因果性，即利用职务之便为他人谋取利益的故意是因有收受他人财物的结果而产生的"〔4〕。

近年来，主观要件认定呈简洁化趋势，强调目的要素与手段行为间的证成性特征。〔5〕但由于对受贿罪法益的认识有所不同，在主观故意的问题上也存在一定分歧，劳东燕教授主张贿赂犯罪的保护法益是公职不可谋私利，并认为，将获取财物

〔1〕 北京市第二中级人民法院刑事判决书，（2016）京02刑初148号；北京市高级人民法院刑事裁定书，（2017）京刑终244号。

〔2〕 参见王作富主编：《刑法分则实务研究》（第3版），中国方正出版社2007年版，第1813页。

〔3〕 参见于雪婷：《受贿罪主观罪过之分层认定模式研究》，载《法律适用》2011年第12期。

〔4〕 金锋、杨兴明：《权钱交易型受贿罪主观要件的构成与认定》，载《人民司法》2000年第2期。

〔5〕 参见李海峰：《受贿罪各构成要素司法认定的新态势》，载《西南民族大学学报（人文社科版）》2017年第10期。

定位为受贿罪的实行行为之后,受贿故意的内容也便易于界定。受贿故意的成立,只要求行为人在认识到财物与其职位存在关联的前提下,对财物的获得持希望或放任的心态即可;既无须认识到财物是作为职务行为的对价而存在,又无须认识到自己是否实际或者承诺为他人谋取利益。同时,是否存在受贿故意的判断时点,是在取得财物之时。[1] 黎宏教授主张贿赂犯罪的保护法益是职务行为的公正性,因此,只有危及职务行为公正性的行为才有可能构成受贿罪。事后受财行为,在事先没有约定的场合,因为不可能危及职务行为的公正性,原则上不构成受贿罪;但是,有证据证明行为人履行职务行为时具有事后受财的心理期待或者心理联想的场合将构成受贿罪。至于如何判断行为人在履职时是否具有"事后收受职务行为对价的期待或者心理联想",黎宏教授认为可以从以下几方面判断:第一,行为人与提供财物的他人的交往情况;第二,行为人与财物提供者所处领域或者行业的"潜规则";第三,行为人与财物提供者之间的从属关系。[2] 而根据以张明楷教授为代表所支持的不可收买性说,只要国家工作人员就其职务行为索取或者收受的财物,不是其依法应当取得的利益,就是其职务行为的不当报酬。[3] 所以,在主观方面,首先,行为人具有索取或接受贿赂的意思;其次,行为人认识到自己索取、收受的是职务行为的不正当报酬;最后,行为人对上述结果持希望或者放任发生的态度。[4] 根据这一学说,在"为他人谋取利益"要件上,不要求国家工作人员有为他人谋取利益的实际行为与结果,只要行为与职务行为具有关联性即可。[5]

综上所述,学术界对于受贿故意的认定目前以"单一犯罪决意说"为主流,不再要求行为人对各个具体的客观构成要件均有认识,而是对财物与职务存在关联具有认识即可。认定行为人的认识和意志要素主要通过其行为表现,站在一般人的角度判断案涉财物的价值是正常的人情往来,还是情感投资式贿赂行为。从而逐渐摒弃对收受财物与为他人谋取利益二者之间在时间上具有先后顺序、具有因果关系的关注。

---

[1] 参见劳东燕:《论受贿罪的实行行为》,载《政法论坛》2020 年第 3 期。

[2] 参见黎宏:《贿赂犯罪的保护法益与事后受财行为的定性》,载《中国法学》2017 年第 4 期。

[3] 参见张明楷:《刑法学》(下)(第 5 版),法律出版社 2016 年版,第 1204 页。

[4] 参见张明楷:《刑法学》(下)(第 5 版),法律出版社 2016 年版,第 1211 页。

[5] 参见张明楷:《刑法学》(下)(第 5 版),法律出版社 2016 年版,第 1202 页。

2. 通过建立推定规则弥合关联性程度要求的分歧

在事实认定方面,学术界也不乏建立受贿罪推定规则的主张。但目前,在推定的适用前提、范围、结果等方面存在争议,这也源于对受贿罪保护法益的不同认识。对于受贿罪的保护法益,我国通说观点经历了从国家机关正常活动说到职务廉洁性说的转变,但廉洁性说的内涵过于宽泛与模糊,无法承担解释犯罪构成要件的指导功能,所以近年来不断有学者提出不同解释方案,其中,主流观点包括不可收买性说、不可交易性说、公职不可谋私利说 3 种学说。而纵观纷乱的学说观点和繁复的论证过程,目前主流观点的分歧事实上主要体现在对受贿罪所要求的“受财”与“谋利”之间关联性的不同理解。当前的主流学说均认为只有受贿与国家工作人员的职务行为具有一定的关联性,才能构成受贿罪。这种关联性要求行为人具有某种职务,已经、正在或者能够实施某种职务行为,才可能索取或收受他人贿赂。[1] 但这种关联应当达到怎样的程度并未形成统一的认识。本书认为,此种对关联性程度的分歧可以通过建立推定规则予以弥合。推定规则作为证据法规则,既可以保持实体法的稳定性,又可以通过赋予法官一定的自由裁量权,保障法律适用的灵活性。与此同时,推定规则将法官经常使用的事实推论以规则的形式固定下来,是司法经验的总结。

(四)启发与小结

从学术界的讨论和司法实务界的裁判案例来看,对主观故意的证明要求已经放宽,只需行为人对财物与职务存在关联具有认识即可。认定行为人的认识和意志要素可以通过行为表现加以推断。具体而言,第一,直接证据对于认定行为人心理状态并非必要,在缺乏直接证据时,可以通过行为人的客观犯罪行为、犯罪情节以及其接受调查期间的表现对其主观故意予以认定。无论是《刑事诉讼法》第 55 条和最高人民法院《关于适用〈中华人民共和国刑事诉讼法〉的解释》(以下简称《刑事诉讼法解释》)第 140 条的整体性规定,还是司法实践的经验总结,都证明了仅以间接证据认定主观故意的可行性。第二,对于受贿故意的认定只需要行为人对财物与职务存在关联具有认识即可。通过其行为表现,站在一般人的角度判断案涉财物的价值是正常的人情往来,还是情感投资式贿赂行为。虽然因为受贿罪法益学说的分歧,对受贿故意的认定存在一定的差异,但总体上呈现主观要件简化

---

〔1〕 参见李卫红:《受贿罪的司法认定》,载《法学杂志》2016 年第 4 期。

的趋势,各观点统一于要求行为人对财物与职务之间存在关联性具有认识。第三,可以适当运用推定的方法认定受贿故意,由辩方对所指控的行为不是贿赂行为举证。推定规则的建立符合《联合国反腐败公约》的要求,并在实际案件中被法官们使用。推定规则可以缓解受贿罪的主观证明难题,满足打击腐败犯罪的现实需求。明确的、体系化的推定规则可以规范事实认定的裁量尺度,统一裁判观点,增强裁判的可预测性。明确的、可预测的事实认定规则,将发挥着法律的指导作用和教育作用,为国家工作人员在日常工作中所要履行的廉洁义务划定较为清晰的界限,减少不必要的人情往来,形成良好的生活风尚。

三、"一对一"职务犯罪中收受财物行为的认定

司法实践中,由于贿赂案件作案过程隐蔽,缺乏物理犯罪现场和实物证据,经常会出现被告人、犯罪嫌疑人和行贿人等关键证人各执一词的现象,如行贿人称国家工作人员于何时何地收受其给出的现金数万元,但国家工作人员拒不承认曾收受财物,从而形成了直接证据"一对一"的情况,实务中通常称为"一对一"案件,也是"无口供"贿赂案件中的典型情况之一。事实上,绝对的"一对一"案件并不存在,只是相关的间接证据可能在数量上相对匮乏,或在质量上有所欠缺。该类案件所引发的证据审查问题一直是司法审判工作中的一大难题,其中涉及如何科学利用间接证据推断案件事实,如何把握"孤证不能定案"原则,以及如何明确我国《刑事诉讼法》所规定的"证据确实、充分"的证明标准等重要问题。在客观方面,"一对一"案件的焦点多集中在:是否有索贿情节?是否收受了财物?尤其在间接受贿案件中,如何认定国家工作人员收受了财物?贿赂财物是否到达其控制范围内?

在"一对一"案件中,案件证据呈现以两个相互矛盾的直接证据为主线,其他少量的、散乱的、证明力较弱的间接证据为辅的结构。其中,直接证据主要为否定收受财物事实的被告人辩解和指控这一事实的行贿人证言。通常,判断孰是孰非主要看间接证据是否能够补强一方的言词证据,从而证明两方的矛盾陈述何者为真。

从横向上看,鉴于贿赂犯罪为"异罪异刑"的两面对向犯,可以分两种情况讨论。一是行贿行为并不涉嫌构成行贿罪时,行贿人证言仅为受贿案件的证人证言。二是行贿行为也涉嫌犯罪时,行贿人证言在受贿案件中是证人证言,在行贿案件中是被告人陈述和辩解。质言之,行贿人证言的本质是整个贿赂案件共同犯罪的被

告人陈述和辩解。所以将行贿案和受贿案统一起来看,“一对一”的实质是行贿的被告人之供述和受贿的被告人之辩解呈矛盾状态。审查时不应将行贿人证言简单看作受贿罪案件的证人证言审查。两种情况的区别在于,由于刑事诉讼中的证明责任由公诉方承担,单就被告人供述和单纯的证言而言,暂不考虑其他辅助证据的情况下,对二者所要求达到的证明标准并不相同。采信公诉方所提出的证人证言,需要达到排除合理怀疑的标准;而采信被告人口供,仅需达到形成合理怀疑的标准。

从纵向上看,审查“一对一”案件的证据需从直接证据的“确实”和间接证据“充分”两方面入手,包含对言词证据“质”的要求和补强证据“量”的要求。对证据“质”与“量”的要求存在一定的反比例关系。换言之,当证据质量较高时,不必须通过其他诸多间接证据予以补强即可认定事实,但如果证据质量较低,可靠性较差,关联性较弱,则需要更多的证据予以佐证,或与其形成证据链条才能拼凑出事实的全貌。总体来说,对“一对一”案件证据的审查可以分为如下四步。

第一步,找出案件中行贿人证言与被告人辩解的矛盾所在。无口供案件的被告人辩解大多数为简单的否定,少有提出新的事实主张,较少对其事实主张提出有力的证据支持。从检索到的案例来看,被告人的主要辩解有:否认索贿情节;在利用特定关系人受贿等间接受贿的情况下,否认收受财物;辩称指控中的财物并非贿赂性质,而是借款、借用、投资等。[1] 此类仅贿赂双方知晓,且几乎不产生实物证据的情况最容易发生“一对一”的情况,也是案件事实认定的难点所在。

第二步,区分被告人辩解的不同情形,对被告人简单否认和提出新的事实两种情况分别处理。审查被告人的口供,应注重口供的合法性和客观性,全面地审验有罪供述和无罪、罪轻辩解,注重口供与其他证据之间的相互印证。最高人民检察院公诉厅《关于转发〈浙江省人民检察院关于公诉环节口供审查工作指引〉的通知》中指出:“确保口供与其他证据之间的矛盾能够得到排除或合理解释。”根据被告人辩解的程度不同,可将其分为两类。一是被告人单纯否认指控事实,没有提供任何新的案件信息和相关证据。此时虽然无法直接审查被告人的口供,但在事实认

---

〔1〕 参见北京市海淀区人民法院刑事判决书,(2018)京0108刑初611号;北京市第一中级人民法院刑事裁定书,(2019)京01刑终201号;北京市第二中级人民法院刑事判决书,(2016)京02刑初148号;北京市高级人民法院刑事裁定书,(2017)京刑终244号;湖北省嘉鱼县人民法院刑事判决书,(2016)鄂1221刑初69号;天津市第一中级人民法院刑事判决书,(2020)津01刑初4号。

定时,需要更多的有罪证据,以弥补有罪供述缺乏所带来的证据不足。二是被告人提出了积极抗辩事由,引入了新的事实,增加了新的案件信息。对于单纯否认事实的消极抗辩,辩护方对构成要件事实不承担证明责任,而对于积极抗辩事由,辩护方负有一定的提供证据的责任,但由于辩护方举证能力有限,司法机关应尽一定的照顾义务。无论被告人提出何种抗辩,只要构成"产生合理怀疑",即达到阻碍控方达到"排除合理怀疑"之证明标准的效果,从而加重控方的证明负担,甚至使其指控的案件事实最终无法确定。

第三步,从言词证据本身进行审查,判断言词证据是否符合"质"的要求。一方面,可以从证人本身的可靠性来判断,如作为证人的行贿人与其证言所指控的国家工作人员之间是否有明显的敌对关系,是否具有诬陷的动机;另一方面,可以从证言内容的合理性、逻辑性来判断。例如,证言所叙述的事实本身是否逻辑连贯,符合常理常情,是否存在记忆缺失、记忆错误、记忆过分精确,或几次询问中存在的矛盾是否符合一般的记忆规律。

第四步,结合其他间接证据佐证或排除证人证言或被告人的辩解。直接证据是以直接方式与案件主要事实相关联的证据,如贿赂案件中行贿人的证人证言和国家工作人员的供述。与此不同,间接证据是必须与其他证据连接起来或通过推理才能证明案件主要事实的证据,亦称为"旁证"。在"一对一"案件围绕正反两证据何者为真的问题上,就需要通过对旁证的审查判断哪种陈述事实发生概率更大,或不存在矛盾与冲突。杨立新教授曾提出"间接证据证明四法",为审查运用间接证据提供了可行的思路。其中,验证法即指用一个或多个间接证据检验另外一个证据是否真实的证明方法。[1] 实践中,一些行为人为掩盖收受财物的行为,通过"借"的方式长期占有财物,或利用他人银行卡等种种手段受贿,并辩称自己没有收受案涉财物。对此,法院主要将行为人事实上已经控制了财物,或实际享受相关便利作为判断行为人收受了他人财物的标准。

需要强调的是,在此审查过程中,并不应严格要求每一具体行为均有证据可以印证,更应着眼于排除证据间的矛盾和合理的怀疑。例如,行贿人称,经与其他一位高管商定,其于某日要求公司财务从某银行支取现金数万元,并于当日由其司机接送前往指定地点,将行贿的现金交给国家工作人员。对此,有公司高管、公司财

---

〔1〕 参见杨立新:《试谈间接证据的证明方法》,载《河北法学》1985 年第 2 期。

务和司机的证言分别证实商定行贿、取款和接送事实，有银行流水证明取款事实，有文件资料证明国家工作人员为行贿人谋利的事实。由此则可以认定国家工作人员收受了现金。此处需要警惕对“印证证明”的僵化理解，教条地片面强调证据之间的相互印证虽然有助于限制法官的司法擅断，但在证据天然匮乏的案件中则意味着不符合客观规律的审查判断标准。因为在隐秘场所，将现金面对面递交并未在物理空间留下可以追查的痕迹，若一味要求环环印证，显然有违人类认识事物、还原事实的规律，不切实际。

（一）法规、细则的发现

1. 审查被告人供述和辩解时须审慎对待矛盾

对于被告人供述和辩解的审查，《刑事诉讼法解释》第四章第四节的 4 个条文规定了审查与认定被告人供述和辩解的重点、排除规则和采信规则。其中，第 96 条第 1 款规定：“审查被告人供述和辩解，应当结合控辩双方提供的所有证据以及被告人的全部供述和辩解进行。”2015 年 7 月，最高人民检察院公诉厅也曾转发浙江省人民检察院《关于公诉环节口供审查工作指引》，指导检察机关对口供的审查工作，对于法官在审判过程中对口供的审查工作具有一定的指导意义，如认为对待辩解应从合理性、印证性两方面进行审查判断，需审慎对待供证矛盾。被告人单纯地否认指控事实时，需要有质量更佳、数量更多的证据弥补口供证据的缺失所造成的证明力不足；而在被告人有新的事实主张时，需要审查该主张是否构成合理怀疑，辩方的事实主张能否成立，相应地审查在案证据是否能够排除此种合理怀疑。

2. 无口供可以认定但需要加强其他证据证明力

在证明标准上，《刑事诉讼法》第 55 条第 1 款第 2 句规定，“没有被告人供述，证据确实、充分的，可以认定被告人有罪和处以刑罚”。该条第 2 款规定，“证据确实、充分，应当符合以下条件：（一）定罪量刑的事实都有证据证明；（二）据以定案的证据均经法定程序查证属实；（三）综合全案证据，对所认定事实已排除合理怀疑”。最高人民法院、最高人民检察院、公安部、国家安全部、司法部《关于办理死刑案件审查判断证据若干问题的规定》（以下简称《死刑证据规定》）第 5 条则对“证据确实、充分”作出更为严格的限制，除上述 3 个条件外，还要求：“共同犯罪案件中，被告人的地位、作用均已查清；根据证据认定案件事实的过程符合逻辑和经验规则，由证据得出的结论为唯一结论。”被告人口供作为重要的证据种类之一，发挥着重要的证明作用。当口供缺失，甚至出现供证矛盾，被告人提出新的事实主张时,若想达到"证据确实、充分"的证明标准,则需要加强其他证据的证明力。

3. 受贿人辩解与行贿人证言的证明要求有所不同

根据《刑事诉讼法》第 120 条的规定,被告人具有为自身行为辩解的权利,对于被告人的辩解,法律并未对其课以证明责任。从无罪推定原则,以及被告人有罪的举证责任由人民检察院承担等规定来看,被告人的主张仅需令法官"产生合理怀疑"。但是应当注意贿赂犯罪作为对向犯的特殊性,不可简单地将行贿人的证言当作证人证言。在行贿人与受贿人同时涉嫌犯罪时,就整个贿赂行为而言,行贿人的证言实质上是共同犯罪被告人的陈述和辩解。只有在行贿人不涉嫌犯罪时,如行为人并非"为谋取不正当利益"给予国家工作人员以财物,行贿人证言才仅作为证人证言。

4. 证人证言单个证据的审查注重对质的要求

对于证人证言单个证据的审查,《刑事诉讼法》第 61 条规定,证人证言必须在法庭上经过公诉人、被害人和被告人、辩护人双方质证并且查实以后,才能作为定案的根据。法庭查明证人有意作伪证或者隐匿罪证的时候,应当依法处理。《刑事诉讼法》第 192 条第 1 款规定:"公诉人、当事人或者辩护人、诉讼代理人对证人证言有异议,且该证人证言对案件定罪量刑有重大影响,人民法院认为证人有必要出庭作证的,证人应当出庭作证。"《刑事诉讼法解释》在第四章"证据"中专设第三节"证人证言、被害人陈述的审查与认定",较为详细地规定了审查证人证言的方法,如第 87 条规定,对证人证言应当着重审查以下内容:(1)证言的内容是否为证人直接感知;(2)证人作证时的年龄,认知、记忆和表达能力,生理和精神状态是否影响作证;(3)证人与案件当事人、案件处理结果有无利害关系;(4)询问证人是否个别进行;(5)询问笔录的制作、修改是否符合法律、有关规定,是否注明询问的起止时间和地点,首次询问时是否告知证人有关作证的权利义务和法律责任,证人对询问笔录是否核对确认;(6)询问未成年证人时,是否通知其法定代理人或者有关人员到场,其法定代理人或者有关人员是否到场;(7)证人证言有无以暴力、威胁等非法方法收集的情形;(8)证言之间以及与其他证据之间能否相互印证,有无矛盾。第 88 ~ 91 条主要规定了证人证言排除的情形。从中可以看出,我国司法实务界在审查证据时十分关注证据间能否相互印证,仅关于证人证言审查的 5 个条文中,"印证"一词就出现了 3 次。其中,第 91 条第 2 款规定,证人当庭作出的证言与其庭前证言矛盾,证人能够作出合理解释,并有相关证据印证的,应当采信其庭审证言;不能作出合理解释,而其庭前证言有相关证据印证的,可以采信其庭前证言。

法律和司法解释中单个言词证据真实性的审查方式,体现了对单个证据“质”的要求,而对“印证”的关注则在一定程度上体现着对证据“量”的要求。事实上,要求多个证据形成印证的原因就在于无法直接地认定某个证据绝对真实,所以需要多个来源独立的证据指向同一,从而排除单个证据真实性不明所带来的风险。在单个证据来源可靠,质量较高时,自然不再需要大量其他证据相互印证;相反,在某个证据可靠性较差,真伪难辨时,则需要通过加强对其他证据的考察,以排除单一证据真伪难辨所带来的风险。正因如此,审查言词证据要从其“质”和“量”两方面予以衡量,且质与量的要求呈现反比例关系。

5. 间接受贿的判断标准

对于间接受贿的情况,《受贿案件若干问题意见》明确了以交易形式、干股形式、赌博形式、特定关系人挂名领取薪酬形式、合作投资名义、委托理财名义收受贿赂等6种新型受贿的认定,还规定了由特定关系人收受贿赂的问题:“国家工作人员利用职务上的便利为请托人谋取利益,授意请托人以本意见所列形式,将有关财物给予特定关系人的,以受贿论处。”这是为了应对贿赂犯罪不断翻新的作案手法。这在实体法上争论较小,但毫无疑问,这些作案手段增加了事实认定的难度。实践中,法院主要将行为人事实上已经控制了财物,或实际享受相关便利作为判断行为人收受了他人财物的标准。

(二)案例的启发

1. 常见的两种无口供情形

无口供案件主要分为被告人单纯否认和提出积极抗辩事由两种情况。其一,被告人只是简单地否认被指控事实,并未提供新信息、新事实。一些被告人在法官追问案件细节时,仍只是简单否认,或以“不清楚”“不记得”等理由否认,既不能对法官的疑问或所指出的矛盾作出合理解释,又没有提出新的能够自圆其说的事实主张。此种情形下,由于被告没有提出积极的事实主张,无法对其供述予以内容上的审查,但是与有被告人口供的案件相比,无口供的案件中法官认定事实更加仔细与谨慎,对有罪证明的“质”与“量”的要求更高。因为作为重要的法定证据之一,被告人供述本身具有较高的证明力,在这一证据缺失的情况下,就需要更多的其他证据通过补强、印证、前后链接等方式形成完整的证据锁链。例如,“吴某受贿案”中,天津市第一中级人民法院认为:“在案证人李某2、隋某、谢某的证言及辨认笔录相互印证，能够证实被告人吴某通过李某2向谢某索要2万元，谢某通过隋某给予吴某2万元的事实。所以对吴某及辩护人所提出的不构成索贿不予采纳。”[1]在检索的判决书中，法官均会对被告人的辩解和辩护理由是否采纳一一作出回应，在说理中均可体现出法院对在案证据是否形成完整证据链所作出的判断。

其二，被告人提出了积极抗辩事由，相对于其他证据所证明的事实，供述包含新的信息或新的情节，但由于被告人取证能力弱等多方面情形，对于其事实主张，没有提出足以引起合理怀疑的证据加以证明。例如，否认自己在场，但没有提供不在场证明；再如，否认收受的财物为贿赂，辩称收受财物为借款，但没有提出证明财物性质的证据等。在“蔡某彬受贿案”中，被告人蔡某彬上诉称李某5转账的钱款是借贷往来。黑龙江省大庆市中级人民法院根据银行卡流水及业务凭证，资金使用记录，证人包某、李某2、石某、李某5、纪某的证言，认定蔡某彬向李某5索取62万元贿赂款的事实清楚，证据确实充分。并以“蔡某彬及其辩护人所提系借款和利息的理由和意见与客观事实不符”为由，对其上诉理由及辩护意见不予采纳。[2]从理论上看，对辩护意见不予采纳的关键在于上诉人的上诉理由和辩护意见没有阻碍控方证据达到排除合理怀疑的标准，没有打破控方证据所形成的完整的证据链。

2. 对证据“质”与“量”的要求呈现反比例关系

目前的“一对一”案件中，被告人的辩解为单纯否认的情况最为普遍，对此，法院多采用从行贿人证言这一直接证据入手，先审查证人的可靠性，如证人的陈述是否稳定，证言是否出现过前后矛盾的情况，对事实细节的陈述是否符合生活经验和逻辑推演规则。然后，再通过旁证，补强行贿人证言的真实性，在判决书中，法院多以“相互印证”来表述和形容这种证据补强。最后，通过间接证据之间的逻辑链条或印证关系，来认定案件事实。

例如，在“赖某平受贿案”中，北京市海淀区人民法院对案件证据的审查遵照先从行贿人的可靠性审查直接证据，后以间接证据补强的顺序。首先，从证人本身的可靠性审查直接证据本身的真实性、可靠性，法院认为：“作为与海淀图书馆不同项目合作的相对方工作人员，与赖某平直接接触，之间并无牵连或者利害关系，证言均能证明赖某平索贿的事实。”“从项目中标到本案案发，这一年有余时间内所

---

〔1〕 天津市第一中级人民法院刑事判决书，(2020)津01刑初4号。

〔2〕 参见黑龙江省大庆市中级人民法院刑事裁定书，(2019)黑06刑终410号。

有项目正常运行,中标方与赖某平并未发生明显矛盾,说明赖某平已经按照既定比例索得钱款,满足了既定要求,故不存在行贿人克扣或者私吞行贿款的可能。"[1]这是对证人证言本身"质"的肯定。然后,法院通过旁证补强直接证据的真实性,一是杨某与其他起贿赂行为中的行贿人邵某、杨某都证明了赖某平索贿比例为合同款的20%,证言内容相互印证。二是该案起获的字条、邵某提供的录音亦清晰记录了赖某平索贿所要实现的经济利益,与上述证人的证言内容能够相互印证。因此上述证据能够证明赖某平向合同相对方索贿的事实成立。三是几起受贿案中,行贿人邵某、杨某、刘某1均证明赖某平在索贿过程中答应在招标过程中为上述人员所在公司提供帮助,而质疑函、专家论证意见等书证佐证了上述事实。四是几起受贿案中的行贿人均证明赖某平索取钱款有急迫性的特点,即项目中标或者预付款支付后,必须立即按照所承诺的比例给予好处费,从赖某平已经承认的收受20万元的时间、比例同样可以看出收受钱款的急迫性。本案前后4种补强体现出对证据"量"的要求。

由于对言词证据本身的审查仍然不能绝对地肯定其内容的真实性,仅是经过审查认为其具有较高的可靠性,仍需要通过其他来源独立的证据予以补强,来减小单个证据与事实不符的风险。由此也可看出,对直接证据"质"与"量"的要求呈反比例关系。在极端的理想模型中,若可以100%肯定某一直接证据的真实性,那么仅此一个证据即可认定案件事实,而无须其他证据印证。

3. 间接贿赂的判断标准

在间接贿赂案件中,对于国家工作人员是否收受到财物的问题,主要的判断标准为贿赂的财物是否处于国家工作人员的控制范围内、国家工作人员是否实际享受财物带来的便利。例如,最高人民法院公报案例"程某志受贿案"的判决认为,收受他人给予的银行卡后即变更密码,长期存放至某处直至案发。持有人虽未实际领取该款,但收受钱款的行为已实施终了。[2] 又如,第885号指导案例"雷某富受贿案"判决认为,表面上看雷某富本人没有获得财物,但请托人的行贿指向是明确的,最后免除第三人肖某的债务,完全是基于国家工作人员雷某富的意思,而第

---

[1] 北京市海淀区人民法院刑事判决书,(2018)京0108刑初611号;北京市第一中级人民法院刑事裁定书,(2019)京01刑终201号。

[2] 参见北京市第二检察分院诉程绍志受贿案,载《最高人民法院公报》2004年第1期。

三人之所以获利，完全源于雷某富与明某智之间的权钱交易和雷某富最终对该财产的处分意思。该笔款项名为肖某公司与明某智之间的民间借贷纠纷，实为明某智与雷某富之间的权钱交易款，属于贿赂款的性质。[1] 再如第340号指导案例“李某受贿案”中，裁判要点认为：“索取的财物是否为被告人占有不影响受贿罪的成立。被告人支付少量购房款用以掩盖索贿行为的，其受贿数额应为房屋当时实际价值与实际支付价款的差额。”[2]为应对日益隐蔽的贿赂犯罪手段，最高人民法院在实践中确立了明确的认定标准，并经总结颁布了相关的司法解释，对统一受贿罪间接贿赂行为的认定标准起到了重要的指导作用。

（三）学术理论中的发现

1. 控辩双方的证明责任和证明标准

在刑事诉讼中，被告人享有防御权，辩解权、提出反证的权利是其中重要的内容，也是在控方完成其证明责任后，进行举证责任转换所应当赋予被告人的必要权利。在控辩对抗的过程中，被告人可以通过多种方式行使防御权，可以选择沉默，也可以选择单纯否认控方的指控，还可以提出证据推翻指控。从辩护思路上看，被告方的辩护策略主要有两种，一种是瓦解控方证人和其他证据的可信性以及对事实作出不同的解释或“旋转”，进行消极抗辩。另一种策略是证明被告人没有犯罪，其行为是正当的或应该是免除刑事责任的，此时被告人要承担相应的提供证据的责任来支持其主张，此为提出积极抗辩事由。对待被告人不同的对抗方式，证据审查方式也有所不同，主要可以分为以下情况。

第一，被告人选择沉默或单纯否认控方指控，因为被告人没有提供新的信息和证据，所以不涉及证据审查问题。法官仅需审查控方提出的证据是否达到“证据确实、充分”的证明标准即可认定案件事实。2012年《刑事诉讼法》修正将“排除合理怀疑”作为“证据确实、充分”标准的组成部分，将对案件事实真实的客观化要求与裁判者的主观心态相结合，也体现了我国刑事证明标准认识论基础从“客观真实说”向“法律真实说”的转变。[3] 但何为“排除合理怀疑”，如何防止法官在自由心

---

〔1〕 参见中华人民共和国最高人民法院刑事审判第一、二、三、四、五庭主办：《刑事审判参考》（总第93集），法律出版社2014年版，第87～90页。

〔2〕 中华人民共和国最高人民法院刑事审判第一庭、第二庭编：《刑事审判参考》（总第43集），法律出版社2005年版，第43～52页。

〔3〕 参见刘晓丹：《刑事证明标准的维度分析》，载《中国刑事法杂志》2016年第3期。

证过程中的主观擅断和恣意妄断,仍需要一些客观化的证据规则加以限制。任何证据的不合法、证据之间存在矛盾、不能相互印证或不具有排他性都将使法官内心产生合理怀疑。我国当前的司法实务重视证据间的相互印证,对于单个证据的可靠性存疑,所以要求"孤证不能定案",通过加强证据的数量,减少单个证据真实性不明所带来的错误风险。

第二,被告人提出积极抗辩事由,主张构成要件事实之外的事实,用以证明其行为是正当的或应该是免除刑事责任的,此时被告人应当对积极抗辩承担提供证据的责任。因为被告人主张的事实独立于构成要件之外,其存在的可能性无从猜测,所以对于控方来说,没有义务也没有可能主动证明相关事实不存在。有学者甚至主张由被告人承担证明责任,将被告人承担证明责任的情形归纳为以下几类:(1)被告人积极的辩护主张。(2)阻却违法性的事实,包括主张被告人刑事责任能力不适的事实主张、被告人的行为具有合法性或正当性的事实主张。(3)被告人独知的事实。(4)被告人主张的程序性事实。(5)由于先前行为的犯罪性,被告人对后续行为应当负担证明责任。[1] 但也有学者反对这种证明责任的分配,认为不宜要求被告人承担积极抗辩事由的证明责任,而主张强化对被告人辩护权的保障以及司法机关的"照顾义务"。[2] 针对辩护方可能存在的举证困难,有学者提出强化辩护方的证据调查申请权,弥补辩护方因证据搜集能力、证据提出能力薄弱造成的控辩双方力量失衡。

2. 基于贿赂犯罪对向犯特点的类型划分

所谓对向犯,是指以存在两人以上的对向性参与行为为要件的必要共犯形态。根据双方参与人的行为是否都需要处罚,可以将对向犯分为两面对向犯与片面对向犯两种类型。[3] 依《刑法》第385条和第389条之规定,在行贿人并非为谋取不正当利益而给予国家工作人员以财物,或被索贿但没有获得不正当利益时,行贿人的行为不构成行贿罪。此时,行贿与受贿是片面的对向犯,即以双方相互对向的行

---

〔1〕 参见蔡永彤:《幽灵抗辩之对策:刑事诉讼被告人证明责任再研究——兼论证明责任分配规则的本土化展开》,载《法治论坛》2010年第1期。

〔2〕 参见李昌盛:《积极抗辩事由的证明责任:误解与澄清》,载《法学研究》2016年第2期。

〔3〕 参见钱叶六:《对向犯若干问题研究》,载《法商研究》2011年第6期。

为为要件,《刑法》只规定处罚一方。[1] 因此,贿赂行为只引发受贿罪一案,行贿人是受贿案证人。

而在行贿人涉嫌行贿罪时,行贿与受贿是"异罪异罚"的两面对向犯,受贿人和行贿人均应受到刑事追诉,实践中通常分案处理。虽然此时在受贿案中行贿人的证言作为证人证言出现,但是不能就此忽略行贿人同时也是受贿罪案件被告人的必要共同犯罪人,在与受贿案件对应的行贿案中,行贿人证言将作为被告人的口供呈现。学界已有学者撰文批评了这种通过对侵害人另案处理而将其变为证人的做法,其认为"污点证人"的本质就是同案被告人,将其看作证人混淆了证人与当事人之间的界限。而作证豁免制度是一种诱供式的"作证"方式,应当摒弃。[2]

综上,在审查行贿人证言时应当注意此种差别。行贿人证言在兼具共犯供述的性质时,其接受的审查也应体现出对被告人口供与证人证言的审查标准区别,如适用非法证据排除规则适用条件的判断,应采取针对被告人供述所规定得较为严格的标准。而对证明力大小的判断则可以认为具有较高证明力。总的来说,应当保持行贿与受贿两个案件所认定事实的一致性,此时的行贿人证言与被告人辩解分量相当。而在行贿人证言仅为本案证人证言时,则不能片面强调二者"一对一",更需要回归到判断控方提出的包含行贿人证言在内的所有证据是否达到"确实、充分""排除合理怀疑"的标准。

3. 证人证言的审查方法与程序保障

证人证言是指证人依据个人直接感知或间接了解的案件相关情况向司法机关所作的陈述。目前不乏从司法心理学的角度,对证人证言可靠性的研究。虚假证言可分为伪证和误证两大类,伪证是指证人在某种动机的驱使下,有意作出的虚假陈述。[3] 上述"赖某平受贿案"中,法院即通过行贿人与被告人无直接利害关系等认为行贿人没有作虚假陈述的动机,从而认为行贿人证言具有较高的可靠性,这就是排除证人作伪证的审查。除此之外,即使陈述者没有说谎动机,由于记忆偏差等情况,仍可能出现陈述内容失实,这就是误证。所以,审查和判断证人证言的可靠性应当从排除证言为伪证和误证两方面进行。另外,有检察官总结办案经验,认为

---

〔1〕 参见田坤:《论片面的对向犯》,载《兰州学刊》2009 年第 7 期。

〔2〕 参见裴苍龄:《作证豁免的理论辨正》,载《法商研究》2012 年第 5 期。

〔3〕 参见刘志宏、刘林:《证人证言可靠性的心理学研究》,载《中国人民公安大学学报(社会科学版)》2011 年第 6 期。

证人证言的审查工作应重点围绕庭审风险性、形式合法性、内容客观性3个方面进行。[1] 本书认为,对证据的审查应区分证据的采纳和采信两阶段,在审查证据能力的阶段,应当注重证人证言的关联性、形式合法性的审查以及对证言真实性的初步审查,排除与案件无关的证言、非法收集的证言和伪证。而在证据采信阶段,通过对证言内容逻辑自洽性的分析以及其他证据的削弱或补强关系,判断证据的证明力。

在确定了证人证言审查的步骤和方法后,还需要通过公正合理的程序进一步加强证人证言审查的科学性,其中一项重要的制度就是证人出庭制度。我国《刑事诉讼法》虽然规定了强制关键证人出庭制度,但如果不早日解决关键证人出庭率低的问题,既不利于被告人辩护权的行使,又会妨碍法院履行求真义务,阻碍事实真相的发现。对此,学术界已有大量研究成果进行了制度反思与重构。例如,郝万爽认为,出庭作证难问题的真正原因在于对质权的缺失、审前证言笔录适用情形不明确、匿名作证方式不完善及强制关键证人出庭的配套措施不足。[2] 再如,杜磊认为目前证人出庭作证的必要性判断标准存在弊端,应当参照证据调查范围(包括在场证据的调查范围)规则、严格证明/自由证明法则以及直接原则及其例外的规范,划定证人出庭作证必要性的范围。[3] 又如,田国宝提出,增设我国纯正证人出庭作证的奖励机制,完善我国不纯正证人无正当理由拒不出庭作证的惩罚机制。[4] 在"一对一"案件中,对行贿人证言真实性的审查往往直接决定了案件事实的认定,所以更应当重视证人出庭必要性的审查,保障被告人的对质权。

4. 间接证据的审查判断方法

早在20世纪50年代,我国就已经有对间接证据证明问题的研究。戈风指出,工作中常有必须运用几个系列的间接证据才能确定一件事情的场合,这是问题本身的复杂性所决定的,而因为几个系列的间接证据之间总是存在参差矛盾的关系,

---

〔1〕 参见段鹏云:《从三方面做好证人证言和鉴定意见的审查工作》,载《人民检察》2017年第16期。

〔2〕 参见郝万爽:《完善刑事诉讼中证人出庭制度——欧洲人权法院的判例及其启示》,载《烟台大学学报(哲学社会科学版)》2020年第1期。

〔3〕 参见杜磊:《审判中心视野下证人出庭作证必要性问题研究》,载《中国刑事法杂志》2020年第2期。

〔4〕 参见田国宝:《中国刑事证人出庭作证激励机制反思与重构》,载《法学》2021年第2期。

所以不能仅仅依靠间接证据的数量来认定案件事实,“而必须运用分析、推理的心证才能确定案情”[1]。还有学者认为,由于社会现象极其复杂,具体案件又各有特点,间接证据证明案件事实“并没有一个固定公式,必须借助一系列复杂的方法(分析、判断、推理)才能够实现”[2]。

虽然案件事实情况多变,对间接证据的审查难以提出一个精确的证据规则,但是仍然可以提炼出一些一般性的证据指引。杨立新曾提出“间接证据证明四法”,一为验证法,即用一个或多个间接证据检验另外一个证据是否真实的证明方法。二为清除法,即把具有矛盾的间接证据通过与其他证据的比对或鉴定、勘验等分析后清除出去的证明方法。三为筛选法,即分析间接证据所能得出的所有可能性结论,然后筛除可能性较低的结论的证明方法。四为连接法,即把经过验证、清除和筛选的间接证据连接起来,形成一个完整链条的证明方法。

在间接证据的证明方法上,何家弘教授提出了单个间接证据的演绎推理证明法和间接证据组合的同一认定证明法,以二者的概率分析。[3] 由于证据的审查判断与证明方法紧密相连,这两种方法的运用对于间接证据的审查认定也具有一定的借鉴意义。

综上所述,虽然我国学界较早地关注到间接证据的证明问题,但发展至今探讨仍然较少,还处于初步探索阶段,也反映出我国一直以来对间接证据运用不足的现实情况。而随着《刑事诉讼法》的发展,在正当程序的保障下,应当进一步加强对间接证据的使用,运用逻辑推演和概率论通过间接证据认定案件事实。

5. 间接受贿中收受财物情节的认定

随着贿赂犯罪作案手段越发隐蔽,司法解释、司法裁判案例对花样翻新的作案手段作出了回应,有学者指出,从受贿罪收受要件的司法认定趋势上看,收受要素认定呈现实质化倾向,倾向于把实际控制财物作为收受的衡量标准。[4] 2007 年《受贿案件若干问题意见》对 6 种新型受贿的认定问题作出明确规定,以交易形式、

---

〔1〕 戈风:《关于间接证据》,载《法学研究》1955 年第 4 期。

〔2〕 朱云:《如何运用间接证据证明犯罪事实——案例分析》,载《法学研究》1956 年第 4 期。

〔3〕 参见何家弘、吕宏庆:《间接证据的证明方法初探》,载《证据科学》2021 年第 3 期。

〔4〕 参见李海峰:《受贿罪各构成要素司法认定的新态势》,载《西南民族大学学报(人文社科版)》2017 年第 10 期。

干股形式、赌博形式、特定关系人挂名领取薪酬形式、合作投资名义、委托理财名义收受贿赂等均不影响对行为人收受贿赂的实质作出认定。还有一些借用他人银行卡,将他人银行卡长期控制在手中支取贿赂款项的情况,都不影响受财情节的认定。

而通过他人收受贿赂的情况,主要采用共同犯罪理论解决。收受的款物具体由谁经手和保管只是分工上的不同,并不影响共同受贿犯罪的认定。

(四)印证证明方法的修正与改良

目前,我国对证据确实、充分要求的审查过程中,"印证证明"的方法可谓贯穿始终。证据间相互印证可以体现出对证据"质"和"量"的要求,但也应注意到"印证"仅仅是证据确实、充分的一种表现,并非达到这一标准的充分必要条件。此种证据审查方法可操作性强,能够将证据审查标准客观化,利于防止法官司法擅断。但如果过分强调证据间的"印证",笼统地将一切指向同一的证据均以"相互印证"概述并不准确,容易导致证据审查缺乏条理性和层次性,更重要的是,单一的证据审查方法也难以应付复杂多变的现实问题。所以,在践行上述证明方法时,应当注意对印证证明方法予以修正。

龙宗智教授将通行的证明方式总结为"印证证明模式",这种模式是指"将获得印证性直接支持证据视为证明的关键,注重证明的'外部性'而不注重'内省性'"。他指出,此种证明模式形成的主要原因包括非直接和非言词的审理方式、审理与判定的分离、重复的事实审理需要案件在书面上的可检验性与印证性等。[1] 陈瑞华教授将这种通行做法概括为"以限制证明力为核心的'新法定证据主义'"[2]。"印证"概念被提出后,得到实务界的欢迎。在《死刑证据规定》中,"印证"一词在8个条文中出现了11次;在2021年《刑事诉讼法解释》中,"印证"在7个条文中出现了10次。

虽然通过证据间的"印证"审查证据具有可操作性强、可检验性强等优点,但过分强调印证所带来的弊端同样影响深远。第一,由于程序保障机制薄弱甚至缺失,"伪造印证"现象突出。左卫民曾指出,印证证明模式过于关注案件本身的证据构造而忽略了证据生产过程(取证程序)的正当性和合法性,因而激励侦查机关

---

〔1〕 参见龙宗智:《印证与自由心证——我国刑事诉讼证明模式》,载《法学研究》2004年第2期。

〔2〕 陈瑞华:《以限制证据证明力为核心的新法定证据主义》,载《法学研究》2012年第6期。

"制造""生产"出能够与这些客观证据互相印证但真实性存疑的主观证据(如被告人口供、证人证言),形成虚假印证。[1] 如果在证据审查过程中未能发现这些主观证据的疑点,并有效排除这些证据,则极易产生冤假错案。第二,由于印证规则自身粗疏,印证不充分的情况突出,是另一种"虚假印证"。"一些案件的印证看起来是'完美'的,却可能由于证据收集与案卷组织对证明方向一致性的追求,而省略了大量不一致的证据或证明的情节。"[2]第三,由于"印证"这一本土概念内涵过于宽泛,证据相互印证的理解实际上都是泛指多个证据具有共同的证明指向。[3] 这种印证既可以发生在两个证据之间的验证上,又可以发生在若干个证据对某一证据的佐证方面。[4] 对上述不同种类的证据关系在判决书中以"印证"一以概之,增加了裁判说理的模糊性,不利于法官心证的公开。不同类型的印证对证据证明力所产生的效果并不相同,也不能粗浅地认为只要两个证据内含相同信息,就可以绝对地完全认定证明内容的真实性,而不顾证据"质"的要求。若对此不加以区分,以"证据相互印证,法院予以采信"一笔带过,极易沦为逃避说理责任的工具。第四,努力找寻证据间相互"印证"关系的审查方式过分单一与僵化,会造成极高的证明标准,难以应对复杂多变的现实情况。有学者指出,这种对定罪标准的法律规范,固然会发挥限制法官自由裁量权的积极作用,但却以一种公式化的表述方式约束了法官主观能动性的发挥。[5] 向燕指出,印证证明模式是比自由心证更趋严格的证据评价方法,为证据的收集与评断规定了更高的标准。她认为扩大法官裁量的自由心证对防止错案也无能为力,强调通过完善配套措施和正当程序来解决现实问题。[6] 但此种观点忽略了"一对一"案件所面临的证明难题,龙宗智教授在提出"印证"证明模式这一概念的伊始就提到,这类案件即使有一定的旁证,如受贿人具有职务便利,行贿人带包携款入室行贿前后有人证明款项存在,而且指控受贿

---

〔1〕 参见左卫民:《"印证"证明模式反思与重塑:基于中国刑事错案的反思》,载《中国法学》2016 年第 1 期。

〔2〕 左卫民:《"印证"证明模式反思与重塑:基于中国刑事错案的反思》,载《中国法学》2016 年第 1 期。

〔3〕 参见周洪波:《中国刑事印证理论批判》,载《法学研究》2015 年第 6 期。

〔4〕 参见陈瑞华:《论证据相互印证规则》,载《法商研究》2012 年第 1 期。

〔5〕 参见陈瑞华:《刑事证据法学》,北京大学出版社 2012 年版,第 261 页。

〔6〕 参见向燕:《"印证"证明与事实认定——以印证规则与程序机制的互动结构为视角》,载《政法论坛》2017 年第 6 期。

发生之前不给行贿人办事，尔后则很快为行贿人办了事，但只要接受贿赂的情节只有行贿人陈述没有受贿人印证（关键情节一对一），法官也不敢判决受贿成立。[1]还有些情况下，如行贿一方的证据无论多少，总认为是一方证据，没有他方的印证，终究属于“一对一”而不能确认贿赂事实。[2] 虽然随着司法实践的发展，这种僵化死板的印证，以及对“孤证不能定案”误读的情况已经有所改善，但从立法层面来看，急需通过规范“印证”审查方式的运用，消除上述“印证模式”所造成的种种问题。

以“赖某平受贿案”为例，该案是法院成功将“零口供”职务犯罪被告人绳之以法的一个典范。但需要注意多次出现的“印证”的内涵并不相同，第一次“印证”用于几起受贿案中的行贿人证言均“证明了赖某平索贿比例为合同款的20%，证言内容相互印证”；第二次用于“本案起获的字条、邵某提供的录音亦清晰记录了赖某平索贿所要实现的经济利益，与上述证人的证言内容能够相互印证”。

第一次“印证”体现了几起受贿案件之间的联系，证明了赖某平多次用相同手段索贿的事实，对于每一次索贿事实的认定均具有证明力，但类似于品格证据，其证明力较低。在英美法系中，根据品格证据排除规则，被害人的品格原则上不得被适用。所谓品格证据排除规则，是指诉讼中的任何一方，不能用一个人曾经做过某些事情或者有着某方面的名声，从而归纳出这个人具有某方面的品格或性格特征，再以此来推论当事人在当下案件中实施了与其品格特征相吻合的行为。所以，赖某平存在前一次索贿合同价款20%的好处费的行为不必然导致在后一次受贿案件中赖某平也索贿合同价款的20%。但是前后两个案件中的行贿人分别独立作证，证明赖某平分别用相似手段以帮助中标为交换条件，索取同等比例好处费，这符合一般犯罪人的作案规律和特点，而且不同行贿人不约而同针对一个人作出大量细节相似的“指控”，诬告陷害的可能性极低，由此可以认定，各个案件中行贿人证言的证明力较高。综上，在第一次“印证”情形中，几个言词证据之间间接地相互提高了证据的真实性，从而提高了证据的证明力。这与几位行贿人的证言“均能

---

〔1〕 参见龙宗智：《印证与自由心证——我国刑事诉讼证明模式》，载《法学研究》2004年第2期。

〔2〕 参见龙宗智：《印证与自由心证——我国刑事诉讼证明模式》，载《法学研究》2004年第2期。

证明赖某平索取钱款有急迫性的特点”所遵循的思路相同。

与这种需要加入推理判断的间接的证据验证方式不同,判决书中第二次使用“印证”一词,则是直接的印证,案中起获的字条与同案中的行贿人证言中证明的工程预算金额、好处费金额相符,直接证明了行贿人证言的真实性。而该案中,行贿人提供的录音,则更加直观地证实了证人所陈述的部分事实。可见同一判决同一段落中前后出现的“印证”,其作用机理具有巨大差别,所达到的增强证据证明力的程度也有很大差别。其实,该案的一审法官已经注意到,“印证”这一中国本土词语的内涵与外延极其宽广,过度使用容易引发混乱,所以在表述中也使用了含义更为精确的“佐证”一词,认为质疑函、专家论证意见等书证佐证了行贿人证言中所证明的被告人答应为行贿人所在公司在招投标过程中提供帮助的事实。这一表述上的区分,更好地体现出了证据之间何者为主,何者为辅的关系,体现出证据审查的思路与逻辑,更加明确地公开了心证过程,对增强判决说理具有积极意义。

(五)启发与小结

从学术界的讨论和司法实务界的裁判案例来看,欲解决“一对一”案件的证明难题,首先,应当破除僵化的印证证明模式的负面影响,赋予法官一定的自由裁量权,构建有限度的自由心证证明模式。不再要求事事印证,更不能以两个证人都属于行贿方,而将两份证言认为是“孤证”,从而不合理地扩张了“一对一”案件的范围。其次,应当注意被告享有辩护的权利,在被告人单纯否认事实时,不影响控方就其主张犯罪事实需达到“排除合理怀疑”证明标准,被告人提出积极抗辩事由时,只需达到较低的“形成合理怀疑”标准。再次,在行贿和受贿行为均构成犯罪时,应当明晰行贿人即为同案被告人,行贿人的“证言”即为同案被告人的口供,从而避免错误地将其仅作为普通证人证言予以审查,或割裂地看待同一犯罪事实。复次,应当深入研究言词证据的特点,并据此科学审查言词证据的真实性和可靠性。对此又分为对证人可靠性的审查和对证言所陈述事实逻辑性的审查。最后,应当完善利用间接证据补强直接证据的证据审查方式,加强利用间接证据认定案件事实的能力。明确“证据充分”的标准并非所有具体行为都有两个或两个以上证据相互印证,而应注重证据所形成的证据链条的完整性和证据之间的逻辑关联,要求两个证据内含信息同一或指向同一事实固然有助于加强证据的证明力,但这种方法过于简单和粗暴,难以应对贿赂犯罪隐蔽性的特征。即使个别环节存在证据相对薄弱,仅有单一证据证明的情况,但如果该链条与前后链条的衔接逻辑通顺自然,不存在合理怀疑的情况,也应当承认,此时案件的证据链条是完整的。

四、共同犯罪受贿人对近亲属及特定关系人收受财物知晓情况的认定

国家工作人员与其近亲属或特定关系人共同受贿的现象并不鲜见。时任北京市检察院一分院公诉二处副处长的李辰于2011年6月24日接受《京华时报》记者采访时曾表示,根据一份贪官档案数据,亲属共同受贿的比例已经达到81%。[1]此种普遍存在的犯罪形式加剧了贿赂犯罪的隐蔽性和复杂性。特定关系人与国家工作人员往往共同生活、共享财富,二者联系密切,能够便捷地秘密进行意思联络和共同行为。对于长期相处的共同犯罪人来说,一句简短的话,一个手势,甚至一个眼神,即可达到意思联络的目的。然而,在案发后国家工作人员却总以不知情为由否认自己有受贿行为,特定关系人也以没有通谋为由否认其有共同受贿的主观故意。根据《受贿案件若干问题意见》的要求,在认定国家工作人员和特定关系人共同受贿时,应当满足"通谋"的主观要件,如何认定国家工作人员与特定关系人之间具有通谋,如何认定共同犯罪的主观故意,成为定案的关键。

在正式讨论共同贿赂犯罪之前,需要明确本章研究所讨论的情形的范围,厘清一般的共同贿赂犯罪与介绍受贿罪、利用影响力受贿罪之间的关系。事实上,《刑法》第392条规定的介绍受贿罪是贿赂犯罪帮助犯中的一种,是将帮助行贿、受贿的行为中的介绍行为单独规定,而其他帮助行为,如帮助接收、移送财物则被排除在外。如此立法的一个主要原因在于,与其他贿赂犯罪的帮助犯相比,介绍贿赂罪的犯罪行为情节较轻,所以《刑法》对其处罚予以特别的减轻的规定。[2] 而也正是从这一立法目的出发,在认定介绍贿赂罪时,应当注意罪责刑相适应原则,不宜扩张适用。换言之,对于以其他方式帮助贿赂犯罪的行为,仍应当按照《刑法》第385条和第389条之规定以受贿罪和行贿罪的共犯予以定罪量刑。

具体而言,根据最高人民检察院《关于人民检察院直接受理立案侦查案件立案标准的规定(试行)》第1条第7款,介绍贿赂是指在行贿人与受贿人之间沟通关系、撮合条件,使行贿与受贿得以实现。介绍贿赂者只能在有意行贿与有意受贿的

---

〔1〕 参见《西安晚报:共同受贿(图)》,载中国经济网,http://views.ce.cn/view/gov/201106/26/t20110626_22502840.shtml。

〔2〕 参见刘明祥:《从单一正犯视角看贿赂罪中的共同犯罪疑难问题》,载《法学家》2017年第2期。

双方之间居中介绍，不能参与分享贿赂的成果或利益。如果介绍人明显有帮助一方行贿或受贿的意思，则不是介绍贿赂，而应当按共同受贿罪定罪处罚。比如，国家工作人员的妻子在得知请托人的请托意向后，安排请托人与国家工作人员会面，从而促使双方完成权钱交易。此时，由于国家工作人员的妻子也受利于贿赂财物，不能仅以其表面上是介绍贿赂的形式，就认定其为介绍贿赂罪，处以较轻刑罚。还应当看到，其行为的本质是帮助国家工作人员收受贿赂并与之共同享有受贿所得利益，与单纯的居中介绍有所差别，所以应当认定其行为构成受贿罪的共同犯罪。〔1〕

《刑法》第 388 条之一规定了利用影响力受贿罪，贿赂罪共犯的规定与利用影响力受贿罪的规定之间是一种排斥的关系，如果国家工作人员与非国家工作人员具有共同受贿的故意，二者通谋完成受贿行为，则二者为受贿罪的共犯，非国家工作人员不构成利用影响力受贿罪。〔2〕 利用影响力受贿罪只有在国家工作人员和非国家工作人员之间缺乏意思联络，不存在共犯故意时才有适用的可能性。争议较大的一种情况为，关系密切的人事前未与国家工作人员进行意思联络，而是在国家工作人员对于收取财物并不知情的情况下，利用国家工作人员的影响力，为请托人谋取利益。事后国家工作人员知道了特定关系人索取、收受他人财物的事实，但并未退还或者上交。《贪污贿赂案件司法解释》第 16 条第 2 款规定："特定关系人索取、收受他人财物，国家工作人员知道后未退还或者上交的，应当认定国家工作人员具有受贿故意。"不过，对这一条款存在不同的理解。

本书认为，该条司法解释只是对国家工作人员事后受贿行为主观故意的认定规则，并未涉及共同犯罪问题，不能将此条文中的"受贿故意"想当然地理解为"共同受贿的故意"。在上述情况中，因为事前国家工作人员与非国家工作人员之间不存在共同犯罪的故意，行为人之间事前、事中没有通谋，所以不构成共同犯罪。而应当审查非国家工作人员是否构成《刑法》第 388 条之一规定的利用影响力受贿罪，国家工作人员是否构成事后受贿，对二者分别定罪处罚。正如陈兴良教授所言："国家工作人员与特定关系人共谋，在这种情况下，双方构成受贿罪的共犯是没

〔1〕 参见刘明祥：《从单一正犯视角看贿赂罪中的共同犯罪疑难问题》，载《法学家》2017 年第 2 期。

〔2〕 参见王志祥、柯明：《受贿罪共犯与利用影响力受贿罪的界限新解》，载《江西社会科学》2018 年第 1 期。

有疑问的。反之,如果没有这种共谋,则国家工作人员不构成受贿罪但特定关系人可以单独构成利用影响力受贿罪。"[1]

需要补充说明的是,2007 年《受贿案件若干问题意见》和 2016 年《贪污贿赂案件司法解释》中所使用的表述为"特定关系人",与此稍有不同,2009 年《刑法修正案(七)》增设利用影响力受贿罪时,在条文中使用的表述是"国家工作人员的近亲属或者其他与该国家工作人员关系密切的人"。从司法解释和刑法修正案颁布的时间来看,两种称谓并不存在后者替代前者的问题,而是并行不悖。2007 年《受贿案件若干问题意见》对"特定关系人"的定义,即与国家工作人员有近亲属、情妇(夫)以及其他共同利益关系的人,由此观之,"特定关系人"认定的关键在于是否与国家工作人员有共同利益关系。而"关系密切的人"侧重于其可以对国家工作人员行为、决定施加影响。比如血缘关系、亲属关系、情妇(夫)关系、同学战友关系、老朋友关系、同事上下级关系、老乡关系等,都有可能对国家工作人员施加影响。二者存在交叉,但各有侧重,大体上说,"关系密切的人"的范围往往大于"特定关系人"。刑事审判过程中,还应抓住各自的本质特征予以证明和审查。

在区分开与受贿罪共同犯罪形态关系密切的两种罪名后,可以明确,本章所讨论的共同受贿犯罪仅指一般共同受贿犯罪,不包括介绍贿赂罪和利用影响力受贿罪的情形。在证据和事实审查认定时也应注意区分三者的不同之处。

第一,现行法律和司法解释在共同受贿犯罪主观标准的认定上,前后采用了"明知""勾结""通谋""授意""知道"等表述,并通过列举与近亲属、"特定关系人"共同受贿的情形加强了对共同受贿犯罪的打击力度。但目前司法解释对共同贿赂犯罪的规定较为分散,现行有效的相关条文制定时间前后跨度有十几年之长,存在演化渐进的过程,需要通过文义解释、历史解释、系统解释等方法对条文含义作出恰当的解释,厘清相关表述的内涵。首先,司法解释中的"明知"包含"知道"和"应当知道"两种情况。其次,"应当知道"中的"应当"仅表示推测,不表示一种命令。所以"应当知道"仅指根据间接证据,国家工作人员对受贿事实知情或者极大概率是知情的,并非在国家工作人员不知的情况下,科以必须知道的注意义务。再次,不应僵化理解特定关系人以外的人与国家工作人员之间的"勾结""通谋"。勾结与通谋行为是行为人之间犯意联络的重要表现形式,但不是唯一的表现形式,在认

---

[1] 陈兴良:《贪污贿赂犯罪司法解释:刑法教义学的阐释》,载《法学》2016 年第 5 期。

定事实时，还应回归到判断行为人有无共同犯罪故意这一核心问题上来。对于概括的犯意联络，或心照不宣，依靠默契共同实施受贿行为的同样需要认定构成共同受贿罪。进一步来讲，认定共同受贿故意的关键在于证明国家工作人员"知道"所收受财物的贿赂性质。质言之，其认定的关键就在于判断国家工作人员的主观故意，若国家工作人员对他人的受贿意图和受贿行为不知情，主观上没有受贿的故意，则只可能是他人成立利用影响力受贿罪，国家工作人员视具体情况可能构成渎职罪。最后，司法解释中要求特定关系人以外的人与国家工作人员共同受贿需满足"收受请托人财物后双方共同占有"。该条规范通过描述典型的情形，为认定国家工作人员和特定关系人以外的人共同受贿提供了一个示例，具有指导性，其目的也在于与介绍贿赂罪、利用影响力受贿罪相区分。但不应由此僵化地认为仅在此种情况下才构成共同受贿。在事实认定过程中，行为人之间实施了共同受贿行为仍然是认定共同受贿的关键，而双方如何分赃并不影响共同犯罪成立。

第二，经过对案例的梳理和分析，本书以国家工作人员的知情程度以及对受贿行为的控制程度大小为划分标准，将共同受贿犯罪主观方面的事实情况分为如下4种类型：一是由国家工作人员授意请托人将有关财物给予特定人；二是由特定关系人或其他人积极促成贿赂行为的发生，在他人教唆或主动帮助下，国家工作人员收受贿赂，但不属于介绍贿赂罪的情况；三是特定关系人或其他人利用自己与国家工作人员的关系，收受请托人财物，国家工作人员仅大概知道其有收受贿赂的行为，但对具体收受的财物内容、金额并不知情；四是国家工作人员确实不知特定关系人或其他人利用与他的人际关系收受请托人财物。其中，对于第一种情况，根据《受贿案件若干问题意见》第7条第1款之规定认定事实没有争议。对于第二种情况，应当根据间接证据推断国家工作人员事实上知道特定关系人收受贿赂的事实，进而构成了国家工作人员受贿罪。在第三种情况下，仅以国家工作人员知晓的受贿数额范围对其定罪量刑。一些案件中，国家工作人员与请托人长期存在权钱交易关系，并长期通过"特定关系人"收取财物或提供其他帮助，这种长期的意思联络构成概括的故意心态，国家工作人员对特定关系人如何收受财物以及财物的具体细节不必知晓。而第四种情况中国家工作人员对受贿事实确实不知，不构成受贿罪，其特定关系人可能构成利用影响力受贿罪。

第三，在如何审查国家工作人员是否知道受贿事实的问题上，可将情况分为如下3类：一是通过直接证据证明，如被告人的日记、账簿、短信或聊天记录等证据。

二是通过间接证据证明国家工作人员知道受贿事实,即根据间接证据证明的事实,以理性第三人的标准可以推断得知国家工作人员知道受贿事实,如果特定关系人收受财物对于共同生活的国家工作人员来说有较为明显的外在表现,如驾驶新车、佩戴或使用新的奢侈品等,则认为国家工作人员知道亲属收受财物的行为。三是通过推定规则,减轻控方证明负担。如国家工作人员对其家中出现明显不符合收入水平的支出却不过问,可以推定受贿人知道亲属收受财物的行为。此时,由国家工作人员举证证明其无法知晓特定关系人收受财物的行为,如特定关系人使用相关财物时,其不在家中等事实,从而推翻推定事实。

(一)法规、细则的发现

通过对法律法规和相关司法解释、会议纪要等文件的梳理可以发现,对共同受贿犯罪的认定关键在于判断非国家工作人员与国家工作人员之间有无共同受贿的故意和行为,核心在于认定国家工作人员对受贿行为明知。"明知"包含"知道"和"应当知道"两种情况,后者表示推测性含义,指根据证据可以推断国家工作人员确实知道,而不采用"应当"一词的命令性内涵。下面本部分将运用文义解释、系统解释、历史解释等方法明晰共同受贿犯罪相关规定的内涵。

1. 对"与特定关系人共同受贿"的理解

对于共同受贿犯罪的认定,在2003年《经济犯罪纪要》中,最高人民法院根据《刑法》第25条关于共同犯罪的规定,明确国家工作人员和非国家工作人员共同故意实施受贿行为构成受贿罪的共犯。并且面对实务中越来越多国家工作人员利用近亲属掩饰犯罪行为的情况,为加大打击力度,列举了几种典型的、常见的国家工作人员与近亲属共同受贿的情况。该纪要第3条第5款规定:"非国家工作人员与国家工作人员勾结,伙同受贿的,应当以受贿罪的共犯追究刑事责任。非国家工作人员是否构成受贿罪共犯,取决于双方有无共同受贿的故意和行为。国家工作人员的近亲属向国家工作人员代为转达请托事项,收受请托人财物并告知该国家工作人员,或者国家工作人员明知其近亲属收受了他人财物,仍按照近亲属的要求利用职权为他人谋取利益的,对该国家工作人员应认定为受贿罪,其近亲属以受贿罪共犯论处。近亲属以外的其他人与国家工作人员通谋,由国家工作人员利用职务上的便利为请托人谋取利益,收受请托人财物后双方共同占有的,构成受贿罪共犯。国家工作人员利用职务上的便利为他人谋取利益,并指定他人将财物送给其他人,构成犯罪的,应以受贿罪定罪处罚。"该规定分别列举了近亲属和近亲属以外的人与国家工作人员共同犯罪的情况，并通过区分共犯与国家工作人员的利益关系、联络亲密程度，将帮助程度较轻的介绍贿赂情形区分开来。后来，由于共同受贿的作案手段不断升级，国家机关工作人员与其情人共同受贿的现象越发普遍，2007 年的《受贿案件若干问题意见》增加了"关于由特定关系人收受贿赂问题"的内容，第 7 条规定："国家工作人员利用职务上的便利为请托人谋取利益，授意请托人以本意见所列形式，将有关财物给予特定关系人的，以受贿论处。特定关系人与国家工作人员通谋，共同实施前款行为的，对特定关系人以受贿罪的共犯论处。特定关系人以外的其他人与国家工作人员通谋，由国家工作人员利用职务上的便利为请托人谋取利益，收受请托人财物后双方共同占有的，以受贿罪的共犯论处。"该条规定将 2003 年对国家工作人员与其近亲属共同受贿情况的关注，进一步扩展到国家工作人员的特定关系人，并规定特定关系人是指与国家工作人员有近亲属、情妇(夫)以及其他共同利益关系的人。对《经济犯罪纪要》第 3 条第 5 款及《受贿案件若干问题意见》第 7 条的理解需要注意如下几点。

第一，《经济犯罪纪要》第 3 条第 5 款采取总分结构，前两句对非国家工作人员与国家工作人员共同受贿作出一般规定。根据《刑法》总则和共同犯罪理论，二人以上基于共同故意实施共同的犯罪行为即成立共犯。所以非国家工作人员与国家工作人员具有共同受贿的故意和行为是认定共同受贿犯罪的关键。同时，还应注意到，一项犯罪通常可以由多个行为或环节组成，但无论共同犯罪人分工如何，只要各行为人在共同犯罪故意的支配下分别实施了部分犯罪行为，即可以认定为参与了犯罪的实施。

第二，《经济犯罪纪要》第 3 条第 5 款第 3 ~4 句分别列举了国家工作人员的近亲属以及近亲属以外的人与国家工作人员共同受贿的 3 种情形。这主要是为统一认识，针对当时司法实践中较为突出和普遍的情形才以列举的方式写入该纪要，作为示例，属于注意规定，而没有创设任何新的共犯认定标准。在其他情形中，仍应当回归到《刑法》总则或该纪要第 3 条第 5 款前两句的一般规定上来。有实务工作人员曾撰文指出，《经济犯罪纪要》并未改变《刑法》关于受贿罪共同犯罪认定的基本标准，将向国家工作人员代为转达请托事项认定为国家工作人员的近亲属构成受贿罪共犯的必要条件的认识，是对《经济犯罪纪要》有关规定的片面理解，实际是对受贿罪限定了较一般共同犯罪更为严格的条件，与《刑法》共同犯罪理论不符，不能适应当前打击腐败犯罪形势的需要，更会造成放纵部分特定关系人的负面效果。[1] 2007年《受贿案件若干问题意见》中也对这种错误理解作出澄清，该意见第7条第2款规定："特定关系人与国家工作人员通谋，共同实施前款行为的，对特定关系人以受贿罪的共犯论处。特定关系人以外的其他人与国家工作人员通谋，由国家工作人员利用职务上的便利为请托人谋取利益，收受请托人财物后双方共同占有的，以受贿罪的共犯论处。"该条规定未再提及代为转达请托事项等具体情形，进一步明确了共同受贿犯罪"通谋+行为"的认定标准。

第三，《经济犯罪纪要》第3条第5款中的"通谋"应作宽泛理解，是指双方具有共同受贿故意，表现为对受贿行为有意思联络、明示或默示的沟通等，而不应限缩在具有谋议行为这一片面理解上。根据共同犯罪理论，"通谋"包括事前通谋和事中通谋。如果特定关系人事先未就共同受贿行为与国家工作人员形成犯意联络，但是在对国家工作人员利用职务便利为他人谋利的事实明知的情况下，仍然代国家工作人员收受财物，则应当认定与国家工作人员具有通谋。不过，如果特定关系人事先没有与国家工作人员形成犯意联络，只是在请托人给予国家工作人员财物时在场，一般不宜认定为受贿罪共犯。

第四，对比《经济犯罪纪要》第3条第5款第3~4句以及2007年《受贿案件若干问题意见》第7条的相应规定，二者所列举的国家工作人员与特定关系人共同犯罪的情况和与特定关系人以外的人共同犯罪的情况有所不同。在主观方面认定标准的表述上，前者要求国家工作人员"被告知""明知"，后者要求"通谋"。另外，《受贿案件若干问题意见》第7条对于特定关系人以外的其他人与国家工作人员共同受贿还要求符合"收受请托人财物后双方共同占有"。按照共同犯罪的一般规定和刑法学理论，国家工作人员与非国家工作人员构成共同受贿，关键在于共同受贿的故意和行为，而无论二者如何分赃。换言之，按照共同犯罪的一般性规定，并不要求双方在收受财物后共同占有财物。应当认为，一方面，要求双方共同占有财物在于强调区分帮助行为仅为居间的介绍贿赂罪；另一方面，综上所述，该条规定为示例性规定，不能以此取代《刑法》关于受贿罪共同犯罪认定的基本标准，在理解时仍应回归到共同受贿犯罪的一般规定上。

第五，在对《受贿案件若干问题意见》第7条中"特定关系人"的理解上，需要

[1] 参见中华人民共和国最高人民法院刑事审判第一、二、三、四、五庭主办：《刑事审判参考：办理贪污贿赂刑事案件专刊》（总第106集），法律出版社2017年版，第50~51页。

与利用影响力受贿罪中关系亲密的人相区分。因为共同受贿罪与利用影响力受贿罪二者对法益的侵害方式不同,所以两类人的侧重不同。前者强调非国家工作人员与国家工作人员之间的共同利益,而后者强调非国家工作人员对国家工作人员的影响力。特定关系人所内含的共同利益和特定关系人以外的人的“共同占有财物”,实质上均指向二者共同受贿的故意和行为。有实务工作人员认为,一方面,共同利益关系主要是指经济利益,因为受贿罪的本质是权钱交易,没有经济利益往来不符合受贿本质特征;另一方面,共同利益关系不限于共同财产关系,情夫情妇等关系也属于特定关系。与此相类似,有学者认为,此处的“其他共同利益”不仅包含共同的经济利益,还包括精神利益、其他利益。[1] 但无论如何解读其他共同利益的内涵,终究要回归到其与国家工作人员的共同受贿故意上来。如果特定关系人既未转达请托事项,又未提议收受或者索取财物,仅仅单纯收受财物的情况一般不宜作为共犯处理,只能认定为利用影响力犯罪。

上述两个司法解释对于规制国家工作人员与非国家工作人员共同受贿行为发挥了积极的作用,一定程度上加大了对利用特定关系人受贿行为的打击力度,但实践中受贿的犯罪手段也在不断升级。情感投资式受贿、事后受贿等情况越发严重,这两种受贿方式与共同受贿的犯罪形态叠加,进一步增强了受贿行为的隐蔽性。

2. 对“知情后未退还、上交案涉财物”的理解

2016 年《贪污贿赂案件司法解释》增加了事后受贿的内容,第 13 条第 1 款第 3 项规定:“具有下列情形之一的,应当认定为‘为他人谋取利益’,构成犯罪的,应当依照刑法关于受贿犯罪的规定定罪处罚:(三)履职时未被请托,但事后基于该履职事由收受他人财物的。”同时,在第 16 条第 2 款规定,特定关系人索取、收受他人财物,国家工作人员知道后未退还或者上交的,应当认定国家工作人员具有受贿故意。该条规定虽然不是对共同受贿故意的认定规则,但在认定国家工作人员的受贿故意问题上具有重要意义。有观点认为,这一规定是对国家工作人员的受贿故意的推定规则。[2] 本书认为,这并非推定规则。推定是根据已经证明的基础事实推断某事实存在。而此处国家工作人员知道特定关系人索取、收受他人财物后,未

---

〔1〕 参见王晓东:《贪污贿赂、渎职犯罪司法实务疑难问题解析》,人民法院出版社 2020 年版,第 172 页。

〔2〕 参见刘树德、任素贤:《贪污贿赂罪类案裁判规则与适用》,北京大学出版社 2021 年版,第 75 页。

退还或上交,从行为上表露出其非法占有受贿财物的主观状态。口述、笔录和行为人的行为,都是行为人将内心意思表露于外的方式,国家工作人员知道自己正在非法占有受贿财物,仍继续保持这种非法占有状态,法官可以从其行为直接判定非法占有的故意,而不涉及推断。除行为人直接通过语言表示内心意思的情况之外,所有对行为人主观心理态度的证明,都需要通过行为人的客观实际行动等表现加以判别,此种复原行为人将主观心态外向化的过程属于间接证明,应当与推断或推定相区别开。根据该条规定,仍需证明国家工作人员"知道"特定关系人索取、收受他人财物的主观状态。

也有观点将事后受贿中的"事后",与共同犯罪故意中所要求的"事前或事中"的通谋相混淆,进而认为,事后共同受贿行为不符合共同犯罪理论中对共同犯罪故意的要求,延展了通谋的时段。该观点将事后受贿中的共同犯罪形态解释为:"如果事后特定关系人将其收受请托人财物的情况告知了国家工作人员,则国家工作人员具有退还或上交财物的法定义务,否则就视为其与特定关系人之间具有了受贿的共同故意,双方均应以受贿罪共犯论处。"〔1〕按照此种理解,对事后受贿共犯形态的规定突破了一般的共同犯罪理论,"视为具有受贿故意"则带有法律拟制的意思。事实上,国家工作人员知道他人收受贿赂,并默示占有受贿财物的行为即表明了其共同受贿的故意,自其通过默示的方式意欲占有受贿财物之时起,由他人利用国家工作人员职务行为受贿,演变为二人通谋受贿,收受财物的行为亦可归责于国家工作人员。因为国家工作人员谋利行为与收受财物行为的先后顺序并不影响受贿罪的成立;质言之,先办事后收钱同样侵害了受贿罪所保护的法益,所以同样构成受贿罪。〔2〕

3. 对"明知"的解读

通过以上对共同受贿犯罪相关司法解释的梳理可以发现,认定共同贿赂犯罪的关键在于认定共同故意,而认定共同受贿故意的关键在于国家工作人员主观上"明知"受贿的行为,无论是被近亲属告知或主动发现近亲属收受请托人财物,还是其主动指定或授意请托人将财物送给其他人,又或者是与其他人通谋,核心就在

---

〔1〕 中华人民共和国最高人民法院刑事审判第一、二、三、四、五庭主办:《刑事审判参考:办理贪污贿赂刑事案件专刊》(总第106集),法律出版社2017年版,第51~52页。

〔2〕 参见劳东燕:《受贿犯罪的保护法益:公职的不可谋私利性》,载《法学研究》2019年第5期。

于国家工作人员对共同受贿行为主观上是知道的。对于如何证明国家公职人员的"明知",目前司法解释没有直接提供具有可操作性的规则或指引。但从当前司法解释所规定的其他犯罪的主观方面认定规则可以得知,司法解释中的"明知"包含知道和应当知道两种情况。

大部分司法解释和部门规章、会议纪要明确规定"明知"包括"知道"和"应当知道",并通过列举具体情形加兜底条款的方式规定主观明知的推定规则,同时规定"但有证据证明确属被蒙骗的除外",允许当事人推翻推定事实。例如,1998 年最高人民法院、最高人民检察院、公安部、原国家工商行政管理局《关于依法查处盗窃、抢劫机动车案件的规定》第 17 条规定,"本规定所称的'明知',是指知道或者应当知道",并规定了 4 种"可视为应当知道"的情形。[1] 还有部分司法解释和意见虽然没有明确规定"明知"的程度是否包括"应当知道",但也与此类似,通过总结司法实务经验,对认定"明知"进行列举,作出示例性规范,如最高人民法院、最高人民检察院《关于办理与盗窃、抢劫、诈骗、抢夺机动车相关刑事案件具体应用法律若干问题的解释》第 6 条规定:"涉及的机动车有下列情形之一的,应当认定行为人主观上属于上述条款所称'明知'。"[2]

从司法解释中"明知"和"应当知道"的用法来看,"明知"包含了"应当知道"的情况,而"应当知道"的情形是在列举的情形下行为人确实知道,或者说,从现有证据所证明的事实来看,可以认为行为人极有可能是知道的。所以在适用时需要注意正确理解"应当知道"中"应当"的含义,其并非指在某些情况下被告人负有知

---

〔1〕 与此相类似的规定还有 2002 年最高人民法院、最高人民检察院、海关总署《关于办理走私刑事案件适用法律若干问题的意见》第 5 条;2003 年最高人民法院、最高人民检察院《关于办理妨害预防、控制突发传染病疫情等灾害的刑事案件具体应用法律若干问题的解释》第 3 条;2003 年最高人民法院、最高人民检察院、公安部、国家烟草专卖局《关于办理假冒伪劣烟草制品等刑事案件适用法律问题座谈会纪要》第 2 条;2004 年最高人民法院、最高人民检察院《关于办理侵犯知识产权刑事案件具体应用法律若干问题的解释》第 9 条;2007 年最高人民法院、最高人民检察院、公安部《办理毒品犯罪案件适用法律若干问题的意见》第 2 条;2008 年最高人民法院《全国部分法院审理毒品犯罪案件工作座谈会纪要》第十部分;2012 年最高人民检察院、公安部《关于公安机关管辖的刑事案件立案追诉标准的规定(三)》第 1 条。

〔2〕 与此相类似的规定还有 2009 年最高人民法院、最高人民检察院、公安部《关于办理制毒物品犯罪案件适用法律若干问题的意见》第 2 条;2009 年最高人民法院《关于审理洗钱等刑事案件具体应用法律若干问题的解释》第 1 条;2010 年最高人民法院、最高人民检察院《关于办理利用互联网、移动通讯终端、声讯台制作、复制、出版、贩卖、传播淫秽电子信息刑事案件具体应用法律若干问题的解释(二)》第 5 条;2010 年最高人民法院、最高人民检察院、公安部《关于办理网络赌博犯罪案件适用法律若干问题的意见》第二部分"关于网上开设赌场共同犯罪的认定和处罚"。

道特定事实的义务,而是认为某些情况下行为人确实知道特定事实。

(二)案例的启发

以国家工作人员和非国家工作人员对受贿行为的作用为标准,共同受贿可划分为3种类型:(1)国家工作人员为主犯,授意请托人将有关财物给予特定人,他人仅为辅助收受财物的角色;(2)非国家工作人员在通谋中更加主动,如在受贿后明确告知国家工作人员并得到明示或默示的认可,或在取得国家工作人员同意后收受贿赂;(3)非国家工作人员利用自己与国家工作人员的职务之便,收受请托人财物,国家工作人员虽然对具体收受的财物内容、金额并不知情,但大概知道其有收受贿赂的行为,并明示或默示地许可了其受贿行为。如果国家工作人员确实不知特定关系人或其他人利用与他的人际关系收受请托人财物,或在得知身边人有受贿行为后,由于赃款赃物已经被特定关系人挥霍等,确实已经不具备退还或者上交的客观条件,则因为国家工作人员不具有犯罪的主观故意,所以不构成共同受贿。[1] 其中,第一种情况已经由司法解释明确规定,实务中也没有争议。问题主要集中于第二种和第三种情形中,如何认定国家工作人员"知道"共犯的受贿行为,具有受贿故意。

通过上文对现行相关《刑法》规定和司法解释等条文的分析可知,认定共同受贿的关键在于"双方有无共同受贿的故意和行为"。实践中许多被告人辩称其与另一被告人不存在通谋,通过分析以下的指导性案例或典型案例可以发现,法院认定共同故意无须确切证明二者之间具有通谋行为,关键在于双方对贿赂行为均具有认识和意志要素。而如何判断被告人是否认识到财物的贿赂性质并追求受贿的结果,可以遵循"理性的第三人"标准。此外,在情感投资式贿赂中,被告人概括地知道行贿人与其特定关系人存在权钱关系即可,而无须知道具体细节。

1."通谋"认定标准

实践中法院认定被告人之间的通谋也无须确切证明二者之间具有通谋行为,关键在于双方均对贿赂行为具有认识和意志要素。尤其在大多数案件中,如果双方不存在通谋,则行贿人向特定关系人支付大额款项的行为违背常理。若被告人不能对此作出合理解释,则可以认为控方对其指控的证明已经达到了排除合理怀

---

〔1〕 参见裴显鼎、苗有水等:《〈关于办理贪污贿赂刑事案件适用法律若干问题的解释〉的理解与适用》,载《人民司法(应用)》2016年第19期。

疑的标准。

在1143号指导案例“罗某受贿案”中,罗某上诉提出,其与张某光之间不存在利用张某光的职务便利为杨某宇谋利的通谋。其辩护人提出,杨某宇向张某光请托事项以及张某光利用职务便利为杨某宇提供帮助的事项均与罗某没有任何关联,罗某既不知晓又未参与其中,罗某并未与张某光形成共谋,未与张某光互相配合实施为请托人谋取利益的行为,也没有利用张某光的关系为请托人办理请托事项,从而谋取财物的具体行为。二审中,北京市高级人民法院认为,上诉人罗某在明知杨某宇系为感谢和讨好张某光而给予其财物,明知张某光利用职务便利为杨某宇谋取了利益的情况下,仍收受杨某宇给予的财物并于事先征得张某光的同意或事后告知了张某光,足以认定其具有与张某光共同受贿的故意,并参与实施了共同受贿的行为,符合共同犯罪的构成要件。[1]

该案中,证人行贿人杨某宇和张某光的证言证明,经张某光介绍,杨某宇得知罗某与张某光之间为情人关系,且聚餐席间罗某也曾直接表明其与张某光之间的情人关系。罗某在杨某宇的公司挂职收取工资,其在侦查阶段也曾供述杨某宇对其说过他有好几个公司,有做空调的,也有做列车租赁,这些多少让其感觉到杨某宇为什么要讨好张某光,因为杨某宇做的生意张某光是能帮忙、能说上话的。其收杨某宇的表是因为知道杨某宇有求于张某光,杨某宇给其开工资就是个名义,就是为了讨好张某光,为了和其搞好关系让其在张某光面前帮他说好话。一审法院和二审法院认为罗某明知行贿人有求于张某光的事实仍收受了财物,收受财物的事实张某光也知晓,由此“认定其具有与张某光共同受贿的故意”。可见,实践中具有指导性质的案例也并未僵化理解司法解释中“代为传达请托事项”“按照近亲属的要求利用职权为他人谋取利益的”等列举情形,对于“通谋”仅要求双方对贿赂行为的性质均具有认识即可,双方如何谋划分工等在所不问。

在“李某玲受贿案”中,被告人李某玲辩称没有证据证明其与乔某方有共同受贿的故意,证人过某的证言不可信。证人过某明确指证涉案800万元是某公司给李某玲的贿赂款,其安排林某负责汇款。通过银行流水等证据,法院查明林某通过王某1将该笔800万元汇入李某玲特定关系人乔某方实际控制的戴某账户,由乔

---

〔1〕 参见中华人民共和国最高人民法院刑事审判第一、二、三、四、五庭主办:《刑事审判参考:办理贪污贿赂刑事案件专刊》(总第106集),法律出版社2017年版,第47~52页。

某方支配和使用;具体汇款人林某证实该笔800万元即过某委托其汇出的800万元。辨认结果等证据证明过某在汇款时并不认识乔某方或戴某,与该二人也无经济往来,由此法院推论认为李某玲伙同乔某方共同收受某公司800万元贿赂款。由于乔某方对于当时并不相识的过某将800万元巨款打入其实际控制的账户始终无法给出合理解释,最终,法院认定二人成立受贿罪共犯。审查过程所涉及的主要证据有行贿人证言、其他涉及的转款方的证人证言、银行转账记录以及过某的辨认结果,证明过某不认识戴某。行贿人证言作为直接证据,与所有间接证据并无矛盾,所证明的情节可以相互吻合或承接。但在认定被告人李某玲对其丈夫乔某方收受财物的行为主观上"明知"这一要件上,只有行贿人证言这一个证据可以证明。行贿人过某在证言中称:"李某玲让把钱打到她朋友的账户。后有个男的打电话,让其把钱打给他。"[1]此处,法院采纳这一证词一方面源于对该证据真实性的审查和认可,另一方面也包含一定的推论,即如果李某玲和乔某方不存在通谋,李某玲未曾授意过某将贿赂款交给特定关系人乔某方,则过某将800万元巨款通过委托他人汇款的隐蔽方式汇入乔某方控制的账户违反常理。对于此种违反常理的否认,被告人乔某方即使不负有推翻这一推论的责任,至少具有合理解释的义务,换言之,至少应当提出一种"合理怀疑",否则应当认为控方对其所指控的事实已经达到了"排除合理怀疑"的标准。

2."明知"的认定标准

从上述两个案件中也可以看出,认定被告人之间具有共同犯罪的故意关键在于认定国家工作人员对受贿行为明知,因为从受贿罪的构成要件来看,谋利要件由国家工作人员完成,收受财物和利用职务便利二者之间的不当联系关键在于国家工作人员,所以判定国家工作人员的主观明知具有决定性意义。实践中,有检察院引入"理性的第三人"标准来判断被告人是否认识到财物的贿赂性质并追求受贿的结果。例如,"吴某梅受贿案"中,江门市人民检察院抗诉提出:"本案共四次收受同一人贿赂,每次受贿的财物数以千万计,明显超出受贿人吕某峰的正常收入。所以吴某梅在每次实施犯罪行为时,就应当知道吕某峰正在受贿犯罪,且必须依赖其帮助行为才能完成受贿。"[2]此案中,法院经审查也认为检察机关抗诉理由成

---

〔1〕 北京市高级人民法院刑事裁定书,(2017)京刑终244号。
〔2〕 广东省高级人民法院刑事判决书,(2020)粤刑终1155号。

立，即间接证据表明被告人的特定关系人收受财物已经明显超出其正常收入，站在第三人的角度，可以推断认为吴某梅具有主观故意。

在第585号指导案例“蒋某、唐某受贿案”中，由唐某接受请托人的请托事项并收受财物，蒋某利用自己的职务行为安排下属关照受贿方。辩护意见认为，唐某直接联系调规业务并收受费用，蒋某不知情，二人没有共谋和共同行为，未共同占有钱财，不构成共同受贿。该案裁判理由认为，受贿罪中国家工作人员收受财物的具体方式主要有3种：一是本人直接收受并归本人使用；二是本人直接收受但交给他人使用；三是对于他人明确送给本人的财物，本人不直接收取而是指示送财物的人将财物交给其指定的特定关系人。[1] 该案虽然不符合上述3种情形中的任何一种，但是前述3种情形只是国家工作人员直接收受财物的常见表现形式，实践中的情形并不局限于此。国家工作人员收受财物的方式还可表现为间接收受：一是特定关系人或其他第三人收受财物后告知国家工作人员，由国家工作人员为请托人谋取利益；二是国家工作人员与特定关系人或其他第三人共谋后，由特定关系人或其他第三人直接收受财物。该案中蒋某和唐某客观上相互配合实施了为他人谋取利益和收受贿赂的行为，从第三人的视角出发，从二人相互配合的客观表现可以推断出蒋某明知唐某从受贿方获取利益。虽然请托人并不明知利用职务之便为其谋取利益的国家工作人员是蒋某，但并不影响唐某作为蒋某特定关系人的认定，也不影响蒋某与唐某二人实施共同受贿行为的认定。

根据案例检索结果，法官大多通过对证据的综合审查，直接认定被告人之间存在共同故意或通谋，经过分析梳理，可以得知司法实践还是采用第三人标准，即“应当明知”，来把握国家工作人员对特定关系人受贿的“明知”的。

3. 概括的故意

实践中还有一种较为特殊的、但同时也比较普遍的贿赂手段，主要体现为行贿人长期向国家工作人员的特定关系人行贿，以期国家工作人员能利用其职务之便为其谋取利益，可称为情感投资式贿赂。国家工作人员主观上知道此种贿赂，但由于已经形成长期的、较为稳定甚至较为频繁的权钱交易关系，国家工作人员并不完全知晓具体贿赂款项、贿赂财物的形式等贿赂细节。

---

[1] 参见中华人民共和国最高人民法院刑事审判第一、二、三、四、五庭主办：《刑事审判参考》（总第70集），法律出版社2010年版，第74～83页。

最高人民法院研究室认为，对于共同受贿犯罪，被告人“受贿所得数额”原则上应当以其参与或者组织、指挥的共同受贿数额认定。但在难以区分主从犯的共同受贿案件中，行贿人的贿赂款分别或者明确送给多人，且按照各被告人实际所得数额处罚更能实现罪刑相适应的，依法按照被告人实际所得数额，并考虑共同受贿犯罪情况予以处罚。[1]

（三）学术理论中的发现

1. 共同犯罪故意的认定

认定共同受贿的关键在于共同受贿的故意和行为。其中，行为人之间的通谋是二者具有共同犯罪故意的重要表现之一。共同犯罪中的通谋，是指二人以上为了实行特定的犯罪，以各自的意思付诸实现为内容而进行谋议。[2] 但并不是所有共同犯罪均有明显的事前或事中通谋，实践中行为人之间往往心照不宣，出于默契相互配合。而且通谋往往为密谋，难以为外界所知悉。司法过程中，应对通谋作较为宽泛的解释，不必须要求证明双方进行谋议的行为，甚至连默示的犯意联络也较为困难，因为行为人之间形成的默契，主观上身体动作、眼神、暗示等交流方式均构成主观上的联系。

存在一定分歧的是近亲属代收国家工作人员贿赂情况，如行贿人将财物送到家中，但国家工作人员不在，家属收下财物，事后告知国家工作人员。一种观点认为，亲属接受财物后，如果仅将收受的财物和请托事项转告给国家工作人员，但没有其他行为，亲属不构成受贿罪共犯。因为，近亲属与国家工作人员的关系非常紧密，他们相互间的帮助非常容易发生，只要不是积极参加受贿活动，相互勾结的情节严重，就没有必要连同其家属一并处罚，否则会不适当地扩大刑事责任的范围，造成打击面过大。[3] 而另一种观点认为，受贿罪以行为人取得贿赂为既遂标志，所以在行贿人送财物时，受贿行为没有既遂。那么中途参与犯罪的，可能成立共犯，即承继的共犯。所以只要近亲属明知请托人提供的是国家工作人员职务行为的不当报酬而接受，则符合受贿罪共犯的成立条件。[4] 本书赞同第二种观点，即

---

〔1〕 参见黄应生：《最高人民法院研究室关于共同受贿案件中受贿数额认定问题的研究意见》，载张军主编、最高人民法院研究室编：《司法研究与指导》总第2辑，人民法院出版社2012年版。

〔2〕 参见陈兴良主编：《刑法总论精释》（第2版），人民法院出版社2011年版，第533页。

〔3〕 参见姜伟、侯亚辉：《共同受贿犯罪若干问题探讨》，载《中国刑事法杂志》2002年第2期。

〔4〕 参见张明楷：《受贿罪的共犯》，载《法学研究》2002年第1期。

第三人明知相关财物的贿赂性质仍收受的，成立受贿罪承继的帮助犯。正是因为近亲属与国家工作人员关系紧密，所以二者之间有足够的默契，只要近亲属认识到送来的财物是贿赂性质，则成立共犯。无论是从第二种观点所阐释的理论出发，还是从当前打击腐败犯罪的刑事政策出发，所谓避免打击面过大的观点都难以成立。只是应当注意，近亲属不知道财物贿赂性质的，不能入罪，如接收快递等。

此外，《经济犯罪纪要》和《受贿案件若干问题意见》均要求的"收受请托人财物后双方共同占有"，也只是用于辅助判断双方具有共同犯罪故意和行为。按照共犯理论，各共同犯罪人在实施共同犯罪时，无论分工如何，参与程度如何，所有行为人的犯罪行为都是有机联系的，在整个犯罪的链条中，这些行为具有共同性，它和犯罪结果之间都具有因果关系。[1] 所以只要非国家工作人员通过自己的行为促使受贿这一危害结果发生，即具有共同受贿的行为，而不在于事后是否与国家工作人员共同占有受贿财物。因此，应当区分单纯的代收或共享受贿财物和促进受贿犯罪活动两种情形。家属知道国家工作人员收受贿赂而与其共享，在主观上缺乏共同的犯罪故意。在客观上，虽有共享的行为但没有参与国家工作人员的受贿犯罪活动，未实施共同犯罪行为。所以家属的行为性质至多是知情不举，而不构成受贿罪。[2]

2."明知"程度的司法认定

周光权教授将认识程度由强到弱分为"确知"（肯定知道）、"实知"（事实上知道）、"或知"（可能知道）、"应知"（应当知道）和"确实不知"5 种。[3] 从现行《刑法》、刑事立法解释和司法解释中关于"明知"的规定来看，"明知"与"应知"在用词上存在混乱。在《刑法》第 219 条侵犯商业秘密罪中，"明知"与"应知"被并列使用，由此可知"明知"不包含"应知"。但 2014 年全国人民代表大会常务委员会《关于〈中华人民共和国刑法〉第三百四十一条、第三百一十二条的解释》（以下简称 2014 年《全国人大常委会刑法解释》）以及大量司法解释规定，"明知是指知道或应当知道"。其中，2014 年《全国人大常委会刑法解释》深受司法解释的影响。此种文义上语词层级关系不清引发对"明知"一词认识程度要求的争议，学界目前的观

---

〔1〕 参见姜伟、侯亚辉：《共同受贿犯罪若干问题探讨》，载《中国刑事法杂志》2002 年第 2 期；张羽：《受贿共同犯罪若干问题探究》，载《法学评论》2009 年第 1 期。

〔2〕 参见姜伟、侯亚辉：《共同受贿犯罪若干问题探讨》，载《中国刑事法杂志》2002 年第 2 期。

〔3〕 参见周光权：《明知与刑事推定》，载《现代法学》2009 年第 2 期。

点主要有“确定知道说”“知道或应当知道说”“知道或推定知道说”“知道或可能知道说”。“确定知道说”对“明知”作最为狭窄的解释，认为“明知”就是明确地知道，是一种确定性认识。[1] “知道或应当知道说”和“知道或推定知道说”较为近似。前者以2014年《全国人大常委会刑法解释》和司法解释为支持，认为“明知”包含“知道”和“应当知道”。其中，“应当知道”的含义定位于带有猜测性质、推测成分且带有一定依据的认识。[2] 周光权教授认为，在司法解释中，大量使用“应当知道”一词，但其中多数属于行为人“实知”的范畴，少数是“推定的明知”。[3] 而后者更进一步澄清并区分“应当”的两种含义，认为以“明知”涵盖“知道”和“应当知道”两种情形存在疑问，对司法解释中的“应当知道”应当理解为根据相关事实推定行为人知道。[4] 尤其需要注意与过失相区别。因为从我国《刑法》总则编第14条、第15条关于故意犯罪与过失犯罪的规定来看，“应当预见”是以没有预见为前提的，由此，“应当知道”以主观上不知道为前提，那么认为“应当知道”表达了行为人主观上的过失罪过似乎也是有根据的。[5] 为了避免将“应当知道”误解为疏忽大意的过失，陈兴良教授主张舍弃“应当知道”这一表达，而以“推定知道”取而代之。最后，“知道或可能知道说”认为明知包含确定性认识和可能性认识，如2001年最高人民检察院《关于构成嫖宿幼女罪主观上是否需要具备明知要件的解释》中采用了“知道”和“可能知道”的表述来认定行为人主观故意。黎宏教授认为，明知的程度是只要具有可能性的认识即可。因为在行为人实施犯罪行为之前，结果处于一种可能性状态，所谓明知事实上是一种预测、预见。只要预见到自己的行为会发生危害社会的结果即可。[6]

由此可见，目前刑事司法中对“明知”与“应知”的划定存在混乱极易引发误解。按照当前大部分司法解释的观点，“明知”包含“知道”和“应当知道”，从体系解释的角度来看，上文所梳理的与共同受贿相关的司法解释中的“明知”包含“应当知道”的情况。

---

[1] 参见郭华：《互联网金融犯罪概说》，法律出版社2015年版，第187页。

[2] 参见闻志强：《论刑法中的“明知”》，法律出版社2019年版，第312页。

[3] 参见周光权：《明知与刑事推定》，载《现代法学》2009年第2期。

[4] 参见张明楷：《刑法学》（第5版），法律出版社2016年版，第266页。

[5] 参见陈兴良：《教义刑法学》，中国人民大学出版社2010年版，第447页。

[6] 参见黎宏：《刑法学》，法律出版社2012年版，第195页。

3. “应知”的内涵

从语义解释的角度,“应知”即“应当知道”或“应该知道”。根据现代汉语词典的解释,“应当”与“应该”同义,而“应该”表示理所当然。[1] 一种情况表示推测,即说话本人对现象的认知具有不确定性,或是对自己所说的不自信。另一种情况即表示一种义务要求,《立法技术规范(试行)(一)》第14条规定:“‘应当’与‘必须’的含义没有实质区别。法律在表述义务性规范时,一般用‘应当’,不用‘必须’。”

综上所述,“应知”具有推测性和命令性两个层面的含义:第一层面上,“应当知道”是指国家工作人员虽然辩称自己对特定关系人受贿的事实不知情,但从现有证据的表现来看,他事实上知情或者极大概率是知情的。第二层面上,“应当知道”意味着对被告人课以更高的注意义务。换言之,无论被告人是否实际知晓特定关系人受贿的事实,在特定情况下,要求被告人基于自身作为国家工作人员的特定身份,防范身边人出现腐败现象。如果国家工作人员对身边人疏于管理,对于自身职务行为的廉洁性没有尽到审慎义务,且产生了危害后果,则其行为具有可谴责性。本章认为,在共同贿赂犯罪被告人主观故意的相关规则中,“应知”的内涵仅应当限定在第一层面,即仅为事实层面的推断,通过间接证据判断国家工作人员是否确实知道受贿事实。如果将其内涵扩展到第二层面,则超出了我国现行《刑法》对受贿罪的规定,有违罪刑法定原则。

较有争议的地方在于“应知”的推测性内涵中是否包含推定?抑或认为“应知”即为“推定知道”?郭晶认为,规范层面的“应当知道”是“间接证明”指引性规定和推定规定的混合体,且前者占绝大多数。应严格解释既有规范,将推定的存在空间限缩在最低限度。[2] 从现行规范体系出发,这种观点具有合理性。本书进一步认为,鉴于间接证明中的推断与推定容易发生混淆,应将“应当知道”限定在使用间接证据推断行为人“知道”这一含义上。与此同时,另外建立对贿赂犯罪中主观故意的推定规则。

4. 间接证明与推定

根据与案件主要事实之间的关联方式不同,学理上将证据划分为直接证据和

---

[1] 参见商务国际辞书编辑部编:《现代汉语词典》(实用版),商务印书馆国际有限公司2018年版,第947页。

[2] 参见郭晶:《刑事推定的构造与“应当知道”的认定——以推定之逻辑构造为基础》,载《中国刑事法杂志》2012年第8期。

间接证据。此外,在证明困境突出的贿赂犯罪等领域、主观故意证明问题上,很多学者提出通过建立推定规则破解证明难题。[1] 由于间接证明同样包含概率分析的推论,加之推定概念本身的混乱与模糊,在实务操作过程中二者极易发生混淆。为澄清"应当知道"的应然内涵,防止间接证明和推定在实务中被含混使用,有必要划定间接证据的证明方法和推定的界限,以统一裁判标准。

所谓间接证据,就是以间接方式与案件主要事实相关联的证据,也就是必须与其他证据连接起来才能证明案件主要事实的证据,[2] 是与直接证据相对应的概念。间接证据的证明方法包括单个间接证据的演绎推理证明法和间接证据组合的同一认定证明法。[3] 而推定在理论和实践中都是一个比较混乱的概念。简言之,"推定是指从 A 事实(前提事实)推认 B 事实(推定事实)"[4]。一般认为,在前提事实与推定事实之间需要具有常态性的联系。根据何家弘教授的归纳,推定是以推理为桥梁的对未知事实的间接认定,且需要以法律规定的形式将这种事实认定确定下来,是将法官个性经验升华为司法普适规则。[5] 从二者的定义出发,间接证明中,利用间接证据通过演绎推理即可认为待证事实达到"排除合理怀疑的标准",所以间接证明的证明对象仍为要件事实;而适用推定规则的情形下,仅能证明前提事实,前提事实与推定事实之间的沟壑由推定规则填补,从外在表现上看,推定规则一定程度上改变了证明对象,降低了控方的证明责任。不难看出,推定意味着更大的危险,所以推定应当由法律明确予以规定,不能交由法官在个案中裁量,而且推定的事实是可反驳的事实。

因此,从现行法律规范和司法解释的条文表述来看,受贿罪主观方面的证明并未建立推定规则,与特定关系人受贿的情形中,仍要求证明国家工作人员"知道"特定关系人收受财物的事实,并未搭建前提事实与国家工作人员主观明知之间的

---

[1] 参见琚明亮:《证明困难视阈下的事实认定与刑事推定》,载《政治与法律》2020 年第 2 期;王彪:《论克服犯罪主观要件证明困难的特殊方法》,载《刑事法评论》2016 年第 1 期;彭新林:《腐败犯罪刑事推定若干问题研究》,载《法学杂志》2015 年第 3 期;蒋晗华:《论刑事推定与证明困难——以利用影响力受贿罪为切入点》,载《南昌大学学报(人文社会科学版)》2015 年第 1 期;褚福民:《证明困难解决体系视野下的刑事推定》,载《政法论坛》2011 年第 6 期。

[2] 参见何家弘、刘品新:《证据法学》(第 7 版),法律出版社 2022 年版,第 149 ~ 150 页。

[3] 参见何家弘、吕宏庆:《间接证据的证明方法初探》,载《证据科学》2021 年第 3 期。

[4] [日]田口守一:《刑事诉讼法》(第 5 版),张凌、于秀峰译,中国政法大学出版社 2010 年版,第 276 页。

[5] 参见何家弘、黄健:《贪污罪非法占有目的之推定规则初探》,载《法学杂志》2016 年第 10 期。

桥梁，也没有改变证明对象。“明知”包含“应当知道”，但“应当知道”所指示的推测性内涵只是对间接证明的指引性规定，在未构造出较为完整的推定规则之前，均不能以此赋予法官在个案中凭借自身工作经验作出推定的权利，而应当综合运用演绎、归纳、反证、排除等各种证明方法审查认定事实。

当然，推定与利用间接证据通过推理、推断认定事实的界限时常较为模糊，堪称“推定概念混乱之源”。通说认为推定的依据一般表现为基础事实与推定事实之间的伴生关系或常态联系。[1] 那么法官在没有法律规定的情况下根据经验法则对未知事实作出的推断是否属于推定？本书赞同何家弘教授的观点，认为应当将推定限定在法律规定的范围内，一则有利于避免推定概念适用混乱，二则可以提高推定设立的合理性和推定运用的规范性。[2] 不过考察推定规则的形成过程会发现，推定规则由司法审判经验而来，随着经验积累、认识统一形成具有参考价值的、有指导性的案例，最终形成普遍适用的司法解释和法律规范，推定与推断仍然联系紧密。概言之，法官依经验法则认定事实时，需要就各案具体情况裁量，更具有特殊性，基础事实与推定事实之间的跨度较小；而推定规则为基础事实与推定事实之间的跨越建立了具有普遍意义的桥梁。所以，为解决职务犯罪案件的证明难题，统一法官推断的尺度，减轻司法人员主观因素带来的偏差，有必要建立推定规则，将上述关于共同犯罪的主观要件客观化。

（四）启发与小结

当前司法解释列举了共同受贿犯罪几种常见的表现形式，但不能就此僵化认定共同受贿，错误地将共同犯罪限制在所列举的情形中。在个案中，审查认定需要回归到共同犯罪的核心，即共同犯罪故意和共同犯罪行为。而其中最为关键的情节在于国家工作人员对贿赂事实持主观故意的心态，从而将共同受贿犯罪与利用影响力受贿、介绍贿赂两种情况区分开来。经过对相关条文的考察和解释，“明知”的表述包含了“知道”和“应当知道”，其中“应当知道”是对间接证明方法的指引性规范。目前的法律规范并未建立推定规则，在认定过程中，需要增强对间接证明方法的运用和审查。

---

〔1〕 参见何家弘：《司法证明方法与推定规则》，法律出版社 2018 年版，第 197 页；劳东燕：《推定研究中的认识误区》，载《法律科学（西北政法学院学报）》2007 年第 5 期。

〔2〕 参见何家弘：《司法证明方法与推定规则》，法律出版社 2018 年版，第 200 页。

从立法论上来看,有必要借鉴以往关于主观认定规则的经验,针对国家工作人员与关系人共同受贿的情形建立推定规则,使主观要素客观化,增强裁量的可预测性。与此同时,对推定事实的反驳只需达到合理说明即可。例如,在其亲属收受财物后该国家工作人员在工作中仍坚持原则,没有“拿了人家手软”的迹象,其亲属历来与该国家工作人员关系不好,如夫妻分居等,可以认为已经达到反驳共谋故意的证明。[1]

---

〔1〕 参见黄维智:《合理疑点与疑点排除——兼论刑事诉讼证明责任的分配理论》,载《法学》2006 年第7 期。

第二章　稳定供述案件中的证据问题及解决

一、本章概述

在监察体制改革以后，我国的刑事诉讼体系发生了重大调整，职务犯罪案件的公诉模式由"侦查—公诉"模式转变为"调查—公诉"模式，[1]一方面，监察机关对职务犯罪的调查活动取代了检察机关的侦查活动，《监察法》及相关法律法规成为监察机关办理职务犯罪案件的主要法律依据。而另一方面，职务犯罪案件最终都会进入刑事诉讼程序，监察证据可以在刑事诉讼中使用，但《监察法》中的职务犯罪监察调查规则和程序与《刑事诉讼法》中的相关要求并不完全一致，使证据在刑事诉讼中的运用如何衔接需要更多关注和研究。两类法律体系衔接顺畅与否会直接体现在具体案件的办理过程中。

由于职务犯罪案件中的犯罪主体大多为公务人员，掌握的社会资源较丰富，反侦查意识和能力较强，且犯罪行为具有隐蔽性，同时大多数案件无直接被害人、无物理空间意义上的现场，这类案件中的实物证据较为缺乏，口供成为职务犯罪（尤其是贿赂犯罪）中最重要、最直观的原始证据和直接证据。口供的稳定性和充分性直接影响着不同案件的证据结构，而证据结构不同的案件会反映出在《监察法》和《刑事诉讼法》衔接过程中的不同问题。随着认罪认罚从宽制度的普遍适用，大多数职务犯罪案件亦为犯罪嫌疑人认罪认罚案件，犯罪嫌疑人承认自己的罪行，且供述较为稳定。在犯罪嫌疑人的供述比较稳定时，口供的真实性和合法性问题一般不会成为案件的争点，而此类案件中所反映出的问题多为在两法衔接中所产生的

---

〔1〕 参见李奋飞：《"调查——公诉"模式研究》，载《法学杂志》2018年第6期。

直接、共性问题。本章主要讨论在 2018 年《监察法》发布及 2024 年修改以后稳定供述类职务案件中的证据问题。

本章所称稳定供述，即在刑事案件中，犯罪嫌疑人或被告人在调查/侦查、起诉、审判等诉讼程序中对案件主要事实所作的前后一致、保持稳定的供述。本章主要讨论如下两个问题：第一，在《监察法》未有规定时，如何审查认定证据成为应首要考虑的问题。第二，由于在职务犯罪立案前收集的证据也可能在刑事诉讼中使用，这在一定程度上突破了传统刑事证据理论，立案前证据的审查认定问题也亟须解决。对于第一个问题，本书认为，监察机关在《监察法》未有规定时，应当依据监察法规、相关党内法规、地方监察细则展开调查活动和审查认定证据；针对上述规范性法律文件都未提及的情形，应当依据《刑事诉讼法》及其司法解释的相关规定进行；当《监察法》相关规定中的取证规则明显与《刑事诉讼法》中的有关规定相冲突时，监察机关不应违反《刑事诉讼法》及其解释中的证据审查规则。对于第二个问题，本书认为，监察机关在立案前收集的资料可以在刑事诉讼中使用，不需要监察机关再次履行取证程序来使其满足证据资格的要求，但该证据能否具有证据资格，还需要满足证据资格理论的一般要求，即具备客观性、关联性和合法性。同时，本章选取了谈话证据、函询材料、实物证据、技术侦查证据作为主要研究对象，并结合每类证据的不同特点分类展开讨论。

二、《监察法》未有规定时对证据的审查认定

由于《监察法》在性质、功能、体量等方面的特点，该法中与职务犯罪相关的调查取证规则在条文数目、详细程度等方面均远不及《刑事诉讼法》。2018 年颁布的《监察法》既包括实体法内容又包括程序法规范，既带有组织法特点又兼具行政法色彩，极具综合性和兼容性。再加上该版本内容体量不大，共仅有 69 个条文，因此在取证规则方面的规定难免粗疏、简略，难以与《刑事诉讼法》中的相关规定相媲美。全国人大常委会出台相关规定，赋予国家监察委员会根据宪法和法律制定监察法规的权限；2021 年 9 月 20 日，国家监察委员会发布《监察法实施条例》，对《监察法》予以解释和细化。2024 年 12 月 25 日，全国人民代表大会常务委员会通过《关于修改〈中华人民共和国监察法〉的决定》，《监察法》条文增加至 78 条。经过 2025 年 4 月 27 日国家监察委员会全体会议修订通过、2025 年 6 月 1 日公布施行的《监察法实施条例》，条文增加至 329 条。尽管《监察法》和《监察法实施条例》能够

在一定程度上纾解这一问题,但是其内容仍然较多借鉴了《刑事诉讼法》及其解释,注重法法衔接,并非有针对性地为监察实践供给规则,而且还保留了《刑事诉讼法》中的不足,有些内容仍需要继续完善。以证据规则为例,相比2018年的《监察法》仅有第33条对于证据的粗疏规定,2021年出台的《监察法实施条例》在第四章"监察权限"章增设第二节专节规定证据问题。该节规定从规范内容再到表述上,均属对《刑事诉讼法》证据章的移植;而《刑事诉讼法》证据规范的体系性、全面性距离刑事证据法的科学体系、司法实践中证据裁判原则的相应需求都还存在不小差距,即便如此,《监察法实施条例》还是移植了《刑事诉讼法》中这种远不完美的证据规则体系。[1] 2024年修改的《监察法》增加了要求全面审理证据等、形成审理报告的要求(第51条),在原第40条的基础上增加了严禁以暴力方式非法收集证据等内容(第43条),这些修改对前述问题有所改善。2025年修改的《监察法实施条例》新增的内容也对调查工作的规范开展和人权保障进行了强调。但是整体上看,现有的监察证据规则尚未达到体系化的程度。

总体上看,《监察法》条文相对简略、粗疏,使监察体制改革后职务犯罪案件的办理出现了新的问题——规则供给不足的问题,这一问题在监察调查取证、证据的审查判断等方面表现得尤为突出。在《监察法》未有规定或者规定粗疏时,监察机关如何调查取证、检察机关和法院如何审查判断证据也成为亟须解决的问题。

《监察法》规则供给不足的问题在职务犯罪的证据角度表现在如下方面:

第一,《监察法》中调查取证规则较概括、原则,可操作性不强。《监察法》关于调查取证程序的规则仅规定在第四章"监察权限"和第五章"监察程序"中,数目有限且均为原则性规定,可操作性不强;尽管2024年的《监察法》修改明确了部分监察权限以及完善了部分监察程序,但《监察法》文本对于各类调查措施下许多重要的取证规则仍未提及,比如,辨认、解剖尸体、调查实验、隐匿身份实施调查、控制下交付等取证措施和规则。在实践中,监察机关在调查职务犯罪过程中亦会采取此类措施。又如,对于辨认措施,在"何某年贪污、受贿案"中,对于被告人通过虚开发票贪污公款的行为,需要开票人、经手人对虚开的发票进行辨认;对于被告人收受贿赂的行为,需要行贿人、中间人对黄金、古董等贿赂进行辨认。[2] 再如,对于

---

〔1〕 参见程雷:《监察调查权的规制路径——兼评〈监察法实施条例〉》,载《当代法学》2022年第4期。

〔2〕 参见陕西省高级人民法院刑事判决书,(2020)陕刑终179号。

技术调查措施,在"周某勇贪污案"中,监察机关通过调查实验查明某强制隔离戒毒所发电机供电范围、停电时间、耗油量以及柴油费用,以判断该戒毒所所长通过虚列支出、做假账等方式贪污的具体数额。[1] 在"彭某平受贿、行贿、串通投标案"中,监察机关通过调查实验判断某编织袋是否可以装下100万元人民币,以判断被告人的受贿方式。[2] 毫无疑问,监察机关有通过上述措施调查犯罪的需求。虽然2021年《监察法实施条例》第140~144条(2025年修改后为第170~174条)对调查实验和辨认等调查措施进行了规范,并且在2025年修改后又有所细化,在一定程度上缓解了监察机关调查取证的规范供给不足问题,但仍有争议之处,且难以涵盖调查取证活动的方方面面。例如,辨认被规定在"勘验检查"一节,似乎逻辑不当,因为二者之间并不存在种属关系。[3] 又如,对于调查实验措施,2021年《监察法实施条例》仅有第140条规定明确了事前审批、参加人员、同步录音录像等规则,在此基础上,2025年修改后的第170条增加了对调查实验笔录的盖章要求和排除情形:"为查明案情,在必要的时候,经审批可以依法进行调查实验。调查实验,可以聘请有关专业人员参加,也可以要求被调查人、被害人、证人参加。进行调查实验,应当全程同步录音录像,制作调查实验笔录,由参加实验的人签名或者盖章。进行调查实验,禁止一切足以造成危险、侮辱人格的行为。调查实验的条件与事件发生时的条件有明显差异,或者存在影响实验结论科学性的其他情形的,调查实验笔录不得作为认定案件的依据。"但其规定仍远不足以指导实践,如调查实验的适用范围、审批权限与程序等仍无据可依。

第二,在取证规则供给不足的情况下,证据的审查判断活动也天然缺乏规范依据。证据的审查判断规则并非独立存在,而是与取证规则密不可分,绝大部分的证据排除是调查/侦查人员违反取证规则的后果。[4] 虽然监察体制改革后,职务犯罪证据的审查机关从原来的二元主体转变为三元主体,监察机关、检察机关、审判机关都有独立的审查职责,但是《监察法》主要规制监察机关的调查活动,对于刑

---

[1] 参见四川省会理县人民法院刑事判决书,(2018)川3425刑初237号。

[2] 参见江西省安远县人民法院刑事判决书,(2018)赣0726刑初119号。

[3] 参见贾志强:《整合与回应:〈监察法实施条例〉对监察法制困境的纾解》,载《中外法学》2023年第3期。

[4] 参见陈卫东、聂友伦:《职务犯罪监察证据若干问题研究——以〈监察法〉第33条为中心》,载《中国人民大学学报》2018年第4期。

事诉讼的证据审查活动基本没有涉及。

第三,特殊程序下的证据的收集和审查规则不明晰。这里所指的特殊程序,是指职务犯罪调查程序以外的其他程序,如初核、职务违法调查程序等。根据《监察法》第36条,“监察机关依照本法规定”收集的证据可以在刑事诉讼中使用,但由于该规定涉及的初核证据、职务违法证据的证据资格与以往的刑事诉讼实践相悖,该类证据是否具有证据能力、如何审查成为《监察法》证据研究的重点。《监察法实施条例》也并未给出回答,只是在第66条规定了监察机关依照《监察法》和此条例规定收集的证据材料,经审查符合法定要求的,在刑事诉讼中可以作为证据使用。

本章主要探究在《监察法》未有规定时,一般证据的调查取证、审查判断的法律依据,从立法、司法实践、理论研究3个角度分析不同领域对《监察法》条文供给不足问题的解决路径,并进行比较和论证,以探究更合理的解决方案。对于非法证据排除规则、特殊程序证据的证据能力等问题,在本章第二个问题“立案前相关材料在刑事诉讼中的使用”及本书第三章“因非法证据翻供的审查认定”会结合该类问题的特点进行研究,在本部分不再展开。通过对法律条文的整理、对司法案例的总结和对学术观点的分析,可得出如下结论:在《监察法》未有规定时,应当依据监察法规、相关党内法规、地方监察细则采取调查活动和审查认定证据;上述规范性法律文件都未提及的,应当依据《刑事诉讼法》及其司法解释的相关规定进行;当《监察法》相关规定中的取证规则明显与《刑事诉讼法》中的有关规定冲突时,监察机关不应违反《刑事诉讼法》及其解释中的证据审查规则。下面对该结论从立法、司法实践、理论研究3个角度具体阐释和论述。

(一)法规、细则的发现

总体上看,立法机关主要通过以下路径解决《监察法》条文供给不足的问题。

第一,在《监察法》中明确参照刑事诉讼证据标准,并以《监察法实施条例》细化补足。2018年的《监察法》第33条(2024年改为第36条)规定,职务犯罪案件中证据的收集、固定、审查、运用的要求和标准,“应当与刑事审判关于证据的要求和标准相一致”,通过准用性规范的形式弥补《监察法》条文的不足。根据这一规定,在《监察法》中规则供给不足时,监察机关、检察机关、审判机关可以依据《刑事诉讼法》中的相关规则办理职务犯罪案件。不过由此带来的问题是,因为监察调查所面对的3类案件不同于单一部门诉讼法指向的案件性质、特征和后果,将“监察证据标准”等同于“刑事诉讼证据标准”,会强行拔高所有监察案件的证据标准,在监察实践中给案件办理带来困难和争议。[1] 为解决这一问题,2021 年施行的《监察法实施条例》第 62 条、第 63 条(2025 年改为第 69 条、第 70 条)对职务违法案件证据标准与职务犯罪案件调查终结需要达到的证据标准作出明确区分。监察机关调查终结的职务违法案件,应当事实清楚、证据确凿。监察机关调查终结的职务犯罪案件,应当事实清楚,证据确实、充分。

第二,《刑事诉讼法》及其相关解释修改更新,将监察证据纳入刑事诉讼证据审查范畴。《监察法》于 2018 年 3 月发布后,2018 年《刑事诉讼法》、2019 年《人民检察院刑事诉讼规则》(以下简称 2019 年《检察诉讼规则》)、2020 年《公安机关办理刑事案件程序规定》(以下简称 2020 年《公安程序规定》)、2021 年《刑事诉讼法解释》也陆续发布,与监察机关的工作衔接、监察证据的审查等成为上述法律、法规、司法解释修改的重要内容。一方面,在《刑事诉讼法》及其相关解释中,亦有与 2018 年的《监察法》第 33 条(2024 年改为第 36 条)对应的规定。例如,《刑事诉讼法》第 170 条第 1 款第 1 句规定:"人民检察院对于监察机关移送起诉的案件,依照本法和监察法的有关规定进行审查。"《刑事诉讼法解释》第 76 条亦规定:"监察机关依法收集的证据材料,在刑事诉讼中可以作为证据使用。对前款规定证据的审查判断,适用刑事审判关于证据的要求和标准。"另一方面,除了上述总体性地以准用性规则规定监察证据的收集、固定、审查、运用的要求和标准外,《刑事诉讼法》及其相关解释中也有很多与监察调查衔接、对监察证据进行直接规范的条文。例如,2019 年《检察诉讼规则》第 74 条明确规定,检察机关认为可能存在以刑讯逼供等非法方法收集证据情形的,可以书面要求监察机关对证据收集的合法性作出说明,该说明应当加盖单位公章,并由调查人员签名。第 263 条第 2 款规定,检察机关认为需要调取有关录音、录像的,可以商监察机关调取。第 393 条规定,检察机关对物证、书证、视听资料、电子数据及勘验、检查、辨认、侦查实验等笔录存在疑问的,可以要求调查人员提供获取、制作的有关情况等。《刑事诉讼法解释》第 105 条亦明确规定,辨认应当在调查人员主持下进行,否则辨认笔录不得作为定案的根据。第 112 条、第 113 条规定,收集、提取电子数据应由 2 名以上调查人员进行,笔录、清单要经调查人员、电子数据持有人、提供人、见证人签名或者盖章。还有其他关于技术调查措施证据的审查认定、监察证据的合法性审查、调查人员出庭作证等的规定。

---

[1] 参见张红哲:《监察证据标准的理论阐释与优化路径》,载《中外法学》2023 年第 3 期。

第三,中央纪委国家监委等通过发布党内法规、监察法规等规范性文件的方式对监察机关的调查活动、监察机关与检察机关的工作衔接等方面进行了更为具体的规定,如《中国共产党纪律检查机关监督执纪工作规则》《国家监察委员会与最高人民检察院办理职务犯罪案件工作衔接办法》《国家监察委员会移送最高人民检察院职务犯罪案件证据收集审查基本要求与案件材料移送清单》《监察法实施条例》等。

第四,各地方为了满足实践需求,纷纷出台地方性法律、规章等规范性法律文件,对《监察法》规则进行细化、具体化,为监察人员提供可操作的规范指引。例如,青海省研究起草了《青海省监察机关与人民检察院、人民法院办理职务犯罪案件工作衔接办法(试行)》《青海省纪委监委监督检查审查调查措施使用规范(征求意见稿)》等,以规范纪检监察机关的行为。[1] 部分地方监察委员会也逐渐制定了系列监察证据标准。例如,2018 年陕西省榆林市监委联合法院、检察院编写了《常见职务犯罪证据标准指引》,2020 年深圳市中级人民法院、深圳市人民检察院与深圳市监察委员会联合制定并发布了《深圳市职务犯罪案件证据指引》。[2]

上述路径又可归纳为两个方面:一方面,《监察法》未规定时,可参照适用《刑事诉讼法》及其解释的规则;另一方面,《监察法》未规定时,可依据监察法规、相关党内法规、地方性的监察细则等。但是这样又出现了新的问题,当《监察法》与《刑事诉讼法》均可适用时,应当优先适用哪一规定?经案例研究发现,《监察法》未规定时,法院一般按照监察法相关法规、党内法规的规定进行审理;而在《监察法》及相关法规细则未有具体规定时,法院才会依据《刑事诉讼法》及其解释中的规定对证据进行审查;当《监察法》及相关规定中的取证规则与《刑事诉讼法》中的有关规定冲突时,法院会以《刑事诉讼法》及其解释中的取证和证据审查规则为依据进行判断。本观点也得到学术理论的支持,在下文中具体展开论述。

(二)案例的启发

通过对监察体制改革后职务犯罪案件裁判文书的总结和整理,可以发现,在司法实践中,《监察法》未规定时,法院一般按照监察法相关法规、党内法规的规定进行审理;而在《监察法》及相关法规细则未有具体规定时,法院才会依据《刑事诉讼法》及其解释中的规定对证据进行审查;二者存在冲突时则适用《刑事诉讼法》及

---

[1] 参见《推动纪检监察工作高质量发展半年看之七》,载青海纪检监察网 2019 年 9 月 9 日,http://www.qhjc.gov.cn/detail_bd0b85638bad1125.html。

[2] 参见张红哲:《监察证据标准的理论阐释与优化路径》,载《中外法学》2023 年第 3 期。

其解释中与证据相关的规范。

法院的裁判文书中对于证据的审查认定过程一般概括为“经法庭质证、认证，本院予以确认”等，在辩护方对某证据有异议时会重点详细论述某证据是否被采纳、采信以及其具体依据。因此，在查找裁判文书中法院对职务犯罪案件证据的审查依据时，一般都会伴随辩护方的异议和辩解。证据的采纳依据等相关论述在稳定供述类案件中很少出现。为了便于讨论，本部分并不将案件限制在稳定供述类型。对案例进行总结与整理，可以发现，《监察法》发布以后，职务犯罪案件审理的规范依据呈现如下特征。

第一，在《监察法》及相关法规有规定时，法院会依据《监察法》及相关法规的规定进行审理。

例如，在“李某华行贿案”中，辩方认为，被告人李某华没有被指定宜良县监察委员会管辖。但法院认为，对比《刑事诉讼法》与《监察法》关于管辖的规定，监察管辖与诉讼管辖规则不同，监察指定管辖与诉讼指定管辖无须一一对应，在涉案被监察对象由上级监察委员会指定管辖后，接受指定的监察机关即被赋予了对非监察对象的其他涉案人的管辖权，无须另行指定管辖。因此，根据《监察法》第 24 条第 2 款以及《监察机关监督执法工作规定》第 22 条第 1 款“对涉嫌行贿犯罪或者共同职务犯罪的涉案人员立案调查的，一般应当由负责该案被调查人调查工作的监察机关办理立案调查手续”的规定，宜良县监察委员会对接受指定的主案之外的涉嫌行贿犯罪的被告人李某华有权行使监察管辖权。[1] 类似地，在“顾某章职务侵占案”“徐某财合同诈骗串通投标行贿案”“兰某养挪用资金案”“张某非国家工作人员受贿用资金案等案例中”，[2] 法院依据《监察法》和《国家监察委员会管辖规定(试行)》等监察法规认定监察机关对案件的管辖权。

除了上述管辖问题外，对于其他事实认定或法律适用问题，在《监察法》及相关法规有规定时，法院会依据《监察法》及相关规定进行审理。例如，在“邬某忠受贿案”中，对于辩护人“入股瑞泽公司并收受分红的行为已被纪委监委作出过处分，不应再作为犯罪行为进行评价”的辩解，法院依据《公职人员政务处分暂行规定》第 7 条第 1 款认为，邬某忠既是公职人员，又是中共党员，其严重违纪并涉嫌受贿犯罪，应当在

---

〔1〕 参见云南省宜良县人民法院刑事判决书，(2020)云 0125 刑初 258 号。

〔2〕 参见山东省烟台市中级人民法院刑事裁定书，(2020)鲁 06 刑终 348 号；浙江省杭州市中级人民法院刑事判决书，(2020)浙 01 刑终 335 号；福建省福鼎市人民法院刑事判决书，(2019)闽 0982 刑初 304 号；江苏省无锡市锡山区人民法院刑事判决书，(2018)苏 0205 刑初 254 号。

被给予党纪处分、政务处分后,再被移送司法机关追究刑事责任,因而“已被纪委监委作出过处分”不能作为排除刑事责任的依据。[1] 又如,在“龚某富贪污、滥用职权案”中,辩方认为,在对被告采取留置措施之前,5 月 2 日至 29 日织金县纪委对被告采取调查的行为属于非法拘禁。而当时法院依据《中国共产党纪律检查机关监督执纪工作规则(试行)》(现已失效)认为,在上述时间内,织金县纪委对龚某富进行的调查活动属于对其违纪问题进行的初核、党纪立案审查活动,符合法规的规定,因此未采纳被告方的辩护意见。[2] 以上案例均表明,在《监察法》及相关法规已有规定时,法院会依据《监察法》及相关法规的规定认定事实和适用法律。

第二,在《监察法》及相关法规未有规定时,法院会依据《刑事诉讼法》及其解释中的相关规定对证据进行审查判断和认定。

这一做法在非法证据排除规则的适用方面表现得尤为明显。在 2021 年《监察法实施条例》发布以前,由于 2018 年的《监察法》及相关法规对非法证据排除规则规定得十分原则、简略,非法证据排除的具体程序、具体情形等方面都有所欠缺,法院会直接依据《刑事诉讼法》及其解释中的非法证据排除规则进行审查。例如,在“孔某昭贪污案”中,辩方以缺少鉴定人员的签名、盖章和鉴定机构缺乏法定资质为由认为“价格认定结论书”属于非法证据,应当予以排除。对于该辩护意见,法院认为,国家已决定停止办理价格鉴证机构资质证,已发放的机构资质证书不再作为行政证明使用,且根据《价格认定规定》第 10 条,县级人民政府价格主管部门的价格认定机构办理本级纪律检查委员会、基层人民法院、人民检察院、人民政府各部门以及国务院垂直管理部门所属机构提出的价格认定事项,因而永靖县发展和改革局具备鉴定资格;另外,根据《人民法院办理刑事案件排除非法证据规程(试行)》,非法证据的范围为“非法方法收集的被告人供述,采用暴力、威胁以及非法限制人身自由等非法方法收集的证人证言、被害人陈述”等,故“价格认定结论书”不属于非法证据,对该证据予以认定。[3] 在该案中,对于鉴定意见的审查和非法证据的排除程序,2018 年《监察法》及当时的监察法规均未作出规定,法院依据《刑事诉讼法》和司法解释的规定进行审查和认定。

---

[1] 参见山东省聊城市中级人民法院刑事判决书,(2019)鲁 15 刑初 24 号。

[2] 参见贵州省毕节市中级人民法院刑事裁定书,(2019)黔 05 刑终 450 号。

[3] 参见甘肃省永靖县人民法院刑事判决书,(2019)甘 2923 刑初 24 号。

同样地，在“陶某受贿案”中，对于被告人陶某向杨某1索贿的事实，辩方对证人杨某1的证言和被告人陶某关于向杨某1借款的供述有异议，并对陶某于2019年1月10日在侦查机关作出的供述申请非法证据排除。法院依《刑事诉讼法》相关规定召开庭前会议，对上述证据的合法性进行了审查。法院认为，被告人因受到殴打、违法使用戒具等暴力方法或者变相肉刑的恶劣手段，遭受难以忍受的痛苦而违背意愿作出的供述应当予以排除；而在该案中，被告人自称迫于办案机关诱供和施加的压力从而作出“不想还杨某1钱款”的供述，其申请排除供述的理由并不符合非法证据排除的规定，因而不予排除。[1] 在该案中，在《监察法》中的非法证据排除规则供给不足的情况下，法院依据《刑事诉讼法》及其解释中的相关规定启动非法证据排除程序，并依据《刑事诉讼法》及其解释中非法证据的具体情形对该案中的排除申请进行了审查。

除了上述非法证据排除问题外，对于具体证据的审查判断，在《监察法》未有规定时，法院亦依据《刑事诉讼法》及其解释中的相关规定进行。例如，上述“孔某昭贪污案”中对鉴定意见的审查判断，关于鉴定机关的资质问题需要联系相关法规规章具体判断。同样地，在“田某、韩某受贿案”中，在《监察法》证据审查规则供给不足时，法院依据《刑事诉讼法》及其解释中的规定对讯问笔录进行了审查。在“田某、韩某受贿案”中，辩护方对部分证据提出了意见，认为同一侦查（调查）人员同一时间段对不同（被）调查人员进行讯问的笔录属于非法证据，应当予以排除。而法院认为，根据2012年《刑事诉讼法解释》第77条的规定，上述笔录属于瑕疵证据，且公诉机关当庭出示办案机关的情况说明，作出工作人员记录失误等合理解释，因而法院予以采用。[2] 此案发生于监察体制改革之后，证据的收集、案件的调查均由纪检监察机关负责。由于《监察法》及相关法规均未规定监察讯问笔录的审查判断规则，法院依据《刑事诉讼法》及其解释中有关讯问笔录的规定对上述证据进行审查，对于讯问笔录中讯问人员瑕疵问题，在作出合理解释的情况下予以采纳。类似案例还包括“顾某章职务侵占案”，在《监察法》未有规定时，法院依据2012年《刑事诉讼法解释》对来自境外的证据材料进行审查。[3] 这反映出法院审

---

[1] 参见四川省蓬溪县人民法院刑事判决书，(2019)川0921刑初75号。
[2] 参见青海省祁连县人民法院刑事判决书，(2018)青2222刑初32号。
[3] 参见山东省烟台市中级人民法院刑事裁定书，(2020)鲁06刑终348号。

查监察证据的一般原则,即《监察法》未作规定时,按照《刑事诉讼法》及司法解释中的证据审查规则来判断。另外,虽然2024年《监察法》关于非法取证的规定中增加了严禁暴力形式等内容,但对于非法证据排除规则并无进一步修改,故而前述的分析对于修法后的实践依然适用。

在司法实践中,辩护人和法院经常使用"侦查机关""侦查人员"指代监察机关和监察人员,比如上述"田某、韩某受贿案"与"陶某受贿案"等。在某种程度上,这也体现出法院对监察机关职务犯罪调查活动的侦查属性的认同,为《刑事诉讼法》及其解释在监察案件中的适用提供正当性基础。

第三,当《监察法》与《刑事诉讼法》中的有关规定冲突时,法院会以《刑事诉讼法》及其解释中的取证和证据审查规则为依据进行判断。

不过,对于管辖权等问题,仍应当以《监察法》为据。以《刑事诉讼法》及其解释为准的做法主要体现在取证规则和证据审查规则中。例如,对于监察机关立案前取得的证据能否作为定案证据的问题,有法院以《监察法》为依据持肯定观点。在"李某斌、孙某烑非法倒卖土地使用权案"中,法院认为,依据《监察法》规定,监察机关收集的证据,在刑事诉讼中可以作为证据使用,且该法并未规定监察机关证据调取的阶段,而监察机关调取证据的阶段分为初核、立案等。因此,依据《监察法》,监察机关在初步核实阶段收集的证据与立案调查阶段收集的证据具有同等效力,均可以作为刑事诉讼的证据使用。[1] 而在"田某、韩某受贿案"中,法院以《刑事诉讼法》及其解释为准排除了监察机关立案前取得的证据。由于公诉机关未能收集到该时间段内的同步录音录像及其他证据,虽然侦查(调查)机关出具了情况说明证明取证的合法性,但不能排除存在以非法方法收集证据情形,对该时间段所收集的田某调查笔录予以排除。[2] 显然,依据《监察法》的规定,立案前收集到的证据应可以作为刑事诉讼的证据使用,但依据《刑事诉讼法》及其解释的相关规定,在辩方提出异议时,需要提供同步录音录像或其他证据予以佐证,否则就不能够作为定案的依据。在两法存在冲突时,法院依据《刑事诉讼法》及其解释中的证据审查规则排除了该笔录证据。由于2024年《监察法》修改并未涉及前述内容,故而上文的做法很可能沿用。

---

〔1〕 参见山西省运城市中级人民法院刑事判决书,(2020)晋08刑终211号。

〔2〕 参见青海省祁连县人民法院刑事判决书,(2018)青2222刑初32号。

综合上述案例,在司法实践中,《监察法》及相关法规有规定时,法院一般按照《监察法》及相关规定进行审理;而在《监察法》及相关法规未有具体规定时,法院会依据《刑事诉讼法》及其解释中的规定对证据进行审查;二者存在冲突时,则适用《刑事诉讼法》及其解释中与证据相关的规范。这与第一部分中法条的研究结果基本一致,但有所区别的是,地方监察细则一般不能作为判决书的规范依据,法院在审理具体案件时极少提及地方性规定和监察机关内部工作文件。

(三)学术理论中的发现

对于《监察法》条文供给不足的问题,学界多从根据2018年的《监察法》第33条(2024年修改的第36条)的规定或监察证据在刑事诉讼中使用的正当性等角度分析论证,认为《监察法》规定不足时,监察机关的调查活动、检察机关和审判机关对监察证据的审查活动都应当参照适用《刑事诉讼法》的相关规定,这与上述两部分的论证结果基本一致。但是,学界在如何参照《刑事诉讼法》问题上出现了分歧,目前主要有如下观点。

第一,直接适用《刑事诉讼法》的相关规则。在2018年《监察法》颁布之前,便有学者认为,监察机关的职务犯罪调查活动在权力性质、内容、目的、手段等方面都与犯罪侦查活动基本一致,因此监察机关对职务犯罪案件的立案和调查程序都应该继续适用《刑事诉讼法》对检察机关职务犯罪侦查的规定。[1] 在2017年《监察法》颁布后,《监察法》为监察机关行使职权提供了法律依据,其“移植”或“内化”了《刑事诉讼法》中的部分刑事侦查程序的规定,在一定程度上符合了学界的期待,但由于监察调查的特殊性,两法的调查、侦查程序仍有所差异。有学者认为,监察证据需要经过法院“一视同仁”的审查判断,认定其具有证据能力和证明力后才能将其作为定案的根据,其合法性的审查判断标准是《刑事诉讼法》及相关司法解释,而不是《监察法》,因而,监察机关在收集、固定、审查、运用证据时,需遵循《刑事诉讼法》及司法解释中的相关规定。[2] 持此观点的学者认为,同样是对犯罪行为的调查、侦查,却因犯罪类型不同适用不同的调查、侦查措施和取证、查证、用证规则,不利于国家刑事程序法制的统一;另外,《监察法》属于组织法,证据收集、固

---

〔1〕 参见卞建林:《监察机关办案程序初探》,载《法律科学(西北政法大学学报)》2017年第6期;龙宗智:《监察与司法协调衔接的法规范分析》,载《政治与法律》2018年第1期。

〔2〕 参见谢登科:《监察证据在刑事诉讼中的使用——兼论〈监察法〉第33条的理解与适用》,载《中共中央党校学报》2018年第5期。

定、审查、运用规则并非其调整的主要内容，而《刑事诉讼法》是程序法，监察机关依据《刑事诉讼法》的相关规则收集、固定、审查、运用证据，契合了两法的功能定位，也有利于监察证据收集和使用的法治化、规范化。[1]

第二，先《监察法》后《刑事诉讼法》。该观点主张，监察机关在收集、固定、审查、运用证据时，《监察法》中有相关规定的，优先适用《监察法》规定；《监察法》及相关规范中规定不明确或者缺位的，适用刑事诉讼法律法规及有关解释的规定。[2] 这一观点认为，《监察法》中规定了监察机关的调查权限和程序，其调查取证规范也是法院证据审查活动的审查基准，且《监察法》是监察机关设立和行使职权的法律依据，赋予了监察机关调查职务犯罪的权限，应当优先于《刑事诉讼法》适用。只有当《监察法》因自身体量、性质等"力有未逮"时，才需要《刑事诉讼法》予以补充。

第三，根据"就严不就宽"原则，适用两法中更为严格的规则。[3] 对于证据的收集、固定、审查和运用，在《监察法》中的调查取证规范符合或者严于《刑事诉讼法》侦查取证要求和标准时，适用《监察法》的规定；当《监察法》的调查取证规则较《刑事诉讼法》侦查取证规范更宽松时，应当适用《刑事诉讼法》的规定。这一观点更多地考虑到被调查人权利的保障以及对监察机关权力的限制。

综上，当《监察法》相关规定与《刑事诉讼法》相关规定出现冲突时，学界主要有"直接适用《刑事诉讼法》""先《监察法》后《刑事诉讼法》""就严不就宽"3 种观点，分别从不同角度提出了监察机关调查职务犯罪案件应当在何种情况下或者依何种原则参照适用《刑事诉讼法》。虽然 3 种观点在参照适用《刑事诉讼法》的原则上存在一定的分歧，但是在某些情况下会达到殊途同归的效果。

---

〔1〕 参见谢登科：《监察证据在刑事诉讼中的使用——兼论〈监察法〉第 33 条的理解与适用》，载《中共中央党校学报》2018 年第 5 期。

〔2〕 参见陈卫东、聂友伦：《职务犯罪监察证据若干问题研究——以〈监察法〉第 33 条为中心》，载《中国人民大学学报》2018 年第 4 期；艾明：《监察调查证据在刑事诉讼中使用的规范分析》，载《暨南学报（哲学社会科学版）》2019 年第 10 期；申世涛：《程序正义视野下监察证据的几个问题：文献梳理及展望》，载《社会科学家》2021 年第 1 期。

〔3〕 参见纵博：《监察体制改革中的证据制度问题探讨》，载《法学》2018 年第 2 期；赵冠男：《论职务犯罪监察调查程序中刑事证据规则的构建》，载《湘潭大学学报（哲学社会科学版）》2020 年第 5 期；江国华：《国家监察与刑事司法的衔接机制研究》，载《当代法学》2019 年第 2 期；朱孝清：《刑事诉讼法与监察法衔接中的若干争议问题》，载《中国刑事法杂志》2021 年第 1 期；李勇：《〈监察法〉与〈刑事诉讼法〉衔接问题研究——"程序二元、证据一体"理论模型之提出》，载《证据科学》2018 年第 5 期。

《监察法》与《刑事诉讼法》中的调查、侦查取证规范可分为3种类型：其一，两法均有规定的取证规范；其二，《监察法》独有的取证规范，如谈话、留置、强制到案、责令候查、管护等；其三，《监察法》中缺乏的取证规范。对于第二种，《刑事诉讼法》中无对应侦查措施，无从适用《刑事诉讼法》，因而无论依照何种观点，监察调查活动均应以《监察法》为据。同理，对于第三种，《监察法》未作规定的规则，无论依照何种观点，监察调查活动均应以《刑事诉讼法》为据。

而对于两法均有规定的规则，监察调查取证规则相较于一般的刑事侦查取证规则更加严格。在这种情况下，“先《监察法》后《刑事诉讼法》”与“就严不就宽”殊途同归。相较而言，《监察法》中比《刑事诉讼法》更严格、更合理的取证规范主要体现在如下方面：其一，录音录像制度。《监察法》第44条第2款规定，调查人员进行讯问以及搜查、查封、扣押等重要取证工作，均应当对全过程进行录音录像；《监察法实施条例》第60条还要求笔录与同步录音录像的一致性。《刑事诉讼法》第123条仅规定，对于可能判处无期徒刑、死刑的案件或者其他重大犯罪案件，“应当”对讯问过程进行录音或者录像，其他讯问情形是“可以”录音录像，且未规定搜查、查封、扣押等取证工作的录音录像要求。虽然《刑事诉讼法解释》中规定了其他“应当”以及“可以”录音录像的情形，但总体来看，“应当”录音录像的情形有限且多限于重大的取证过程，比如确因客观情况无法由符合条件的人员担任见证人的、对重大案件的现场勘查的、进行侦查实验的，应当对有关侦查活动进行全程录音录像。而根据《监察法》的规定，讯问、搜查、查封、扣押全部都需要全过程录音录像，其他重要取证工作也应当需要全过程录音录像，如重要的谈话、询问等。《监察法》扩大了录音录像制度的使用范围，明显严于《刑事诉讼法》中的一般侦查取证规则，该规则更加科学合理。其二，调取、查封、扣押财物、文件的保管规则。《监察法》规定，对于调取、查封、扣押的财物、文件，应当设立专用账户、专门场所，确定专门人员妥善保管；应当严格履行交接、调取手续，定期对账核实；对价值不明物品应当及时鉴定，专门封存保管。对此，《刑事诉讼法》仅指出要“妥善保管或者封存”，未规定具体规则。2020年《公安程序规定》第235条规定，公安机关应当内设专门的涉案财物管理部门，并设立或者指定专门保管场所，指定不承担办案工作的民警负责涉案财物的接收、保管、移交等管理工作。但未规定专用账户、交接手续、定期对账等规则。2020年《公安程序规定》第230条规定，对于扣押的文物、贵金属、珠宝、字画等贵重财物,应当及时鉴定估价。不过,对于调取、查封物、其他价值不明的物品未规定及时鉴定规则。因此,《监察法》中的调取、查封、扣押财物、文件的保管规则,虽然规则的详细程度相较《刑事诉讼法》及司法解释等有欠缺,但其规则更为全面,以概括性的条文规定了更为严格的保管规则。其三,基本保障规则。相较于《刑事诉讼法》中的相关规定,《监察法》除了强调保障被调查人员的饮食和休息时间外,还明确规定了监察机关应当提供医疗服务,而这一点在《刑事诉讼法》及司法解释中并无明确体现。

本书认为,中央纪委国家监委等发布的党内法规、监察法规以及地方发布的监察细则等,由于其对《监察法》进行了细化和解释,考虑到了监委、纪委办案的特殊性,更有针对性,更应该作为纪委、监委调查活动的规范依据。但是,在取证活动过程中,要注意遵循《刑事诉讼法》及其司法解释中的证据审查规则。毕竟,监察证据要发挥其证明作用,必须经过检察机关、审判机关的审查判断。另外,在刑事诉讼领域,《刑事诉讼法》有着一般法的地位,《监察法》仅作为监察机关活动的依据,属于特别法;在特别法与一般法均有规定且属于同一位阶时,优先使用特别法,而在特别法未有规定或者其规定明显悖于一般法的基本精神的情况下,可以适用一般法。因此,在《监察法》相关规定未提及、规定得较粗疏或要求更低时,监察机关要依据《刑事诉讼法》及其解释中的相关规定进行调查活动。比如,即使《监察法》及相关规定未提及询问聋、哑人或不通晓当地语言文字的人的特殊规则,监察机关也应当依据《刑事诉讼法》及其解释中的规定,在询问上述主体时有通晓聋哑手势的人或翻译人员参加(《监察法实施条例》已进行规范,并且在2025年修改后仍沿用相关规定)。因为在违反《刑事诉讼法》及其解释中的证据审查规则时,监察证据难以被采信,如前述"田某、韩某受贿案"中,采取留置措施之前的被调查人供述就未被法院采信。[1]

(四)启发与小结

通过本章的梳理发现,无论是法律规定的解释、司法实践还是学术理论都支持下述观点:《监察法》未有规定时,先参考适用监察法相关的党内法规、监察法规、地方监察细则;这些文件均未涉及时,再参照适用《刑事诉讼法》及其解释中的相关规定。基于特别法优于一般法的原则,相较于对普遍的、通常的问题进行规范的

---

〔1〕 参见青海省祁连县人民法院刑事判决书,(2018)青2222刑初32号。

《刑事诉讼法》及其解释,监察法相关规定是对具体的、特定的情形进行的规范,充分考虑到监察调查活动的特殊性,优先适用具有合理性。学界中的分歧在于两法均有规定且规定不一时的法律适用问题,但是这一问题通过分类讨论和解释也可以得到解决。对于证据以外的其他问题,比如管辖权问题、违纪违法犯罪的处理问题等,直接规范监察机关活动的监察法相关法规应当优先适用;而对于证据的审查和认定,由于监察证据需要通过检察机关、审判机关"一视同仁"地审查,且审查依据为《刑事诉讼法》及其解释,监察证据的取得、保管等活动自然不能和《刑事诉讼法》及其解释中的取证规则和证据审查规则相抵触。另外,根据上位法优先于下位法的原则,地方监察细则、监察机关内部工作文件等均不得违反《监察法》《刑事诉讼法》以及相关法规、司法解释,与《刑事诉讼法》及其解释矛盾的规则也应属无效。无论从何角度论证,在《监察法》和《刑事诉讼法》中的证据规范矛盾时,均应当以《刑事诉讼法》及其解释为依据。监察机关应当依据前述顺序,寻找相应的法规规定,规范调查活动;检察、审判机关也应如此对证据进行审查。

三、立案前相关材料在刑事诉讼中的使用

监察体制改革后,监察机关集纪律审查、行政监察、刑事调查于一身,有效解决了监察范围过窄、反腐败力量分散,纪法衔接不畅等问题,大大提高了反腐败工作效率。监察机关和党的纪律检查机关合署办公,实行一套工作机构、两个机关名称,履行党的纪律检查和国家监察两项职责,实现纪委监委领导体制和工作机制的统一融合,集中决策、一体运行,即"两块牌子、一套人马",执纪执法贯通。[1] 当某公职人员涉嫌违纪违法时,由纪委进行党内纪律的审查、监委进行国家法律层面的调查,由于纪委监委为同一套工作机构,两个程序一般同时进行。在公开通报时,案件一般都会表述为"某某涉嫌严重违纪违法,目前正接受某纪委某监委纪律审查和监察调查"。

监察机关和党的纪律检查机关合署办案,职务违纪、职务违法、职务犯罪行为一体调查,不可避免地使得监察调查活动呈现出与侦查活动不同的特点,在案件办理程序上也存在诸多差异。《监察法》中专门规定了监察机关的办案程序,包括问题线索处置、初步核实、立案调查等。根据相关规定,在监察机关立案之前,需要经

---

〔1〕 参见《【带你了解监察法】第二集:国家监委到底是个什么机构?》,载中央纪委国家监委网 2018 年 3 月 25 日,http://v. ccdi. gov. cn/2018/03/23/VIDE3quLp25xfz4QjPjhA867180323. shtml。

过线索处置、初步核实等立案前程序。

在立案后,监察机关依法收集的证据具有刑事证据资格,目前已经成为理论界和实务界的主流观点,但监察机关立案前收集的证据能否在刑事诉讼中使用,仍然存在很大分歧。由于监察委员会调查权范围涵盖纪律审查、行政监察、刑事调查3个方面,且某一案件属于违纪、违法还是犯罪很难在最初就断定,很难判断哪些证据是为纪律审查收集的、哪些证据是为刑事犯罪收集的,上述类型的证据都有进入刑事诉讼的可能,这就使监察证据突破了传统刑事证据制度的限制。

《监察法》第五章规定了监察程序,为监察机关办理违纪违法案件提供了法律依据,后续发布的监察法规、党内法规进一步予以细化和解释。根据相关规定,监察机关在收到举报、控告等问题线索后,按照谈话、函询、初步核实、暂存待查、予以了结等方式进行处置。[1] 上述线索处置方式源于纪检机关纪律审查程序,2017年1月通过的《中国共产党纪律检查机关监督执纪工作规则(试行)》(现已失效)中就对线索处置、谈话函询、初步核实等程序作出了规定。2025年修改的《监察法实施条例》第204条、第205条增加了"适当了解"的处置方式,采取该方式要求按规定报批后,依法依规向有关单位和个人了解情况,验证问题的真实性,不得采取限制人身、财产权利的措施,不得与被反映人接触。

"谈话"是纪检监察机关针对收到的问题线索,与被反映人谈话,让其讲清自己的问题;而"函询"则是针对收到的问题线索给被反映人发函,请其对被反映的问题给出书面解释。此外,对具有可查性的职务违法和职务犯罪问题线索,需要进行初步核实。初步核实类似于刑事诉讼中的"初查",往往被定位为立案前的前置审查程序,是为了判断是否达到立案条件,而由侦查或调查机关对案件线索进行初步筛选和过滤的一项调查活动。[2] 《监察法》第41条、第42条对初步核实程序进行了总括性规定,根据官方解释,在初步核实阶段经批准可以采取必要措施收集证据,比如与相关人员谈话了解情况,要求相关组织作出说明,调取个人有关事项报告,查阅复制文件、账目、档案等资料,查核资产情况和有关信息,进行鉴定勘验等。[3] 在立案前的线索处置、核实过程中,纪检监察机关也会收集到监察对象涉

---

〔1〕 参见《图解|纪检监察机关对问题线索处置方式和处置时限是什么》,载中国共产党新闻网,http://fanfu.people.com.cn/n1/2021/0121/c64371-32007778.html。

〔2〕 参见金璐:《职务犯罪初查制度改革:"以审判为中心"视野》,载《学习与实践》2016年第9期。

〔3〕 参见《【监察法释义(38)】监察机关进行初步核实的规定》,载中央纪委国家监委网2018年6月1日,https://www.ccdi.gov.cn/yaowen/201805/t20180529_172710.html。

嫌职务违法或职务犯罪的材料。那么,立案前收集的材料是否能在刑事诉讼中作为证据使用?

在监察体制改革之前,惯常的做法是,纪委违纪调查获取的证据材料以及行政执法证据材料中的物证、书证等实物证据,可以直接适用于侦查阶段,作为刑事证据使用;而讯问笔录、证人证言等言词证据则需要由检察机关重新收集,转化为合法的证据材料。[1] 2018 年的《监察法》发布之后,一改过往纪委办案的做法和《刑事诉讼法》中关于行政执法证据移送、使用的规定,第 33 条要求监察机关收集的所有证据材料,在刑事诉讼中均可作为证据使用。这一规定避免了重复取证,提高了办案效率,但也引起了较大的争议。2024 年修改的《监察法》也保留了该规定(现为第 36 条)本部分欲从立法文本、司法案例和理论研究 3 个角度探究立案前所获取材料能否作为证据使用以及相关的程序合法性审查问题。

本书认为,监察机关立案前收集到的资料可以在刑事诉讼中使用,这意味着不需要监察机关再次履行取证程序来使其满足证据资格的要求。不过,该证据能否具有证据资格,还需要满足证据资格理论的一般要求,即客观性、关联性和合法性。本部分选取了谈话证据、函询材料、实物证据、技术调查证据作为主要研究对象,结合每类证据不同的特点分类展开讨论。调查型谈话措施获取的证据除了应经过非法证据排除规则的审查外,还应经过取证程序是否合法规范的审查,根据其违法程度决定是否补正或排除。函询材料属于书证范畴,对函询材料的审查认定可参考书证的相关规范,还要考虑被函询人的意志自由,是否在受到暴力、威胁、非法拘禁、引诱、欺骗等非法手段的情况下书写;另外,函询材料不应作为证明案件主要事实的直接证据,而只允许将其作为证明间接事实的间接证据和佐证案件主要事实的补强证据。对于立案前收集的实物证据,除了要根据证据的种类及依据相关刑事诉讼规范进行审查外,还要审查该种证据的取得程序是否越权、是否合法。对于技术调查证据,除了应根据相关证据材料所属的证据种类进行审查外(比如通过调查措施获取的书证需要依据书证的审查判断规则进行审查),还应当结合技术调查措施的特点审查该措施的采取是否具备前提条件(包括案件范围、审批程序、批准明确的措施种类、适用对象、期限等)。

---

[1] 参见郎胜主编:《〈中华人民共和国刑事诉讼法〉修改与适用》,新华出版社 2012 年版,第 119 页;陈光中、邵俊:《我国监察体制改革若干问题思考》,载《中国法学》2017 年第 4 期。

（一）法规、细则的发现

2018 年的《监察法》第 33 条第 1 款规定："监察机关依照本法规定收集的物证、书证、证人证言、被调查人供述和辩解、视听资料、电子数据等证据材料，在刑事诉讼中可以作为证据使用。"2018 年的《监察法》第 33 条虽然规定了监察机关收集的材料在刑事诉讼中可以作为证据使用，但是并未对监察机关证据调取的阶段进行区分，而监察机关调取证据的阶段分为初核、立案等，因此，监察机关在初步核实阶段收集的证据与立案调查阶段收集的证据具有同等效力，均可以作为刑事诉讼的证据使用。[1] 2024 年的《监察法》修改保留了该条规定（现为第 36 条）。据此理解，只要是监察机关依法收集的证据，不管是立案前还是立案后，不管是职务违法案件还是职务犯罪案件，不管是言词证据还是实物证据，都可以在刑事诉讼中使用。

2021 年 1 月，国家监察委员会、最高人民法院、最高人民检察院、公安部发布的《关于加强和完善监察执法与刑事司法衔接机制的意见（试行）》明确规定，监察机关在初步核实或者对被调查人以涉嫌职务违法立案调查期间，依照《监察法》规定收集、调取的证据材料，在刑事诉讼中可以作为证据使用。该规范为监察机关立案前所收集材料具有刑事证据资格提供了直接依据。

2021 年发布的《监察法实施条例》第 59 条规定，可以用于证明案件事实的材料都是证据，将"被调查人陈述"也纳入"证据"的范畴，2025 年修改后的《监察法实施条例》第 66 条沿用此规定。同时，监察机关依照《监察法》和该条例规定收集的证据材料，经审查符合法定要求的，在刑事诉讼中可以作为证据使用。同年出台的《刑事诉讼法解释》第 76 条也规定，监察机关依法收集的证据材料，在刑事诉讼中可以作为证据使用。可见，立案前纪检监察机关依法收集到的材料，具有刑事证据资格，能够在刑事诉讼中使用。

（二）案例的启发

在很多案例中，公诉方提交的证据里，不仅包含监察调查证据，也包含立案前阶段收集的材料。在司法实践中，监察机关立案前收集的材料的证据资格问题，是庭审中比较常见的争议性问题。一般而言，法院并不会因证据获取阶段来否认某证据的证据资格，而是依据证据本身的性质以及程序瑕疵是否实质上影响了证据

---

〔1〕 参见中共中央纪律检查委员会、中华人民共和国国家监察委员会案件审理室编：《监察机关调查职务犯罪案件证据收集与运用：以〈中华人民共和国监察法〉为视角》，中国方正出版社 2018 年版，第 27 页。

品质来判断其证据能力和证明力。

纪检监察机关通过谈话、函询获取的材料在裁判文书中会被提及，甚至会被法院采信。此类证据主要作为程序性资料，用以证明程序性问题，少数用于佐证案件事实。以函询材料为例，函询材料在刑事诉讼过程中的证明内容大体可以分为两类：(1)证明纪委或监察委曾就某些问题对被告人进行过函询，其功能类似于立案决定书、到案证明、留置决定书等程序性材料，如"刘某受贿案""刘某东受贿案""刘某某滥用职权挪用公款受贿案"等都出现过此类材料。[1] (2)通过函询材料证明案件事实，比如通过证明某时间纪委或监委曾就某些问题对被告人进行过函询，进一步佐证被告人归还财物等行为的性质，如"许某林受贿案"中就运用谈话函询卷证明许某林接受市纪委谈话函询后将占有使用的车辆退还。[2]

综合来看，在司法实践中，纪检监察机关初核阶段收集的证据并不当然失去刑事证据资格，"是否立案"并不是刑事证据资格的决定性因素。例如，在"任某、禹某声受贿案"中，控方提供的纪律检查委员会的初步核实呈批表、线索来源说明、初核方案和初核报告、立案报告表等均被法院予以认定，用以证明被告人禹某声构成自首等事实。[3] 又如，在"赵某秘、赵某民行贿案"中，在监察委对其立案前(2021年4月28日)，被告人赵某秘于2021年3月24日的询问笔录中如实供述向邓某1行贿的事实，被告人赵某民于2021年3月25日的询问笔录中如实供述向邓某1行贿的事实。法院采纳了二被告人在监察机关立案前所作的供述，用以证明犯罪事实和量刑情节。[4]

综上，在司法实践中，监察机关立案前初步核实阶段收集的证据均具有证据资格，在符合刑事审判关于证据要求和标准的情况下，均可作为刑事证据发挥证明作用。如果认为证据是一种程序产品，那么程序的瑕疵等都会影响证据的"品质"，即影响证据的证据能力和证明力。但是，并不是所有的程序的瑕疵都会产生影响，司法实践中对于证据的审查更加灵活和深入，并不会以"是否立案""是否以犯罪

[1] 参见山东省滨州市中级人民法院刑事判决书，(2019)鲁16刑终238号；江西省大余县人民法院刑事判决书，(2020)赣0723刑初7号；云南省屏边苗族自治县人民法院刑事判决书，(2020)云2523刑初16号。

[2] 参见山西省榆社县人民法院刑事判决书，(2020)晋0721刑初26号。

[3] 参见四川省高级人民法院刑事裁定书，(2019)川刑再4号。

[4] 参见辽宁省葫芦岛市中级人民法院刑事裁定书，(2022)辽14刑终55号。

立案”或者其他形式性程序瑕疵为由直接否认证据资格,而是依据证据本身的性质以及程序瑕疵是否实质上影响了证据品质来判断。

(三)学术理论中的发现

目前,学界对立案前初核程序收集到的证据是否具有证据资格还存在很大的争议。有学者以《监察法》规定为依据支持初核证据的证据资格,有学者则类比行政执法证据认为应当区分证据类型。在理论研究中,最大的分歧在于立案前初核阶段收集的言词证据是否具有证据资格。

持反对观点的学者主要从以下两个角度认为立案前初核阶段收集的言词证据不具有证据资格。首先,程序性规范不足。行政执法收集的言词证据不可以在刑事诉讼中使用,因为言词证据的取得遵循的是行政执法程序规范而非刑事诉讼程序规范;同样地,职务犯罪言词证据的取得遵循监察调查程序,亦不受《刑事诉讼法》有关专门性侦查程序的限制。其次,言词证据和实物证据存在差别。实物证据不因取证主体的不同而影响其真实性和证明力,稳定性较强,可靠性比言词证据更容易得到保障。而言词证据以书面传闻的笔录形式为载体,缺乏真实性保障。[1] 此外,物证、书证等实物证据在收集上具有“不可重复性”特点,而言词证据可通过正当程序重复性收集。

建立在这些已有的学术讨论基础上,本书认为,纪检监察机关收集的言词证据可以具有刑事证据资格。

首先,证据是一种“程序产品”,会影响证据品质的根本因素为其“生产”“保管”过程,即证据的收集、调取程序。按照法定程序收集、调取的证据将被赋予在刑事诉讼中用以证明案件事实的资格,并具有一定的证明力。监察机关合署办公,违法、犯罪调查二合一,初步核实阶段与监察调查阶段中各类调查措施和规则并无实质区别,因而不会对证据品质造成实质影响。《监察法》对初步核实进行了概括性的规定,即使在2024年修改后也并无具体的程序性规则,也未指出初核期间可以使用的调查措施。但2021年的《监察法实施条例》第55条明确规定,监察机关在初步核实中,可以依法采取谈话、询问、查询、调取、勘验检查、鉴定措施,设区的市级及以上监察机关在初步核实中还可以采取技术调查措施。2025年修改的《监察法实施条例》第59条在保留原有内容的基础上,增加了初核阶段可以采取调查实验措施。同

---

〔1〕 参见韩旭:《监察委员会调查收集的证据材料在刑事诉讼中使用问题》,载《湖南科技大学学报(社会科学版)》2018年第2期。

时还明确规定,“监察机关采取谈话、函询方式处置问题线索的,适用监察法和本条例关于采取该两项措施的相关规定”。因此,即使是在初核阶段采取上述调查措施,也应该按照《监察法》及相关法规中的调查规则进行,如此立案前证据的收集程序与立案后采取同类措施收集证据的程序并无实质区别,不会对证据品质造成实质性影响。

其次,立案前收集的言词证据不是必然违法的。从理论层面分析,刑事案件立案主要解决的是侦查措施、强制措施的合法性问题。对于一般刑事案件,在立案前,侦查机关认为他人涉嫌犯罪的,可以进行初查,但不能采取限制财产权利、人身权利的侦查措施和强制措施;在刑事案件立案后,可以依法采取相关侦查、调查措施和强制措施。从保障犯罪嫌疑人的合法诉讼权利角度看,立案可以更为充分地保障其诉讼权利,但立案前也有一些调查措施可以收集言词证据。这些措施如果按照法律规定的要求进行,那么所收集的言词证据也不会违法,因为在收集的过程中仍然会保障当事人的诉讼权利。而且,虽然监察调查也以立案为前提条件,但监察程序并不存在专门的刑事立案程序,而是实行“违法犯罪合一”。[1] 《监察法》第 42 条第 1 款规定,经过初步核实,对监察对象涉嫌职务违法犯罪,需要追究法律责任的,监察机关应当按照规定的权限和程序办理立案手续。换言之,监察立案的对象可能是职务违法案件,也可能是职务犯罪案件,与刑事立案具有很大区别,行政执法证据原理并不适用于监察调查证据。监察程序具有独立性,立案前后的取证机关、取证人员、取证程序并无实质性改变,再通过刑事诉讼中其他行为重复收集证据并无意义。

最后,应当充分考虑打击职务犯罪的现实需求。立案前程序收集到的材料具有相当的重要性,有在刑事诉讼中使用的必要性。监察机关调查的对象大多是公职人员,如果稍有不慎出现偏差,不仅会给调查工作带来困难,还会产生不良的政治和社会影响。[2] 为了避免这种不良影响,只有在纪检监察机关切实掌握监察对象涉嫌职务违法或者职务犯罪的部分事实和证据,认为需要追究法律责任时,才可报批立案调查,立案即意味着犯罪事实已基本被查清。[3] 而初步核实过程中所收

〔1〕 参见韩旭:《监察委员会调查收集的证据材料在刑事诉讼中使用问题》,载《湖南科技大学学报(社会科学版)》2018 年第 2 期。

〔2〕 参见中共中央纪律检查委员会、中华人民共和国国家监察委员会法规室编写:《〈中华人民共和国监察法〉释义》,中国方正出版社 2018 年版,第 185 页。

〔3〕 参见龙宗智:《初查所获证据的采信原则——以渎职侵权犯罪案件初查为中心》,载《人民检察》2009 年第 13 期。

集的材料，是决定是否立案调查的重要依据。纪检监察机关在立案调查之前，通过线索处置、谈话函询、初步核实等程序就已收集了相当数量的材料，比如组织说明、文件、账目、档案等文书以及谈话记录、鉴定意见、勘验笔录等材料。这些材料均与监察对象职务违法或职务犯罪事实相关，且部分具有唯一性或不可替代性，比如文件、账目、档案等文书。若不能在刑事诉讼中使用，则大大浪费了资源，提高了纪检监察机关调查职务犯罪的难度。而对于言词证据，监察机关在对案件进行初核的过程中，由于被调查者没有心理防备和反侦查的准备，其陈述往往具有较大的证据价值。如果立案之前获得的言词证据不被获准使用，会使职务犯罪被调查人获得相应的反应时间，从而丧失关键的取证时机，致使反腐败工作质效大打折扣。[1]

出于言词证据主观性、多变性等特点，排除立案前收集的言词证据的刑事证据资格也并不合理。言词证据的主观性、多变性涉及的是某个证据能多大程度上证明案件事实的问题，涉及的是证明力问题，而非证据资格问题。立案前收集到的材料“可以作为证据使用”，是指该材料具有进入刑事诉讼的资格，不需要刑事侦查机关再次履行取证手续。[2] 此表述意味着，符合要求的证据具有进入诉讼程序“大门”的资格。“可以”表明监察证据进入诉讼程序并不是必然的，还需要经审判机关的初步审查；在被审判机关初步“采纳”后，还需要经过刑事诉讼的举证、质证、认证过程，其品质符合法官的“采信”标准时，才可成为定案的根据。[3] 因此，仅凭不同种类证据特点区分证据资格的观点并不合理。

（四）启发与小结

由于纪检监察部门调查权范围涵盖纪律审查、行政监察、刑事调查 3 个方面，且某一案件属于违纪、违法还是犯罪很难在最初就断定，很难判断哪些证据是为纪检收集的、哪些证据是为刑事犯罪收集的。《监察法》中专门规定了监察机关的办案程序，包括问题线索处置（如采取初步核实）和立案调查等。2025 年修改的《监察法实施条例》增加了立案前“适当了解”的规定，进一步完善包括初步核实等问

---

〔1〕 参见姚莉：《〈监察法〉第 33 条之法教义学解释——以法法衔接为中心》，载《法学》2021 年第 1 期。

〔2〕 参见卞建林：《监察机关办案程序初探》，载《法律科学（西北政法大学学报）》2017 年第 6 期。

〔3〕 参见何家弘：《证据的采纳和采信——从两个“证据规定”的语言问题说起》，载《法学研究》2011 年第 3 期；陈瑞华：《关于证据法基本概念的一些思考》，载《中国刑事法杂志》2013 年第 3 期。

题线索处置方式。根据相关规定,在监察机关立案之前,需要经过线索处置等立案前程序,那么立案前收集的证据能否在刑事诉讼中使用就存在很大分歧。

本书认为,监察机关立案前收集的资料可以在刑事诉讼中使用,不需要纪检监察机关再次履行取证程序来使其满足证据资格的要求。不过,该证据能否具有证据资格,还需要分类讨论,根据不同类型证据的特点,按照证据资格理论的一般要求加以审查认定。具体可以分为,谈话证据、函询材料、实物证据、技术调查证据等。其中以谈话为代表的言词证据能否具有证据资格是理论界的主要分歧。本书认为,纪检监察机关收集的言词证据可以具有刑事证据资格。其一,立案前证据的收集程序与立案后采取同类措施收集证据的程序并无实质区别,不会对证据品质造成实质性影响。其二,立案前收集的言词证据如果按照法律规定的要求进行,就不会违法,因为在收集的过程中仍然会保障当事人的诉讼权利。其三,立案前程序收集的材料具有相当的重要性,有在刑事诉讼中使用的必要性。

四、立案前收集材料的分类审查

上文已论述,监察机关立案前收集的材料可以具有刑事证据资格,不需要监察机关再次履行取证程序即可在刑事诉讼中使用。该论断是从整体上针对立案前所收集材料的刑事证据资格的判断。不过,监察机关立案前收集的证据多种多样,对于每类证据在具体的审查过程中如何判定是否满足证据三性的要求、如何审查证明力大小,需要结合每类证据不同的特点分类展开讨论。

由于纪检监察机关立案前采取的绝大多数调查措施的具体规则和程序与其在立案后的相同,比如询问、查询、调取措施,通过同类调查措施获取的证据的审查认定规则也应保持一致。证据的审查判断规则并非独立存在,而是与取证规则密不可分。比如,根据《刑事诉讼法解释》第 93 条的规定,对被告人供述与辩解的审查内容之一是“讯问的时间、地点,讯问人的身份、人数以及讯问方式等是否符合法律、有关规定”,其实质上就是对取证程序的审查。而且,绝大部分的证据排除也是侦查人员违反取证规则的后果。[1] 因此,通过立案前后同种调查措施获取的证据的审查认定规则也是一致的,比如,立案前通过询问获取的证人证言与立案后获取

---

〔1〕 参见陈卫东、聂友伦:《职务犯罪监察证据若干问题研究——以〈监察法〉第 33 条为中心》,载《中国人民大学学报》2018 年第 4 期。

的证人证言的审查认定规则相同。

因此,本部分主要选择立案前获取程序有别于立案后或者有特殊性的材料,即谈话笔录、函询材料、一般实物证据、技术调查证据,研究其在刑事诉讼中的审查认定问题。调查型谈话措施获取的证据除了应经过非法证据排除规则的审查外,还应经过取证程序是否合法规范的审查,根据其违法程度决定是否补正或排除。对于通过暴力、威胁、非法拘禁等非法手段获取的监察对象的陈述、供述应强制排除,对于通过引诱、欺骗获取的监察对象的陈述、供述应裁量排除。仅因程序瑕疵(非因侵害监察对象权利)而获取的不合法谈话笔录的排除应采取更审慎的态度。函询材料属于书证范畴,对函询材料的审查认定可参考书证的相关规范,还要考虑被函询人的意志自由,是否在受到暴力、威胁、非法拘禁、引诱、欺骗等非法手段的情况下书写;另外,函询材料不应作为证明案件主要事实的直接证据,而只允许将其作为证明间接事实的间接证据和佐证案件主要事实的补强证据。对于立案前收集的实物证据,除了要根据证据的种类及依据相关《刑事诉讼法》规范进行审查外,还要审查该种证据的取得程序是否越权、是否合法。对于技术调查证据,除了应根据相关材料所属的证据种类进行审查外(比如通过调查措施获取的书证需要依据书证的审查判断规则进行审查),还应当结合技术调查措施的特点审查该措施的采取是否具备前提条件(包括案件范围、审批程序、批准明确的措施种类、适用对象、期限等)。

(一)谈话

谈话是一种较为特殊的监察措施,其贯穿于监察活动的始终,兼顾监督、调查、处置功能:其可以作为处置问题线索的审核谈话方式,也可以作为案件调查取证的调查谈话措施,同时对问题轻微的案件可以采取谈话提醒的方式作为处置结果。[1] 与谈话不同,讯问是调查人员与涉嫌职务犯罪的被调查人以问答的方式,取得被调查人关于职务犯罪的陈述以及其他证据的一种调查措施。[2] 讯问必须发生在监察机关立案之后,对非职务犯罪的对象不能进行讯问,对涉嫌职务犯罪的被调查人也不能以谈话代替讯问。由于谈话形式和功能具有多样性,不同的谈话有不同程度的严肃性和威慑力,其适用较为灵活。在立案前阶段,谈话是针对问题

〔1〕 参见金成波、张航:《国家监察视阈下谈话制度的运用与完善》,载《长白学刊》2020 年第 2 期。

〔2〕 参见《〈中华人民共和国监察法〉案例解读》编写组编写:《〈中华人民共和国监察法〉案例解读》,中国方正出版社 2018 年版,第 188 页。

线索进行初步核实的主要方法，本部分讨论的谈话便是立案前阶段纪检监察机关所采取的谈话措施。

1. 立案前谈话的类型

根据《监察法》及相关规定，立案前阶段的谈话措施主要有两种类型，一是对个案轻微问题线索予以规制处理的提醒型监察谈话，二是以初步核实线索为功能导向的调查型监察谈话。[1]

根据2021年《监察法实施条例》第174条的规定，谈话函询是一种问题线索的处置方式。对于有关问题线索指向一般违纪行为或轻微的职务违法行为的，予以谈话函询，纪检监察机关可以当面或以书面方式要求被谈话人对相关问题作出解释说明，当面即谈话，书面即函询。2025年《监察法实施条例》第206条第5款增加了对于谈话函询处理结果的规定："承办部门应当根据谈话、函询的情况，提出初步核实、拟立案调查、予以了结、暂存待查，或者移送有关部门、机关处理等建议，按程序报批后办理。"在初步核实阶段，谈话亦是核实线索、初步查明事实的一种重要监察措施。综上，立案前阶段调查型监察谈话既包括作为问题线索核实方式的"谈话函询"中的谈话措施，又包括初步核实阶段核实线索、查明事实的谈话措施。

并非两种类型的谈话措施都需要考虑取证问题，根据2025年修改后的《监察法实施条例》第78条、第79条的规定，作为对一般性问题线索处置方式的提醒型监察谈话，其功能是对监察对象给予警示、批评、教育，谈话人员可以是监察人员或者受委托的被谈话人所在单位主要负责人，谈话应当在监察机关谈话场所、具备安全保障条件的工作地点等场所进行，明确告知谈话事项，注重谈清问题、取得教育效果。相比于2021年《监察法实施条例》的第71条和第72条，增加了对于谈话场所的要求。可见，作为问题线索处置方式的提醒型监察谈话功能并非收集证据、查清事实，因而其不像调查型谈话一样遵循同等程序，也未在主体、场所、时间、同步录音录像、文书格式等诸多方面设置严格的要求和限制，在绝大多数情况下并不涉及职务犯罪案件。因此，下文聚焦于调查型监察谈话展开分析。

---

〔1〕 参见曾哲、丁俊文：《基于法定职权的监察谈话：政治属性与法治路径》，载《时代法学》2019年第6期。

2. 调查型谈话程序规范

现行法律法规对调查型谈话措施规定得十分严格，在取证主体、场所、时间、文书格式、同步录音录像等方面都设有严格的要求和限制。

2021 年《监察法实施条例》发布以前，部分地区的地方监察细则中的谈话措施仅指初步核实阶段的调查型谈话措施。如《S 市监察机关调查措施使用规范》（以下简称《S 市调查规范》）规定："谈话是指监察机关在初步核实中对可能发生职务违法或因职务违法被立案调查的监察对象，采取谈话核实的一种调查措施。"在司法实践中，很多案件一开始只是发现监察对象的违法行为，在后续的谈话或者初步核实过程，监察对象主动交代或监察机关主动发现职务犯罪线索，此类情况下谈话内容很可能被用作证实犯罪事实的证据，其作用与讯问几乎没有差别。[1] 因此，现行法对调查型谈话措施的规范也较为严格。

2021 年《监察法实施条例》第 70 条、第 74 ~ 79 条对调查型谈话措施进行了规范，对应于 2025 年修改后的《监察法实施条例》第 77 条、第 81 ~ 86 条，初步核实及立案后的具有调查性质的谈话规则十分接近讯问、询问等措施。在本条例发布之前，许多地区的监察细则中对于谈话的规范亦十分严格，有的甚至与讯问相同，如《J 省监察业务运行工作规程》（以下简称《J 省监察规程》）将谈话与讯问在同一章节进行规范。表 2 - 1 ~ 表 2 - 5 即 2025 年修改后《监察法实施条例》及有关地方监察细则中关于谈话的相关规定。

表 2 - 1　关于时间的相关规定对比

相关规定	谈话时间	讯问时间
《S 市调查规范》	第 12 条　谈话持续的时间不得超过 12 小时，并不得超过当日 24 时。禁止以连续谈话方式变相留置、拘禁被调查人。谈话的具体起止时间应在笔录中反映	第 14 条…… 谈话持续的时间原则上不得超过 12 小时，并不得超过当日 24 时
《J 省监察规程》	第 19 条　一次讯问持续时间不得超过 12 小时。讯问的具体起止时间应在笔录中反映……	第 26 条……讯问持续的时间原则上不得超过 12 小时，并不得超过当日 24 时……

〔1〕 参见杨宇冠、郑英龙：《监察机关取证录音录像的价值、功能与过程规制》，载《南通大学学报（社会科学版）》2018 年第 6 期。

表2-2　关于场所的相关规定对比

相关规定	谈话场所	讯问场所
《监察法实施条例》	第82条第1款　立案后,与被责令候查人员或者未被限制人身自由的被调查人谈话的,应当在具备安全保障条件的场所进行。 第83条　调查人员与被强制到案人员、被管护人员、被留置人员或者被禁闭人员谈话的,按照法定程序在执行相关监察强制措施的场所进行。与在押的犯罪嫌疑人、被告人谈话的,应当持以监察机关名义出具的介绍信、工作证件,商请有关案件主管机关依法协助办理。与在看守所、监狱服刑的人员谈话的,应当持以监察机关名义出具的介绍信、工作证件办理。 第87条　本条例第81条至第86条的规定,也适用于在初步核实中开展的谈话	第89条　讯问被管护人员、被留置人员,应当在留置场所进行。 第91条　本条例第82条至第86条的要求,也适用于讯问
《S市调查规范》	第8条　谈话应在监察机关指定地点或其他具备安全保障条件的场所进行,其中,需在监察机关指定地点以外的其他场所进行的,应当报监察机关相关领导同意	第15条　讯问应当在监察机关指定的符合办案安全规定、具备安全保障条件的专门场所进行

表2-3　关于人员的相关规定对比

相关规定	谈话人员	讯问人员
《监察法实施条例》	第77条第2款　谈话应当个别进行。负责谈话的人员不得少于2人	第90条第1款　讯问应当个别进行,调查人员不得少于2人
《S市调查规范》	第3条　调查人员采取调查措施时,应当依照规定出示工作证,出具相应文书,并由2名以上调查人员进行。……对女性采取谈话、讯问、询问措施,一般应当有女性调查人员参加;……谈话、讯问、询问应当个别进行	第3条　调查人员采取调查措施时,应当依照规定出示工作证,出具相应文书,并由2名以上调查人员进行。……对女性采取谈话、讯问、询问措施,一般应当有女性调查人员参加;……谈话、讯问、询问应当个别进行

表 2-4　关于笔录的相关规定对比

相关规定	谈话笔录	讯问笔录
《监察法实施条例》	第 85 条　谈话笔录应当在谈话现场制作。笔录应当详细具体，如实反映谈话情况。笔录制作完成后，应当交给被调查人核对。被调查人没有阅读能力的，应当向其宣读。笔录记载有遗漏或者差错的，应当补充或者更正，由被调查人在补充或者更正处捺指印。被调查人核对无误后，应当在笔录中逐页签名、捺指印。被调查人拒绝签名、捺指印的，调查人员应当在笔录中记明。调查人员也应当在笔录中签名	第 91 条　本条例第 82 条至第 86 条的要求，也适用于讯问
《S 市调查规范》	第 11 条　谈话笔录应当忠实于原话，并交被调查人核对。被调查人没有阅读能力的，应当向其宣读。允许被调查人补充或改正笔录。被调查人对笔录确认无误后，应当逐页在笔录记录内容下方签名，并在谈话笔录末页记录文字下方无隔行处签写"以上 × 页笔录我已看过（向我宣读过），和我说的相符"，同时签名并注明日期。被调查人拒绝签名的，调查人员应当在笔录上注明情况。调查人员也应当在笔录上签名。……谈话笔录或亲笔陈述如有涂改，应当让被调查人在涂改处签名并注明日期	第 18 条　讯问笔录应当忠实于原话，并交被调查人核对。对于没有阅读能力的应当向其宣读。允许被调查人补充或改正笔录。被调查人对笔录确认无误后，应当逐页在笔录记录内容下方签名、捺指印，并在笔录末页记录文字下方无隔行处签写"以上 × 页笔录我已看过（向我宣读过），和我说的相符"，同时签名、捺指印并注明日期。被调查人拒绝签名、捺指印的，调查人员应当在笔录上注明情况。调查人员也应当在笔录上签名。……讯问笔录或亲笔供述如有涂改，应当让被调查人在涂改处签名、捺指印并写明日期
《J 省监察规程》	第 27 条……谈话、询问、讯问应当制作笔录。笔录应当忠实于原话，交被谈话人、证人或被调查人进行核对、补充、改正，并签署意见、逐页签名、盖章或捺指印。被谈话人、证人或被调查人拒绝的，监察人员应当在笔录中注明。 谈话、询问、讯问的监察人员也应当在笔录上签名	第 27 条……谈话、询问、讯问应当制作笔录。笔录应当忠实于原话，交被谈话人、证人或被调查人进行核对、补充、改正，并签署意见、逐页签名、盖章或捺指印。被谈话人、证人或被调查人拒绝的，监察人员应当在笔录中注明。 谈话、询问、讯问的监察人员也应当在笔录上签名

表 2－5 关于措施基本保障的相关规定对比

相关规定	谈话措施基本保障	讯问措施基本保障
《监察法实施条例》	第 84 条 与被调查人进行谈话,应当合理安排时间、控制时长,保证其饮食和必要的休息时间	第 91 条 本条例第 82 条至第 86 条的要求,也适用于讯问
《S 市调查规范》	第 12 条第 2 款 谈话期间应当保障被调查人安全,提供必要的饮食、休息和医疗服务,发现被调查人身体出现问题时,应当中断谈话及时医治;应当密切关注被调查人身体和情绪变化,做好心理减压和安抚疏导工作	第 19 条……讯问中应当参照本规范第 12 条第 2 款之规定,做好安全防范措施,并保障被调查人的合法权益

相关规定	谈话措施	讯问措施
《监察法实施条例》	第 81 条……与涉嫌严重职务违法的被调查人进行谈话的,应当全程同步录音录像,并告知被调查人。告知情况应当在录音录像中予以反映,并在笔录中记明	第 83 条……讯问时,应当告知被讯问人将进行全程同步录音录像。告知情况应当在录音录像中予以反映,并在笔录中记明
《S 市调查规范》	第 90 条……谈话应当现场制作《谈话笔录》,具备条件的,应当同步录音录像	第 13 条……讯问应当现场制作《讯问笔录》并全程同步录音录像

无论是《监察法实施条例》还是地方监察细则,谈话措施与讯问措施的程序均基本一致,有的地方谈话措施甚至要严于讯问措施。比如,在谈话时间和讯问时间方面,《S 市调查规范》规定,一次讯问持续时间不得超过 12 小时,而谈话措施除了要满足持续时间不超过 12 小时的要求外,还需要受到不超过当日 24 时的限制。一般而言,相较于针对职务犯罪嫌疑人的讯问措施,谈话措施的对象为违纪违法行为人,对未达到犯罪程度的监察对象采取调查措施,限制应当更为严格。由于谈话措施的程序与讯问措施的程序相当,甚至更为严格,其“程序产品”的品质也与讯问措施相当,甚至更为“优秀”,所收集的材料自然能够在刑事诉讼中作为证据使用。

3. 调查型谈话笔录的审查认定

调查型谈话措施作为核实线索、初步查明事实的程序之一,其收集到的材料可能亦可以在刑事诉讼中作为证据使用。谈话内容作为案件言词证据的重要组成部分,有存在非法取证情况的可能。司法实践中,对言词证据的审查主要从两个角度进行,一是审查是否为非法手段获取而需要排除,二是审查取证程序是否规范而需要补正或者排除。对于立案前调查型谈话笔录的审查认定,亦需要从上述两方面进行。

第一,通过调查型谈话措施获取的证据进入刑事诉讼程序应经过非法证据排除规则的审查。对于通过暴力、威胁、非法拘禁等非法手段获取的监察对象的陈述、供述应强制排除,对于通过引诱、欺骗获取的监察对象的陈述、供述应裁量排除。

立案前收集的材料在刑事诉讼中使用,毫无疑问应当遵循《刑事诉讼法》对证据的一般性规定。非法证据排除规则作为刑事证据审查认定的重要规则,适用于监察机关立案前收集的材料。非法证据排除规则是法律基于保护特定利益、价值的需要创设的外部政策型排除规则,该项规则的价值在于平衡打击犯罪和保障权益,遏制执法人员刑讯逼供等非法取证行为,限制公权力的滥用。若非法证据排除的对象不包括立案前收集的材料,则易导致非法取证行为向立案前阶段转移,为避免证据排除的后果,取证机关很可能将非法取证手段适用于立案前阶段,如此便架空了非法证据排除规则。[1] 在监察调查立案之前,监察对象的违纪违法行为尚处在"嫌疑"阶段,对其权利的保障力度相比于立案调查之后应更强,对监察机关权力限制相较于立案后也应更大。对于旨在限制权力滥用、保障公民权利的非法证据排除规则来说,更有适用的必要。

根据非法言词证据排除规则,采用暴力、威胁以及非法限制人身自由等非法方法获取的监察对象的供述、陈述,毫无疑问应当依法强制排除。这一规则在2021年出台的《监察法实施条例》中予以确认,并进行了进一步解释,且该规定在2025年《监察法实施条例》修改后继续沿用。而对于引诱、欺骗获取的监察对象供述、陈述,虽然《监察法》及其实施条例均规定了严禁以暴力、威胁、引诱、欺骗及其他非法方法收集证据,但由于其与侦查策略、技巧很难区分开,立法并未明确规定其排除后果。[2] 但是,超出法律或伦理界限的引诱、欺骗方法,很可能使被调查人遭受精神上的痛苦或陷入认识错误,而导致其违背意愿作出有罪供述,这与暴力、威胁、非法拘禁会有一样的后果,若不排除将有违非法证据排除规则的初衷。

谈话技巧很难与引诱、欺骗方式区分,因而将谈话笔录"一刀切"地强制性排

---

〔1〕 参见程衍:《中国特色独立监察程序下非法证据排除规则的制度建构》,载《南京大学学报(哲学·人文科学·社会科学)》2019年第2期。

〔2〕 参见张军主编、最高人民法院刑事审判第三庭编:《刑事证据规则理解与适用》,法律出版社2010年版,第297~298页。

除是不可取的。这需要在保障监察对象权利和查明事实需要中权衡考量,综合引诱、欺骗方法的违法程度、权力侵害程度与是否违背被调查人意愿等因素进行考量,将可能严重影响司法公正、严重违背社会公德的欺骗、引诱获取的供述作为非法证据予以排除。

第二,对调查型谈话证据还应审查其取证程序是否合法,根据其违法程度决定是否补正或排除。对仅因程序瑕疵(非因侵害监察对象权利)而获取的不合法谈话笔录的排除应采取更审慎的态度。

立案前阶段采取谈话措施,被调查人尚未有充分的思想准备,形成心理防线,因而更容易获取真实情况,具有更高的证据价值。虽然法律法规对谈话措施进行了规范,但仍然难以避免存在违反取证程序获得的谈话证据。因而,对于违反取证程序获得的谈话证据,应尽可能补正或作出合理解释,对仅因程序瑕疵获取的不合法谈话笔录的排除应更加审慎。

(二)函询

1.函询材料的性质

“函询”是指纪检监察机关针对收到的问题线索,给监察对象发函,请其对被反映的问题给出书面解释。通过函询产生的材料既包括纪检监察机关针对问题线索给被函询人发的公函,又包括被函询人的回函。

根据2025年《监察法实施条例》第206条第2款的规定,被函询人应当在收到函件后15个工作日以内写出说明材料,由其所在单位主要负责人签署意见后发函回复。《中国共产党纪律检查机关监督执纪工作规则》第29条第1款规定:“被函询人应当在收到函件后15个工作日内写出说明材料,由其所在党委(党组)主要负责人签署意见后发函回复。”根据上述规定,被函询人出具的说明材料,一般需要单位主要负责人、党委(党组)主要负责人签署意见后,才发函回复监察机关。换言之,被函询人出具的回函一般都有所在单位、党组织的背书。[1]

从函询材料的表现形式来看,无论是纪检监察机关对于被函询人提出的问题还是被函询人针对问题线索的回复,都是记录于书面之上的、以记载的内容和表达的思想证明案件事实的书面材料。从这个角度来说,函询材料应属于书证。由于

〔1〕 参见王荣:《如何落实〈规则〉关于函询工作的要求?严格规范使用 注重综合成效》,载《中国纪检监察》2019年第13期。

纪检监察机关发给监察机关的函属于国家机关在法定职权内按照一定的程序和格式制作的文书，其属于公文书证范畴，这点并无争议。但被函询人的回函的证据种类或性质却有所争议。

从产生过程来看，被函询人的回函是被函询人针对问题线索所作的回复，类似于一种自书材料。在刑事诉讼中，自书材料是指犯罪嫌疑人或者证人亲自书写的书面材料。根据《刑事诉讼法》第 122 条、第 126 条的规定，犯罪嫌疑人、证人请求自行书写供述或证言的，应当准许；必要的时候，侦查人员也可以要求犯罪嫌疑人亲笔书写供词或要求证人亲笔书写证言。2025 年《监察法实施条例》第 86 条亦规定了被调查人请求或被要求自行书写供述的规则。对于刑事诉讼中被告人自书材料的性质，比较有代表性的观点有被调查人口供说与书证说两种观点。

由于自书材料的产生阶段、形式要求与被调查人供述与辩解有相似之处，如需逐页签名、捺指印，在末页写明日期，修改之处应当捺指印，由 2 名调查人员记明接收的日期并签名等，且自书材料是由被调查人自行书写，其内容反映了被调查人的主观意志，部分学者和司法人员将其认定为被调查人供述与辩解，属于言词证据。

然而，有的学者则认为，自书材料以书面记载内容证明案件事实，应认定为书证，属于实物证据。[1] 同理，被函询人的回函为被函询人在自由状态下意思的记录，有言词证据的性质；以书面记载内容证明案件事实，亦有书证的性质。另外，函询与自书材料亦有所区别。首先，自书材料一般在经过办案人员谈话或者讯问后产生，监察对象承担着一定的压力，其自由意志受到一定的限制，而被函询人回函是处在未被控制的自由状态下，其仅需要针对某些违纪违法嫌疑作出解释。其次，自书材料需要办案人员按照法定程序接收，而被函询人出具的回函一般都要求有所在单位、党组织的背书。最后，自书材料一般是监察对象主动或被要求书写，内容并不限制于违纪违法情况的说明，有的还包括思想检讨，而被函询人回函是针对特定问题的说明，被要求回复特定的内容。自书材料的上述特点正是其被认定为被调查人陈述、供述或辩解的重要依据，函询与其的差异点使函询材料更多地呈现出书证的特点。

因此，相对而言，被函询人的回函更类似于监察对象在立案前写的日记或者信件，应属于书证范畴。

---

〔1〕 参见秦晔：《职务犯罪侦查中自书材料的作用不可忽视》，载《人民检察》2016 年第 16 期。

2. 函询材料的审查认定

由于函询材料属于书证范畴,对函询材料的审查认定可参考书证的相关规范。具体而言,可以从如下方面进行审查:(1)函询材料是否为原件,针对被函询人的回函还要审查其是否为本人作出;(2)函询材料的产生、收集、保管过程是否遵循法定程序,在产生方面可审查纪检监察机关的函是否有公章、被函询人的回函是否有党组织或单位的背书、未背书的是否存在客观原因等,在收集保管方面可审查函询材料是否完整,是否经过修改,或者修改能否作出合理解释等。

由于被函询人的回函为其自行出具,反映了个人主观意志,还要考虑被函询人是否为本人自愿书写,是否系在受到暴力、威胁、非法拘禁、引诱、欺骗等非法手段的情况下书写。

审查判断证据除了审查其取证程序之外,还应当审查证据内容。因此,还需要对函询材料的内容进行审查,尤其是对于被函询人的回函,需审查如下内容:(1)是否符合常理,是否符合案件的实际情况、经验法则、事物的发展规律等;(2)是否存在矛盾,即函询材料自身内容有无前后矛盾之处;(3)与其他证据的关系,即审核函询材料与被调查人陈述、供述与辩解等证据是否相互印证,是否存在无法解释的矛盾等。[1]

在证明力方面,函询材料不应作为证明案件主要事实的直接证据,而只允许将其作为证明间接事实的间接证据和佐证案件主要事实的补强证据。比如,函询材料可以证明纪检监察机关对被调查人函询的时间,与其归还财物的时间相对比可以佐证被调查人受贿的主观故意。

一方面,函询材料的证据价值一般不高,其大多反映被调查人的辩解,而非供述。由于函询材料为本人在自由状态下出具,出于趋利避害的目的,被函询人并不会在只被要求解释一般问题线索的情况下对严重违法情况进行说明。另外,函询虽然要求被函询人所在党组织负责人进行签字背书,但从当前基层实践看,存在党组织负责人未履行好审查把关职责的情形,削弱了函询的权威性。[2]《J省监察规程》规定了适用函询的"四不宜":对实名举报的,不宜函询;对反映贪污受贿问题

---

〔1〕 参见肖文鲜:《审核自书材料应注意什么》,载《中国纪检监察报》2021年6月2日,第6版。

〔2〕 参见山东省纪委监委第六监督检查室:《精准规范有效运用谈话函询》,载《中国纪检监察报》2020年6月11日,第8版。

具体,有可查性的,不宜函询;对容易造成证据毁灭、串供隐匿的,不宜函询;对反映不正当两性关系的,不宜函询。函询在适用范围上的限制可以反映出函询调查功能的有限性。

另一方面,一旦监察对象在函询阶段即对违法犯罪事实予以承认,则此时函询具有较高的证明能力。函询阶段,监察对象的违法犯罪行为仅存在可能性,并无确切证据,且违法程度并不严重;监察对象未处于纪检监察机关的控制下,意志自由。若在此过程中,被调查人即对严重违法犯罪事实进行说明,则可信度较高,能较强佐证案件事实。[1]

(三)实物证据

对于职务违法犯罪案件,由于立案前后的取证主体都是纪检监察人员,同类取证人员的取证能力并无差异,且同一调查取证措施在立案前后的规则也并无区别,这就决定了纪检监察人员在立案前后所收集的材料的内容并不会因为取证阶段存在差异,立案并不会影响证据的"品质"。原则上来说,立案前后证据的审查认定规则也并无不同。

但是,根据2025年《监察法实施条例》第59条的规定,纪检监察机关在立案前,可以依法采取查询、调取、勘验检查、调查实验、鉴定措施,立案后可以采取冻结、搜查、查封、扣押措施,且设区的市级以下监察机关在初步核实中不得采取技术调查措施。显然,纪检监察人员立案前能够采取的调查措施要少于立案调查后,两个阶段享有的取证权限存在差异。由于超越权限收集的证据合法性难以保障,审查立案前实物证据时除了要根据证据的种类适用审查认定规则外,还要考虑该种证据的取得程序是否合法。

1. 一般实物证据

在立案前可以采取的取证措施方面,2018年发布以及2024年修改后的《监察法》规范与《刑事诉讼法》规范的相关规定一脉相承却又有所区别。根据2020年《公安程序规定》第174条第2款的规定,调查核实过程中,公安机关可以依照有关法律和规定采取询问、查询、勘验、鉴定和调取证据材料等不限制被调查对象人身、财产权利的措施。但是,不得对被调查对象采取强制措施,不得查封、扣押、冻结被调查对象的财产,不得采取技术侦查措施。根据2019年《检察诉讼规则》第169条

[1] 参见龙宗智:《薄熙来案审判中的若干证据法问题》,载《法学》2013年第10期。

的规定,进行调查核实,可以采取询问、查询、勘验、检查、鉴定、调取证据材料等不限制被调查对象人身、财产权利的措施。不得对被调查对象采取强制措施,不得查封、扣押、冻结被调查对象的财产,不得采取技术侦查措施。《监察法》规范与《刑事诉讼法》规范的相同之处在于都以立案作为区分任意性侦查/调查措施和强制性侦查/调查措施的时间界点:立案前可以采取任意性侦查/调查措施,一般不能采取强制性侦查/调查措施,而立案之后既可以采取任意性侦查/调查措施,又可以采取强制性侦查/调查措施。二者的区别之处在于《监察法》规范允许纪检监察机关在立案前采取技术调查措施。

目前学术界主要观点认为,任意侦查与强制侦查的区分标准在于"基本权利干预",即是否对被侦查人的基本权利造成了限制。立案前阶段,由于监察对象仅有"违纪违法犯罪嫌疑",在核实事实时应将监察措施的强度控制在适当性、必要性的最小限度范围之内。根据强制程度和性质的不同,监察调查措施的强制性从弱到强呈现出一定的递进关系:一是非强制性监察调查措施,包括谈话、询问、查询、调取、勘验检查、鉴定等措施;二是财产型强制性监察调查措施,包括冻结、查封、扣押等措施;三是人身自由型强制性监察调查措施,包括留置、限制出境、决定发布通缉令等措施。[1] 2024 年《监察法》修改新增的强制到案、责令候查和管护措施也属于一定程度的人身自由型强制监察措施,但是相比留置对于人身自由的限制更小,能够更灵活地应对不同的实践情况,避免一味采取留置措施,即为最小限度原则的体现。最小限度就意味着在多种手段均可实现初步核实事实的取证目的时,应当从中选取对被调查人权利影响最小的措施。因而,对于同样可以获取实物证据或线索的调查措施,在立案前仅可以采取查询、调取、勘验检查等非强制性措施。

纪检监察机关立案前可以采取的查询、调取、勘验检查等措施,在具体规则方面一般直接照搬或化用《刑事诉讼法》相关规范,故通过上述措施获取的证据的审查认定也可参照《刑事诉讼法》规范中的审查认定规则进行。

以查询、调取措施为例,查询和调取是纪检监察机关核查线索、获取证据、查明事实的重要措施。根据《监察法》规范,纪检监察机关可以在立案前查询涉案单位和个人的存款、汇款、债券、股票、基金份额等财产,调取用以证明被调查人涉嫌违

---

〔1〕 参见曹鎏:《论职务违法调查的理论逻辑、规制路径及证据规则》,载《法学评论》2020 年第 5 期。

法犯罪的财物、文件和电子数据等信息。实践中,除了《监察法》明文规定的查询、调取事项外,查询和调取还可以用于个人档案、通讯记录、房产、车辆、出行记录、住宿登记等相关信息。通过查询、调取措施获取的证据,一般为物证、书证、电子数据、视听资料等客观证据。由于职务犯罪和监察调查的特殊性,《监察法》规范下的查询和调取措施与《刑事诉讼法》有一定的差异。对于查询措施,《监察法》规范将查询的对象扩大到"有关单位和个人"的财产信息,而《刑事诉讼法》规范仅规定可以查询"犯罪嫌疑人"的财产信息(见表2-6)。

表2-6　关于查询对象的相关规范

相关规范	具体规定
《监察法》	第26条　监察机关调查涉嫌贪污贿赂、失职渎职等严重职务违法或者职务犯罪,根据工作需要,可以依照规定查询、冻结涉案单位和个人的存款、汇款、债券、股票、基金份额等财产……
《监察法实施条例》	第135条　监察机关调查严重职务违法或者职务犯罪,根据工作需要,按规定报批后,可以依法查询、冻结涉案单位和个人的存款、汇款、债券、股票、基金份额等财产
《S市调查规范》	第27条　监察机关在调查职务违法或涉嫌职务犯罪过程中,可以查询涉案单位和个人的金融资产信息等……
《Z省监察规程》	第29条　监察机关调查涉嫌贪污贿赂、失职渎职等严重职务违法或者职务犯罪,根据工作需要,可以依照规定查询、冻结有关单位和个人的存款、汇款、股票、债券、基金份额等财产……
《刑事诉讼法》	第144条　人民检察院、公安机关根据侦查犯罪的需要,可以依照规定查询、冻结犯罪嫌疑人的存款、汇款、债券、股票、基金份额等财产……
2020年《公安程序规定》	第237条　公安机关根据侦查犯罪的需要,可以依照规定查询、冻结犯罪嫌疑人的存款、汇款、证券交易结算资金、期货保证金等资金,债券、股票、基金份额和其他证券,以及股权、保单权益和其他投资权益等财产,并可以要求有关单位和个人配合……
2019年《检察诉讼规则》	第212条　人民检察院根据侦查犯罪的需要,可以依照规定查询、冻结犯罪嫌疑人的存款、汇款、债券、股票、基金份额等财产,并可以要求有关单位和个人配合……

对于调取措施,《监察法》规范明确地将调取措施作为与讯问、询问、搜查等措施相区别的一种独立的调查措施,并将其与查封、扣押放在同一条文/章节中规范;而《刑事诉讼法》则将调取视为与收集并列的一般性、抽象性取证行为(非具

体取证措施)，放在证据章节的一般性规定中进行规范。但从整体上看，《监察法》规范下查询、调取措施与《刑事诉讼法》规范一脉相承，取证程序并无实质区别。比如采取查询、调取措施时，侦查/调查人员不得少于2人，查询的材料应当由有关单位加盖证明印章，调取物证、书证、电子数据、视听资料等应当调取原物、原件等。尽管《刑事诉讼法》未在侦查章节独立规定调取措施，但在目前的侦查实践和公安机关内部的规范性文件中，"调取"已经作为一项具体的、独立的取证措施而存在。[1] 例如，2020年《公安程序规定》第62～67条对调取证据作了具体规定，《公安机关执法细则(第三版)》第二十一章"调取证据、登记保存"，将调取证据和登记保存与第二十章"扣押、查封"这类侦查取证措施并列规定。因此，对于纪检监察机关通过查询、调取措施获取的证据，亦与普通刑事案件一致，依据证据的种类进行审查判断。

综上，对于立案前收集的证据，除了要根据证据的种类依据以及相关《刑事诉讼法》规范进行审查外，还要审查该种证据的取得程序是否越权、是否合法。例如，对于立案前收集的某一物证、书证、视听资料、电子数据，若其为纪检监察机关扣押所得，由于立案前没有扣押权限，该证据为取证主体超越权限取得，合法性欠缺，不能作为定案根据；若其为纪检监察机关调取所得，由于《监察法》与《刑事诉讼法》规定的调取程序并无实质区别，可以直接根据《刑事诉讼法》及其解释规定的该种证据的审查认定规则予以判断。

2. 电子数据

随着社会的进步和网络的迅速发展，计算机、手机等电子设备几乎成为每个人的生活必需品，相应地，电子数据在刑事诉讼中扮演着越来越重要的角色。"凡有接触，必留痕迹"，在当代社会，留痕空间从物理空间扩展到网络虚拟领域。在办理职务犯罪过程中，犯罪嫌疑人或者其他涉案人员的计算机、手机、平板电脑、智能穿戴等相关设备均是电子数据的重要载体，行为人与他人之间接触、交往或者实施其他行为都会一定程度地反映到其通话记录、手机短信、电子邮件、即时通信记录、电子交易记录等电子信息中，电子数据在司法实践中的运用比例越来越高。

(1)一般电子数据的审查

近年来，为了规范电子数据的收集和审查，我国陆续出台了相关法律法规，如

---

〔1〕 参见闫刚：《论侦查实务中的调取证据》，载《四川文理学院学报》2014年第1期。

2016 年最高人民法院、最高人民检察院、公安部发布的《关于办理刑事案件收集提取和审查判断电子数据若干问题的规定》(以下简称《电子数据规定》),2019 年公安部发布的《公安机关办理刑事案件电子数据取证规则》(以下简称《电子数据取证规则》),为电子证据调查取证工作提供了一定程度的支撑。[1] 根据相关法律法规、司法解释的规定,犯罪初查阶段收集到的电子数据,甚至其他取证主体在行政执法阶段依法收集的电子数据,均可以在刑事诉讼中使用。根据《电子数据规定》第 6 条,初查过程中收集、提取的电子数据,以及通过网络在线提取的电子数据,可以作为证据使用。根据《电子数据取证规则》第 5 条,公安机关接受或者依法调取的其他国家机关在行政执法和查办案件过程中依法收集、提取的电子数据可以作为刑事案件的证据使用。

在司法实践中,法院一般会认可刑事立案前收集的电子数据的刑事证据资格。在"阳某某诈骗、行贿案"中,法院采信了监察机关立案前收集的电子数据,并据以认定犯罪事实。在该案中,阳某某受刘某请托为刘某丈夫李某某(涉嫌开设赌场罪)办理取保候审事宜,谎称为李某某办理取保候审需要用钱打点,先后向刘某要得人民币 52 万元,将其中 2 万元于 2018 年 2 月 9 日送给应城市公安局网络安全保卫大队大队长陈某某,40 万元用于偿还个人债务。2019 年 5 月 13 日应城市监察委员会调查人员电话通知阳某某到应城市监察委员会接受谈话,5 月 16 日应城市监察委员会决定对阳某某以涉嫌行贿罪立案调查。在该案中,法院采纳了 2018 年湖北三真司法鉴定中心出具的司法鉴定意见书,对案件关联人刘某持有的 1 部手机中的电子证据(提取手机中的微信、短信、QQ 聊天记录数据)予以认可,用以证实阳某某在刘某手中取得钱财的情况。[2]

对于立案前收集的电子数据是否具有刑事证据资格,学术理论的基本观点认为判断的关键在于取证程序为任意侦查还是强制侦查(甚至技术侦查),任意侦查措施获取的电子数据可以在刑事诉讼中使用。但对于电子数据取证强制侦查与任意侦查措施的判断标准,学界中存在不同观点。

龙宗智认为,两种侦查方式的区别在于是否妨碍初查对象的人身权、财产权、住宅权及通信自由和秘密权,而判断是否侵犯上述权利的基本思路是根据电子证

[1] 参见张雷、胡江:《着眼"三性"规范电子证据收集与审查》,载《检察日报》2022 年 3 月 25 日,第 3 版。
[2] 参见湖北省孝感市中级人民法院刑事裁定书,(2020)鄂 09 刑终 132 号。

据的表现形态判断其是否涉及上述权利，据以判断该证据获取方式。[1] 谢登科认为，判断电子证据取证为任意侦查还是强制侦查，需要先判断电子证据自身所承载信息的法律性质，并将其分为注册信息、交互信息和内容信息，对承载此3类信息的电子数据调查取证时，法律施加控制的严厉程度呈逐步递增趋势。[2] 梁坤认为，应当更为准确地识别各类电子数据可能涉及的基本权利，并具体从“完全不涉及”“部分涉及”“绝对涉及或推定涉及”基本权利这3个方面对电子数据及相应取证措施进行更为科学和周延的分类。[3] 有关电子数据取证侦查方式判断标准的相关学说，见表2-7。

表2-7 电子数据取证侦查方式判断标准相关学说

代表学者	主要观点	主要类型	
		任意侦查方式（有刑事证据资格）	强制侦查方式（无刑事证据资格）
龙宗智	根据电子数据的表现形态判断是否妨碍初查对象的人身权、财产权、住宅权及通信自由和秘密权	以常规方式对网站远程登录查访	通信监控以及通过“网络远程勘验”进入已采取防止进入措施、权属明确的信息系统提取电子数据（技术侦查）
		对人员行踪的电子监控	住宅内监控
		相对人同意提取或调取证据	扣押证据
		（不妨碍电子数据占有者数据活动）冻结电子数据	（妨碍电子数据占有者数据活动）冻结电子数据
谢登科	根据电子数据自身所承载信息的法律性质对调查取证设置法律控制梯度	注册信息是由当事人自愿提供，其承载的隐私期待利益相对较低；而交互信息处于半公开状态，其承载的隐私期待利益略高；内容信息则直接触及私人通信自由与通信秘密的核心。对承载此3类信息的电子数据调查取证时，法律施加控制的严厉程度呈逐步递增趋势	

〔1〕 参见龙宗智：《寻求有效取证与保证权利的平衡——评“两高一部”电子数据证据规定》，载《法学》2016年第11期。

〔2〕 参见谢登科：《论电子数据与刑事诉讼变革：以“快播案”为视角》，载《东方法学》2018年第5期。

〔3〕 参见梁坤：《论初查中收集电子数据的法律规制——兼与龙宗智、谢登科商榷》，载《中国刑事法杂志》2020年第1期。

续表

代表学者	主要观点	主要类型	
		任意侦查方式（有刑事证据资格）	强制侦查方式（无刑事证据资格）
梁坤	根据对基本权利的干预程度对证据进行分类，据以判断不同类型电子数据的刑事证据资格	完全不涉及基本权利： ①在线公开数据、远程目标系统状态数据及部分关联性信息（网络公开发布的数据、无登录凭证保护的云存储内容数据、公众通过订阅或注册可获得的数据、远程目标系统状态数据、有关电子签名认证证书、数字签名、注册信息等关联性信息等） ②脱离权利主体单独有效持有、控制或权利主体不明确的数据（电子介质、个人在线主机或服务器中存储的数据）	
		部分涉及基本权利：第三方平台存储并控制的用户数据中的电子通信及云存储的非内容数据	部分涉及基本权利：第三方平台存储并控制的用户数据中的电子通信、登录凭证保护的云存储的内容数据
			绝对涉及或推定涉及基本权利：权利主体单独有效持有、控制的非公开数据（电子介质、个人在线主机或服务器中存储的非公开数据）

可以看出，龙宗智和谢登科根据现有电子数据分类（分类标准为表现形态或者承载信息的法律性质）判断其是否侵犯宪法权利，再据以判断某类型电子数据取证是否属于强制侦查而需要进行法律规制；而梁坤则是直接根据侵犯基本权利程度对电子证据进行分类，根据类型判断侦查类型。不管是哪种判断思路，理论界的基本观点是一致的，即电子数据取证是否侵犯“基本权利”为区分任意侦查与强制侦查的基本标准，基于有效取证和保障权利的考量，立案前强制侦查获取的证据不应在刑事诉讼中使用。相较于现行司法解释和实践，学者观点更趋于保守，更加注重限制立案前取证措施对于人权的过度侵犯。

然而，在实践中，往往很难判断某一取证措施是否侵犯基本权利而应被限制使用。例如，对人员行踪的电子监控是否可在初核阶段实施，龙宗智认为：“对人员行踪的电子监控因为并不妨碍当事人人身自由,且基本属于公共空间的活动信息,权利干涉性较弱,不宜纳入技术侦查程序管理,可以在初查阶段实施。"[1]而梁坤则认为,不能简单地认为对人员行踪的电子监控"权利干涉性较弱"。[2]

《电子数据规定》第2条规定,侦查机关应当遵守法定程序,遵循有关技术标准,全面、客观、及时地收集、提取电子数据;人民检察院、人民法院应当围绕真实性、合法性、关联性审查判断电子数据。司法解释对电子证据审查判断的原则性规定与司法实践及学术理论观点是基本一致的,即需要从证据"三性"的角度进行审查。

合法性标准是证据进入诉讼程序的标准之一,也是将证据排除在诉讼"大门"之外的最重要、最常用的标准。合法性是证据的社会属性,是国家基于一定的价值考量而赋予证据的属性,人们在附加给证据合法性时,需要平衡各种价值目标,比如制裁犯罪与保障人权。[3] 我国现行《刑事诉讼法》第56条即为非法证据排除规则,否定以侵犯人权的非法手段所收集证据的资格。根据证据法理论,证据要具备"合法性",需要满足如下要求:其一,取证主体合法;其二,证据的表现形式合法;其三,取证的程序合法。[4] 此外,还有学者提出应当包括"法庭调查的合法性",它主要是指审判阶段法庭对刑事证据的审查程序,通过证据出示、辨认、质证等活动对证据的证明能力和证明力进行审查和认定的过程。[5] 由于证据审查程序为审判阶段之活动,是诉讼最终阶段对证据这一"程序产品"的"品质"进行"检验"的过程,而证据本身的"品质"本质上是在"生产""保管""运输"阶段确定的,本部分主要讨论证据在进入"检验"之前的形成过程中的合法性问题。

根据《电子数据规定》的有关条款,合法性审查主要考虑如下方面:其一,取证主体是否合法:如收集、提取电子数据是否由2名以上侦查人员进行。其二,证据表现形式是否合法:如收集、提取电子数据,是否附有笔录、清单,并经侦查人员、电子数据持有人(提供人)、见证人签名或者盖章;没有持有人(提供人)签名或者盖

[1] 龙宗智:《寻求有效取证与保证权利的平衡——评"两高一部"电子数据证据规定》,载《法学》2016年第11期。

[2] 参见梁坤:《论初查中收集电子数据的法律规制——兼与龙宗智、谢登科商榷》,载《中国刑事法杂志》2020年第1期。

[3] 参见何家弘:《论证据的基本范畴》,载《法学杂志》2007年第1期。

[4] 参见何家弘、刘品新:《证据法学》(第7版),法律出版社2022年版,第130页。

[5] 参见陈瑞华:《刑事证据法学》,北京大学出版社2012年版,第89页。

章的,是否注明原因;对电子数据的类别、文件格式等是否注明清楚等。广义的证据表现形式,实质上也可以归为取证程序的范畴。比如,鉴定意见上应当有鉴定人员的签字盖章,这可以被认为是鉴定意见表现形式上的合法性要求,但实质上这也是鉴定意见这一证据的获取程序的要求。其三,取证程序是否合法:如取证方法是否符合相关技术标准;是否依照有关规定由符合条件的人员担任见证人,是否对相关活动进行录像;是否将电子数据存储介质通过写保护设备接入检查设备;有条件的,是否制作电子数据备份;无法制作备份且无法使用写保护设备的,是否附有录像等。证据是否通过科学、合理的程序予以收集、固定,直接决定其是否具有能够证明案件事实的“品质”。

根据证据学基本理论,绝大多数学者都认同,作为事实认定依据的证据,需要具备合法性、真实性和关联性的“品质”,这也是立法通过程序设计来实现的目标。《刑事诉讼法》及相关法规、司法解释中对证据收集、移送、保管的规定,有些是为保障被调查对象的相关权利,有些则是为了保障取得的证据真实可靠。因此,合法性标准并非独立存在,其内在地包含了对证据真实性、关联性的要求。

电子数据真实性和关联性审查问题即电子数据的鉴真问题。实物证据的鉴真方法通常有“独特性确认”、“保管链条证明”和鉴定,其中“独特性确认”主要通过验证某特定物特征来对其同一性作出证明,“保管链条证明”主要是以实物证据从提取到当庭出示过程的完整性来鉴别其同一性。[1] 由于电子数据主要通过所载内容或信息证明案件事实,可以与所依附的原始介质分离,具有虚拟性、可复制、易被修改、技术性强的特点,现行法规、司法解释主要采取“保管链条证明”和鉴定的方式来实现对电子数据的鉴真。一方面,可以从电子证据的制作、形成、移动、存储、传输和保存等方面进行审查核实,以保障法庭呈现的电子数据与侦查阶段固定的电子数据的同一性。另一方面,由于电子数据的增加、删除、修改等行为在导致电子数据本身发生变化时,也会产生相应的附属信息、关联痕迹,通过专业人员运用技术手段鉴别这些附属信息、关联痕迹,也可验证电子数据的真实性。[2]

与其他实物证据类似,电子数据关联性审查也主要从两个方面进行。一是电子数据和案件的相关性,可以参考书证相关性的判断方式,通过电子数据所载内容

---

〔1〕 参见陈瑞华:《实物证据的鉴真问题》,载《法学研究》2011 年第 5 期。

〔2〕 参见谢登科:《电子数据的鉴真问题》,载《国家检察官学院学报》2017 年第 5 期。

和信息予以审查。二是电子数据和犯罪主体的相关性。比如,对于网络诈骗案件,除了需要证明某网络身份实施了诈骗行为,还需要证明该网络身份与犯罪嫌疑人、被告人现实身份的同一性,可以通过核查IP地址、网络活动记录、上网终端归属等方式进行综合判断。[1] 在职务犯罪案件中,也有可能需要审查电子数据与被调查人的关联性,比如审查用于与行贿人联系的微信号是受贿人所使用。

(2)技术调查证据的审查

从实践需要的层面来看,职务犯罪的查处和普通刑事案件有一定的区别:犯罪主体大多为公务人员,掌握的社会资源较丰富,反侦查意识和能力较强;犯罪行为具有隐蔽性,大多数案件无直接被害人、无物理空间意义上的现场,实物证据往往较为缺乏;犯罪行为危害性较大,处理不当很容易造成恶劣的政治影响和社会影响,影响党和国家机关的公信力。因此,监察调查工作的开展要尽可能及时、准确,避免发生立案调查并向社会公开后,相关涉案人员恶意处置证据、转移藏匿涉案财产以及外逃等问题。在某些案件中,出于秘密调查的需要,纪检监察机关需要采取电话监听、行踪监控等技术调查措施来获取证据或监控被调查人的行踪。

因此,《监察法》规范并未像《刑事诉讼法》规范一样将技术侦查/调查措施限制于立案之后采取,而是通过严格控制技术调查措施的采取条件、审批程序等方式避免该强制措施的滥用。第一,纪检监察机关可以采取技术调查措施的案件范围是涉嫌重大贪污贿赂等职务犯罪案件或者其他重大职务犯罪案件,即案情重大复杂、涉及国家利益或者重大公共利益的,或被调查人可能被判处10年以上有期徒刑、无期徒刑或者死刑的,或案件在全国或者本省、自治区、直辖市范围内有较大影响的。第二,采取技术调查措施应当具有必要性,即根据调查犯罪的实际需要,在使用常规的调查手段无法达到调查目的时才能采取技术调查措施。第三,采取技术调查措施要经过严格的审批手续,且立案前设区的市级以下监察机关不得采取技术调查措施。《S市调查规范》规定,市监委调查部门需要采取技术调查措施的,应当填写采取技术调查措施呈批表,列明采取技术调查的适用对象、理由、种类、具体事项和内容、范围、期限等报批,同时填写采取技术调查措施适用对象情况表,交案件监督管理部门一并办理采取技术调查措施通知书相关手续;对科级及以下干部采取技术调查措施,应当报市监委相关负责人批准、签发,对处级或相当于处级

---

[1] 参见周新:《刑事案件电子证据的审查采信》,载《广东社会科学》2019年第6期。

干部采取技术调查措施，应当报市监委主要负责人批准、签发。第四，监察机关本身不能执行技术调查措施，需交由公安机关执行。[1] 第五，采取技术调查措施需严格按照批准决定中载明的种类、适用对象和期限进行。

对于技术调查证据的审查认定，《监察法》规范沿用了《刑事诉讼法》规范的相关规则，并做了适应性改变。一般而言，对采取技术调查措施收集的材料，除了应根据相关材料所属的证据种类进行审查外（比如通过调查措施获取的书证需要依据书证的审查判断规则进行审查），还应当结合技术调查措施的特点审查如下方面：第一，技术调查措施所针对的案件是否符合法律规定，是否属于重大贪污贿赂等职务犯罪案件；第二，技术调查措施是否经过严格的批准手续，按照规定交有关机关执行（对于普通刑事案件，还需要审查技术侦查措施是否在刑事立案后，职务犯罪案件则无此要求）；第三，采取技术调查措施的种类、适用对象和期限是否按照批准决定明确的内容执行；第四，采取技术调查措施收集的材料与其他证据是否矛盾，存在矛盾的能否得到合理解释等。

由于技术调查措施本身对权利具有相当的干预性，即使其可以在立案前使用，也需要满足诸多限制条件。相较于《监察法》第 31 条仅模糊地规定允许在“调查”阶段适用技术调查措施，《监察法实施条例》第 59 条将可采取该措施的时间节点明确到初步核实阶段，并作出了更为严格的限制，即“设区的市级以下监察机关在初步核实中不得采取技术调查措施”。若技术调查证据的瑕疵导致其适用的前提条件存在问题，比如审批程序未完全履行或者明确的技术调查措施的种类、适用对象、期限等出现错误或与实际不符，则此类技术调查证据显然无法在刑事诉讼中使用。反之，若技术调查证据的瑕疵不会导致其适用前提缺失，也不符合该种类证据的排除情形，则经过补正和合理解释，可以作为定案根据使用。

---

〔1〕 参见中共中央纪律检查委员会、中华人民共和国国家监察委员会法规室编写：《〈中华人民共和国监察法〉释义》，中国方正出版社 2018 年版，第 153～155 页。

第三章　因非法证据翻供的审查认定

一、本章概述

供述可能不存在，也可能存在而不合法。本章针对职务犯罪案件供述的非法证据排除问题进行讨论，以期对因非法证据问题而引起翻供的案件中的供述的审查认定起到指引作用。供述是查办职务犯罪案件所依赖的主要证据类型，具有主观性较强等特点，所以很容易受到非法取证的影响。因此，本章以供述的非法证据排除为着眼点，结合职务犯罪的特点和相关案例，分析实务中因非法证据引发翻供时证据的审查认定问题。[1]

按照对被调查人权益的伤害和对司法公正危害程度的不同，供述的非法取证类型可以分为3类。一类是以刑讯逼供等直接暴力手段非法取证，一类是以威胁、引诱等非直接暴力手段非法取证，还有一类是通过不符合法定程序的取证形式获得的口供，所获得的证据有时也称为瑕疵证据。目前，我国在处理职务犯罪案件的非法证据排除问题时，主要结合上述3种类型来判断非法手段的性质，然后予以处理。2021年《刑事诉讼法解释》第123条规定，前两种类型所获得的供述应当予以排除。第126条规定，收集物证、书证不符合法定程序，可能严重影响司法公正的，应当予以补正或者作出合理解释；不能补正或者作出合理解释的，对该证据应当予以排除。虽然第126条是针对书证、物证的，但是包含关于瑕疵证据的一般补正和排除规则，在讨论供述的瑕疵问题时可以参考适用。

---

〔1〕 参见黄振贤：《合法性与真实性之间——论我国非法证据排除规则的排除逻辑》，载《党政干部学刊》2021年第2期。

第一类非法取证是刑讯逼供，即以暴力或者其他的强力手段，迫使被调查人违背自身意志作出供述。这一类非法取证是所有非法取证里危害性最强的，因为使用暴力是对被调查人人权最直接的侵害，也最直接影响被调查人供述的自由意志。防范刑讯逼供，首先是为了实体公正。很多错案的出现就是因为被告人遭受过刑讯逼供，因此，通过非法证据排除，让调查机关无法从刑讯逼供行为中收集到可以使用的证据，有助于从末端防范刑讯逼供。其次，防范刑讯逼供也是司法文明和保障被调查人人权的重要体现。[1] 考虑到监察调查封闭性较强，在办理职务犯罪案件过程中防范刑讯逼供仍然十分重要。2024 年《监察法》修改，将暴力作为明文规定严禁的非法取证手段，并增加了“调查人员应当依法文明规范开展调查工作”的要求。

第二类非法取证是使用欺骗、威胁、引诱等暴力以外的手段取得供述。核心含义是指利用言语技巧或者其他非接触手段，引诱或者迫使被调查人作出供述。这类非法取证手段比较隐蔽，往往难以留下痕迹，而且与调查技巧有时难以区分。对于被调查人人权的侵害不如第一类严重，不过也可能对案件的结果产生严重的影响。例如，通过引诱，被调查人可能陷入错误的认识，从而作出违反其自由意志的供述。但是，由于调查过程具有对抗性，实务界和理论界都倾向于认为部分所谓的“引诱”“威胁”并不是非法取证，而属于调查技巧。学者们对于以引诱等方式获取的口供是否为非法证据进行了一定的讨论，有学者表示，《监察法》采取了具体叙述的方式，明确规定了引诱属于非法取证。[2] 但是，我国目前的非法证据排除规则的核心在于“痛苦”，只有被调查人遭受难以忍受的痛苦，法院才会支持排除供述，而威胁、引诱等手段本就比较难以界定，那么认定其达到“难以忍受”的程度就更加困难。因此，在实务中，法院对于这种类型的非法取证的审查认定往往采取比较谨慎的态度。

第三类非法取证是取证过程存在瑕疵，监察机关没有按照规定收集和固定供述。《监察法》修改后对于取证流程仍规定得较为简略，对于言词证据和实物证据并未进行区分，对于言词证据的固定和后续转化方式并未进行充分的规定，导致实

---

〔1〕 参见谢登科：《论监察环节的非法证据排除——以〈监察法〉第 33 条第 3 款为视角》，载《地方立法研究》2020 年第 1 期。

〔2〕 参见程雷：《刑事诉讼法与监察法的衔接难题与破解之道》，载《中国法学》2019 年第 2 期。

务中对瑕疵证据的判断缺乏足够的规则依据,这一问题在2021年《监察法实施条例》出台和2025年该条例修改后得到一定缓解。

理论界认为这3种类型取证所使用的都是非法手段,其中刑讯逼供是我国目前的重点防范对象。对于其余两种类型的非法取证,有学者认为不能小觑其负面影响。但是考虑到《监察法》的政治属性和调查过程中的对抗性,也不能对调查过程要求过多,避免影响正常办案。[1] 事实上,在司法实践中,法检系统确实对刑讯逼供的防范意识很强,而在认定其他类型的取证是否为非法时则比较谨慎。

从法条来看,2018年和2024年的《监察法》对非法手段规定得比较模糊,因此对非法取证手段的具体认定,需要从《监察法实施条例》中寻找答案。2021年出台的《监察法实施条例》第65条第2款专门对非法方法进行了阐释,暴力手段指殴打、违法使用戒具等,非暴力手段主要指威胁,也就是"采用以暴力或者严重损害本人及其近亲属合法权益等进行威胁",并且让人"遭受难以忍受的痛苦"。从中可以看出,第一类非法取证的认定,侧重于暴力行为本身;第二类非法取证的认定,在确定存在相关行为以外,还要让人"难以忍受"。2021年出台的《监察法实施条例》第65条第3款对于瑕疵补正问题也进行了回答,明确可以对瑕疵进行补正或者进行合理解释;如果不能补正,而且可能影响案件公正处理,则进行非法证据排除。2025年修改后的《监察法实施条例》第72条沿用了前述规定。

在对非法证据进行类型化分析后,本章以该分类为基础讨论非法证据排除的法庭审理问题。由于非法证据排除程序分为两个阶段,本章主要讨论两个问题,即非法证据排除程序的启动标准和启动后的审查认定。第一阶段,判断是否存在非法取证的线索,从而决定非法证据排除程序是否启动;第二阶段,对于涉案证据是否为非法证据,是否需要排除,进行实质性审查。第一阶段是第二阶段的前置阶段,只有认定存在非法取证的线索,才进行实质性的审查。区分二者的目的,是要在第一个阶段过滤掉明显不存在非法取证的案件,从而避免诉讼进程被过分拖延,达到尊重保障人权与提升司法效率之间的统一。

---

〔1〕 参见刘艳红:《职务犯罪案件非法证据的审查与排除——以〈监察法〉与〈刑事诉讼法〉之衔接为背景》,载《法学评论》2019年第1期。

对于第一个问题,在判断是否启动非法证据排除程序时,主要看被告方是否提出涉及非法取证的线索。首先,要确定被告方提出的非法取证类型,从而判断线索的认定方式。需要注意的是,被告方提出的方式往往可能是“打”“骂”等具体的行为,需要法院将其类型化为刑讯逼供,或者是欺骗、威胁,抑或取证违反法定程序。其次,在类型化之后,法院要根据具体类型的非法取证线索的认定方式和认定标准,判断是否可能存在非法取证。对于可能涉及刑讯逼供的案件,重点关注是否可能存在殴打等直接暴力行为,如果可能,就应当启动程序进行调查。对于可能存在直接暴力以外的非法手段和瑕疵取证的情况,则要考虑相关违法情形是否可能存在,以及相关违法情形是否可能对司法公正产生严重影响。最后,认定可能存在非法取证的,启动非法证据排除程序进行审查;认定没有提供线索或者提供线索不充分的,驳回非法证据排除申请,肯定相关供述的证据能力。

对于第二个问题,如果非法证据排除程序得到启动,则需要对案件是否存在非法取证进行实质性审查。首先,法院要确定非法证据排除程序启动的原因,即是因为刑讯逼供,还是因为威胁、引诱等暴力以外的手段,抑或收集、固定过程存在瑕疵。其次,结合非法取证的类型,选择针对性的审查方式,对于可能存在刑讯逼供的,要查看体检报告是否全面,录音录像是否完整,相关录音录像是否能证明不存在非法取证;对于威胁、引诱等手段,要从讯问笔录和录音录像中确定相关非法手段是否存在,并且结合语境判断影响;对于瑕疵取证,则要重点看相关瑕疵是否可以补正,对法定程序的违反是否严重。无论何种情形,必要时法院均可以通知调查人员出庭说明情况。最后,法院要综合审查的情况进行判断,对于不能排除存在非法取证可能性的供述,将其作为非法证据排除;对于认定取证合法的供述,肯定其证据能力。

特别是在录音录像的提供方面,《监察法》规定,调查过程录音录像是“全程”和“留存备查”,2021 年出台的《监察法实施条例》第 56 条对于录音录像的表述是“留存备查”;检察院、法院需要调取同步录音录像的,监察机关应“予以配合,经审批依法予以提供”。2025 年修订后,《监察法实施条例》第 60 条在原有基础上增加了“监察机关案件监督管理部门应当开展常态化检查”的要求,同时取消了检察院、法院调取同步录音录像时的审批流程,明确规定“监察机关应当依法予以提供”。实际上,在 2021 年《监察法实施条例》出台前,绝大多数地方的实施细则虽然特别强调要进行全程录音录像,但在是否提供录音录像方面,往往赋予了监察机关较大的自由裁量权,导致全程录音录像在协助法院审查非法取证方面的作用未能充分发挥。即使 2021 年《监察法实施条例》已经明确要求监察机关对司法机关调取录音录像予以积极配合,但仍需经过审批流程,使得监察委依然保留了一定的决定权。2025 年修订后的《监察法实施条例》通过取消审批流程,进一步明确和强化了监察机关的配合义务,有效解决了上述问题。

二、非法证据排除程序的启动标准

非法证据排除程序是审查非法证据是否存在的程序,为了保障诉讼效率,并非被告提出非法证据排除申请后程序就一定启动,而是需要被告提供一定的线索和材料。在职务犯罪案件的审理中,如果被告提出存在非法证据的主张,按照《刑事诉讼法》的规定,法院应当考虑是否启动审查程序。然而,排除非法证据的程序启动存在两方面问题:其一,法律没有明确规定启动标准。根据非法证据排除规则的要求,对于非法证据排除申请,需要先行判断是否启动程序,决定启动程序之后,再对相关证据是否适用非法证据排除规则进行实质性审查。关于启动的标准,目前我国仅通过司法解释的方式,要求考虑是否存在非法取证的时间、地点、人员、方式的线索和材料,但对线索和材料需要达到的具体程度并未规定。《监察法》及其条例也没有对非法证据排除程序的启动标准进行明确的规定。其二,学界对于启动标准的讨论也较为松散。有观点认为,在处理非法证据排除问题时,应当首先集中精力审查和排除违法程度严重的证据。[1] 而有观点则强调,引诱类非法取证认定的困难,与我国目前对这一类型非法取证认定标准的缺失很有关联,需要重点关注。[2] 还有学者指出,非法证据的线索不同于对证据本身的审查,而是主要看是否能够引起一般人对证据合法性的怀疑,只要被调查人能够提供一定的反映非法

---

〔1〕 参见拜荣静、王钰彤:《监察调查与刑事侦查排除非法证据立法模式审视》,载《上海政法学院学报(法治论丛)》2021 年第 6 期。

〔2〕 参见王冠程:《我国职务犯罪非法证据排除规则适用的困境与出路》,载《决策探索(中)》2021 年第 12 期。

取证的时间、地点相关的材料，就应当启动调查。[1]

明确非法证据排除程序的启动标准十分重要。首先，启动与否决定了非法证据是否有机会被审查，这是发现刑讯逼供的前提。只有启动非法证据排除程序，取证过程是否合法才能得到实质性审查，遭受非法取证的当事人才有机会排除非法证据。其次，错误启动会浪费资源，错误不启动则无法保护人权，实现监督。由于调查期间封闭性较强，而且持续时间也较长，即使遭受刑讯逼供也可能出现痕迹消失的情况。此时如果对程序启动的线索要求过高，可能导致对调查阶段取证合法性的监督存在不足，给被调查人合法权益的保障造成很大困难，也可能会导致冤假错案，不利于准确有效地打击职务犯罪与保护人权。最后，启动标准不统一会导致审判混乱，影响司法公正的实现。若缺乏明确的规则指引，那么各地法院在判断职务犯罪案件非法证据排除程序启动与否时就可能标准不一。有些法院可能要求较低，在被告人提出非法证据排除申请，并且对线索进行一定的描述的情况下，就启动程序进行审查。而有的法院可能会在对线索进行审查时就要求被告人进行初步证明。

通过法规细则梳理、案例研究和文献分析，本书建议，在职务犯罪案件审理中，当被告提出存在非法证据的主张时，法官先判断其属于刑讯逼供类、威胁引诱类、书物证瑕疵类 3 种情形中的哪一种，然后再适用相应的启动标准。如前所述，职务犯罪案件的非法取证主要分为 3 个类型：殴打等刑讯逼供手段，威胁、引诱、疲劳审讯等刑讯逼供以外的手段，物证、书证取证过程违反法定程序。结合口供的特点，考虑到不同非法取证手段对被调查人权益侵害程度不同，可以在判断启动标准时先确定非法方法的类型，然后再针对性处理。第一种类型的非法取证以刑讯逼供为主，是指以肉刑或者变相肉刑，通过殴打、肉体折磨等方式，使被调查人在调查过程中遭受难以忍受的痛苦，而导致被调查人被迫作出供述。这种类型的非法方法对被调查人的人权以及对准确查明案件事实的不利影响最为严重，因此有必要给予最严密的防范。第二种类型的非法取证，以威胁、引诱和疲劳审讯为主，侧重于心理强制。在确定类型时应首先判断是否存在刑讯逼供，如果不存在，再判断调查期间是否存在威胁引诱或者疲劳审讯等情形。此时，需要判断相关情形是否足以

---

〔1〕 参见刘艳红：《职务犯罪案件非法证据的审查与排除——以〈监察法〉与〈刑事诉讼法〉之衔接为背景》，载《法学评论》2019 年第 1 期。

达到使被调查人被迫供述的程度。鉴于职务犯罪对言词证据依赖性较强，其实所谓“引诱”手段很多时候只是对被调查人进行政策性宣传，因此在确定是否为威胁引诱这一类型时，要注意与政策宣传进行区分。此外，对于被告提供的线索可以要求其需达到更加具体的程度，从而防止办案进度被过分拖延。第三种类型的非法取证为瑕疵取证。与前两类非法取证不同，针对供述而言，主要是判断供述的固定过程中，是否有违反法定程序要求的情况，还要对相关情况是否无法补正进行判断。即使在 2024 年修改后的《监察法》中也没有提供关于瑕疵证据补正的明确依据，不过 2021 年出台的《监察法实施条例》第 65 条（2025 年修改为第 72 条）中明确规定允许补正。如果确定属于这种非法取证类型，则之后需要重点关注言词证据收集和固定的形式，判断其是否存在可能影响司法公正的瑕疵。

不同的非法取证手段对被调查人人权的危害程度不同，所以在确定启动标准时也需要有所区分。刑讯逼供类型案件中对线索的要求很宽松，只要存在刑讯逼供的可能性就可以启动程序，不要求专门审查该行为是否对司法公正造成实质影响。而就威胁引诱类型和瑕疵取证类型而言，则要审查取证手段和瑕疵是否会对司法公正造成实质影响。其中，对瑕疵证据要求相关瑕疵达到可能严重影响司法公正、无法补正的程度。

刑讯逼供类非法手段具有巨大的强迫性，对被调查人人权侵害最为直接和严重。该类取证通常是借助肢体暴力或者违规使用器械实现的，例如，在讯问过程中，对被讯问人员进行肉体上的折磨，如“抓头发”“扇耳光”等。[1] 无论在何种类型的犯罪中，讯问人员与被讯问人的立场都是不同的，如果不对取证手段加以限制，那么就很有可能出现刑讯逼供等非法取证行为。事实上，虚假口供也是出现错误的重要原因，而这些虚假口供的出现，不少就是刑讯逼供的结果。[2] 监察调查不同于普通侦查，被调查人往往处于被留置状态，留置阶段律师无法介入，封闭性较强，因此对刑讯逼供进行更加重点的防范符合实务的需要。

威胁的典型特征，是利用被调查人自身或者其近亲属的权益作为胁迫，进而逼迫被调查人作出供述，此种手段往往并不具有直接性，而且调查过程本就具有一定

---

〔1〕 参见孙远：《非法证据排除的裁判方法》，载《当代法学》2021 年第 5 期。

〔2〕 参见邓联荣、高通：《赋予监察证据以刑事证据资格研究——以〈监察法〉第 33 条第 1 款为中心》，载《湘潭大学学报（哲学社会科学版）》2021 年第 1 期。

的对抗性,被调查人在被调查时又处于高度敏感的状态,因此某些在被调查人看来存在威胁的情况,可能实际上并不构成违法的威胁。"威胁"在 2021 年《刑事诉讼法解释》中有具体的要求,即只有达到让人"难以忍受"的痛苦之程度时,才需要进行非法证据排除。所以司法机关应注意结合被调查人所描述的威胁方式,结合具体的情景分析其是否可能达到难以忍受的程度。此外,实践中引诱的手段则更加隐蔽,关于引诱的线索是否具体这一问题,法院可以结合被调查人所说的"引诱方式"是否涉及承诺轻判、缓刑等法律禁止的情形来决定是否启动非法证据排除程序。

关于瑕疵取证方面的线索,与非法供述相关的主要是供述笔录的问题。如果出现调查人员没有签字等情况,此时一般需要同法律法规、实施细则进行比对。如有不符合规定的情况,再考虑被调查人对具体违法手段的描述,进而判断是仅存在瑕疵还是同时存在刑讯逼供等非法手段。如果既有瑕疵取证又有刑讯逼供的情况,则应当启动非法证据排除程序进行核实。如果仅存在瑕疵取证,则可以结合该取证手段与法律规则的要求不相符合的具体程度来灵活决定是否启动程序。

(一)法规、细则的发现

1. 法律法规对非法取证方法的分类

2021 年《刑事诉讼法解释》第 123 条对收集被告人供述的非法方法进行了分类,其中该条第 1 项较为具体地解释了刑讯逼供的内涵:"采用殴打、违法使用戒具等暴力方法或者变相肉刑的恶劣手段,使被告人遭受难以忍受的痛苦而违背意愿作出的供述。"第 2 项则规定了直接刑讯逼供之外的典型非法取证方法:"采用以暴力或者严重损害本人及其近亲属合法权益等相威胁的方法,使被告人遭受难以忍受的痛苦而违背意愿作出的供述。"

《监察法》对非法取证的类型也有所区分。在《监察法》第 43 条分别列举了"暴力、威胁、引诱、欺骗及其他非法方式"以及"侮辱、打骂、虐待、体罚或者变相体罚"两类手段。2021 年出台的《监察法实施条例》对"刑讯逼供""威胁、引诱""瑕疵证据"等作出了更为明确的区分,后为 2025 年修改后的第 72 条所沿用。

第一种类型的非法取证是直接暴力的非法取证行为,即刑讯逼供,结合 2025 年《监察法实施条例》第 72 条第 2 款的规定来看,其是指"采用殴打、违法使用戒具等方法或者变相肉刑的恶劣手段,使人遭受难以忍受的痛苦而违背意愿作出供述、证言、陈述"。此种类型的非法取证是非法手段中最为严重的,也是非法证据排除程序重点关注的对象。

第二种类型的非法取证是“威胁、引诱”,2025 年《监察法实施条例》第 72 条第 2 款主要强调的是“威胁”,也就是“采用以暴力或者严重损害本人及其近亲属合法权益等进行威胁的方法”,使人遭受难以忍受的痛苦。

第三种类型的非法取证是“瑕疵证据”,根据 2025 年《监察法实施条例》第 72 条第 3 款,其是指物证、书证的收集不符合法定程序,可能影响案件的公正处理,又无法补正的情形。法律规定要求针对“可能严重影响案件公正处理的”情形进行“补正或者作出合理解释”。换言之,只有严重的瑕疵才涉及补正和解释的问题,如果不能“补正或者作出合理解释”,才涉及非法证据排除。

2. 法律法规对不同类型非法取证的差异化处理

建立在对前述非法取证手段分类的基础上,法律法规对各类手段的排除审查标准与内容也存在明显不同。与对威胁、引诱、心理强制类非法取证的防范相比,法律法规对刑讯逼供类别的防范程度更高,但却给物证、书证取证中的严重瑕疵留下补正的空间,因此立法对瑕疵取证的防范程度最低。

我国《刑事诉讼法》对非法方式的类型进行了区分,明确了“侮辱、打骂”“威胁、引诱”等类型和相关类型的特征。不同类型的非法取证,对线索的类型要求不同。刑讯逼供类与威胁引诱类非法取证均需要查看录音录像和讯问笔录,除此之外,刑讯逼供类非法取证还需查看体检记录,从而判断被调查人是否有受伤的情况。而判断瑕疵证据类非法取证是否存在,主要审查供述笔录,从而判断固定供述的过程有无瑕疵,此种取证方式与其他材料的关联性不如前两类取证方式强。

刑讯逼供是最核心的非法取证方式。从《刑事诉讼法》到 2021 年《刑事诉讼法解释》均对“刑讯逼供”的违法性有清晰明确的规定,均把“暴力”手段放在了非法取证手段的首位,专门要求审查时注意查看“体检记录”。2021 年《刑事诉讼法解释》和 2021 年《监察法实施条例》及其 2025 年修改版还对“刑讯逼供”的概念进行了具体阐释,明确“殴打”“违规使用戒具”等手段属于“刑讯逼供”。相比之下,法律法规中关于威胁引诱类和瑕疵证据类非法取证的规定就极为有限。威胁引诱类非法取证的相关规定主要对“威胁”的概念进行了阐释,瑕疵证据类非法取证的规定则重点关注补正问题。

综合法律法规来看,虽然各类非法取证均需提供线索,但鉴于防范刑讯逼供是我国非法证据排除规则的重中之重,因此,在可能存在刑讯逼供的案件中可以采取较低的程序启动标准,让可能存在刑讯逼供的供述得到更充分的审查。而对于威胁引诱类非法取证，则可以要求提供更加具体的线索，瑕疵证据类非法取证还可以进一步增加对线索的要求，如此才能符合我国相关法律法规的立法本义。

（二）案例的启发

1. 司法实践中对非法取证的分类处理

在司法实践中，法官时常先判断被告提出的非法取证类型，然后有针对性地采取不同的标准来决定是否启动审查。

对存在刑讯逼供可能性的案件，法院通常只对手段描述得是否具体，是否涉及具体的时间、人员等进行判断。只要描述具体就启动非法证据排除程序进行审查，对相关手段的影响不作过多要求。例如，在“杨某忠、何某徇私枉法案”中，被告提出讯问过程存在“刑讯逼供”“变相体罚”等，法院结合被告人提出的具体手段，认定线索足以启动调查，但是并没有在线索审查阶段对案涉非法手段的具体影响进行过多的审查。[1] “刘某燕受贿案”中，被告在一审中提出调查过程存在“刑讯逼供”，但是一审法院同监察机关进行了核实，认定被告提出的非法证据排除申请不符合法定条件，二审法院则强调被告没有提供涉及刑讯逼供事实的证明材料。[2] 由此可见，刑讯逼供类非法证据排除程序的启动，关键是要对“刑讯”行为的存在可能性进行初步的证明，使法官相信可能存在刑讯逼供。

如果是威胁、引诱、疲劳审讯类的非法取证，法院往往结合被告提出的具体方式和案件实际情况，确定线索是否具体以及可能的情形是否构成威胁引诱等问题，然后决定是否启动审查。例如，在“顾某新受贿案”里，被告因涉嫌滥用职权罪被留置，被告认为，调查期间存在“威胁”“胁迫”的非法取证手段，请求排除其承认受贿的所有笔录。法院结合录音录像认为，被调查人在调查期间不存在被折磨的情况，并且在审查时还结合了其他证据，考虑了被告的学历状况和认知能力，最终认定不满足非法取证的线索要求，没有启动非法证据排除程序。[3] 在“李某镕、薛某贪污案”里，被告主张，自己在讯问阶段存在被威胁的情况，尽管法院结合录音录像进行了审查，但是并没有特别强调启动非法证据排除程序，而是在对录音录像审查后就驳回了被告的申请。[4] 在“吴某金受贿案”里，被告声称自己的供述过程遭受

---

〔1〕 参见新疆维吾尔自治区库车县人民法院刑事判决书，(2019)新2923刑初6030号。

〔2〕 参见贵州省铜仁市中级人民法院刑事裁定书，(2021)黔06刑终69号。

〔3〕 参见安徽省宣城市中级人民法院刑事裁定书，(2019)皖18刑终57号。

〔4〕 参见内蒙古自治区呼和浩特市中级人民法院刑事判决书，(2018)内01刑初26号。

了“威逼利诱”,法院判定其属于威胁类非法取证后,认定缺乏相关证据“印证”非法取证行为,从而未启动非法证据排除程序。[1] 结合案例情况可知,对于威胁引诱类非法取证,被告不仅需要证明手段的存在,还需要让法院相信相关手段确实达到了非法的程度,可能让人“难以忍受”,如此,法院才会启动非法证据排除程序。

如果是瑕疵证据类非法取证,法院则会从程序角度分析相关材料是否符合法定要求。如果存在违反法定程序的瑕疵,则判断该瑕疵是否可能严重影响司法公正,进而决定是否启动非法证据排除。例如,在“袁某青滥用职权案”里,被告提出检察院提交的书证不符合证据合法性要求,法院主要从物证、书证是否符合法定固定程序和形式角度进行了判断。法院启动了调查程序,公诉方也说明了情况(作出合理解释),最终法院认定相关案件不需要进行非法证据排除。[2] 瑕疵的形式并不必然能够启动程序,如在“胡某琪滥用职权案”中,二审法院认定,尽管取证过程存在瑕疵,但是一审法院综合其他证据,认定相关瑕疵不影响事实认定,从而不启动非法证据排除程序的决定是正确的。[3] 而在“刘某朵受贿案”里,由于被告提出的非法证据原因是供述意见的部分签名不严谨,被法院归为瑕疵证据类非法取证,法院让监察机关出具说明予以补强,而没有启动排除非法证据的程序。[4] 可见,法院在实务中往往先判断被告提出的非法取证的类型,然后采取针对性的标准进行判断。

2. 法院在类型化后采取不同的启动标准

首先,针对以刑讯逼供为理由提出非法证据排除的情形,法院对非法证据线索的要求较低。例如,在“郭某受贿案”里,被告人仅通过口头形式表示自己把“一师监察委和阿拉尔检察院的工作人员都当成是农一师检察院的工作人员”,主张虽然阿拉尔检察院工作人员没有对其进行刑讯逼供,但是其担心会被刑讯逼供所以招供,并且被告人也未指出刑讯逼供发生的具体时间。即使如此,法院还是启动了非法证据排除程序,对证据进行了实质性的审查。[5] 在“汪某安贪污案”里,被告人提出自己在调查期间被殴打,但是并未提出具体的时间,法院仍然启动程序进行了

[1] 参见重庆市第五中级人民法院刑事裁定书,(2020)渝05刑终248号。

[2] 参见青海省黄南藏族自治州中级人民法院刑事裁定书,(2021)青23刑终2号。

[3] 参见山东省青岛市市北区人民法院刑事判决书,(2018)鲁0203刑初29号。

[4] 参见四川省宜宾市叙州区人民法院刑事判决书,(2021)川1521刑初27号。

[5] 参见新疆生产建设兵团第一师中级人民法院刑事裁定书,(2019)兵01刑终2号。

调查。[1] 尽管在上述案件中法院最终并未支持非法证据排除,但是从程序启动的角度来看,法院对线索具体程度的要求并不高。

此外,在"罗某利滥用职权案"里,尽管法院认为被调查人没有提供什么线索,但仍然对证据合法性进行了实质性审查,仔细地审查了录音录像等材料。[2] "蒙某敏受贿案"中被告人提出讯问阶段存在体罚、威胁的情况,法院也查阅了录音录像等材料,进行了实质性的审查。[3] 可见,法院对有关刑讯逼供的线索的要求比较低。

尽管如此,以刑讯逼供为依据提出非法证据排除申请的被告人若想启动程序,其所提供的对非法证据线索的描述仍然越具体越好。在"朱某海受贿案"里,法院就以被告人对非法取证发生时间的指向不明为由,没有启动非法证据排除程序。[4] 在"邓某蔚受贿案"里,被告人在一审庭前会议中提出非法证据排除,主张自己遭受"刑讯逼供",给出了非法取证的时间等具体线索。法院据此决定启动非法证据排除程序,查看了录音录像等材料进行审查判断。[5]

其次,针对以存在威胁、引诱类手段为理由,提出非法证据排除的情形,法院对线索具体程度的要求相较于刑讯逼供类手段通常更高。第一,实务中对威胁引诱类非法取证的时间、地点等的具体程度要求更高。在"闵某君贪污、受贿案"中,被告人提出存在疲劳审讯、诱供等情况,法院也认可存在夜间审讯的情况,但是通过对非法证据排除申请审查后,法院认为被告人"谈不上"提供了非法取证的线索,也即相关线索不够具体明确,对证据合法性影响不大,因此认定被告人提出非法证据排除并要求调取调查过程的录音录像的申请并无法律依据,从而并未启动非法证据排除程序,也未调取录音录像。[6] 这说明法院在审查威胁引诱类线索时,会考虑相关情形是否使得被调查人遭受难以忍受的痛苦,或者调查审讯技巧是否超过法律允许的范围。第二,实务中在决定是否启动非法证据排除程序时,往往对相关"威胁""引诱""疲劳审讯"等手段本身的性质和这些手段对供述自愿性的可能

〔1〕 参见陕西省汉中市中级人民法院刑事裁定书,(2019)陕07刑终99号。
〔2〕 参见浙江省温州市瓯海区人民法院刑事判决书,(2020)浙0304刑初784号。
〔3〕 参见广西壮族自治区来宾市中级人民法院刑事裁定书,(2019)桂13刑终31号。
〔4〕 参见安徽省宿州市中级人民法院刑事裁定书,(2020)皖13刑终50号。
〔5〕 参见江苏省盐城市中级人民法院刑事裁定书,(2014)盐刑二终字第0078号。
〔6〕 参见江苏省宜兴市人民法院刑事判决书,(2018)苏0282刑初863号。

影响进行一定的审查。例如,在“王某山、王某招、李某住等贪污案”里,其中一个被告人提出,调查人员以自己的家人作为威胁获取供述。法院对线索情况进行分析后认为涉案情形不会对供述的自愿性产生影响,因而没有启动程序。〔1〕 第三,即使启动非法证据排除程序,实务中对威胁引诱类非法取证手段的审查,也不及对刑讯逼供类非法取证那么重视。在“徐某涛受贿、挪用公款案”里,法院起初认为被告人提供的非法取证时间和地点足以启动程序,但由于检察院没有提供调查期间的录音录像,法院就对线索进行了进一步判断,最后认为被告人提供的线索不足以证明其受到的威胁等手段达到了足以影响其自愿供述的程度。〔2〕 由此可见,尽管启动了非法证据排除程序,但是法院对此类非法取证的排除力度并不如刑讯逼供类那样严格,更多的还是进行综合考量。

最后,针对主张笔录存在瑕疵而申请启动非法证据排除的情形,法院启动程序时会比前两类更加谨慎,一般情况下会综合全案分析相关瑕疵证据是否可能对重要事实的认定产生实质影响。被调查人以笔录存在瑕疵为理由来启动非法证据排除程序是比较困难的。例如,在“闵某君贪污、受贿案”中,被告人提出笔录存在错记、漏记,以及与录音录像不一致的问题,但一审法院认为,此种程度的描述尚不足以证明调取录音录像的必要性,故而没有调取录音录像,也没有对相关瑕疵启动非法证据排除程序进行调查。〔3〕 在“滕某东徇私枉法案”中,被告人提出笔录的部分内容不真实,并且讯问人、记录人为同一人,但是法院认为,这些瑕疵不足以作为非法取证存在的线索,不影响案件事实认定,进而综合案件情况认定该案中不存在非法取证的可能性。〔4〕 由此可见,普通的、轻微的瑕疵不足以启动非法证据排除程序。

非法证据排除一般在一审的庭前会议中提出。在一审庭前会议中没有提出非法证据排除申请,甚至到了二审中才提出的,法院支持其启动程序的概率显著降低。在“杜某辉、杜某杰受贿、滥用职权案”中,被告人在一审中并未提出非法证据排除申请,但在二审时却主张之前的供述获取过程存在“诱供”“刑讯逼供”情况,法院虽然对移送的录音录像及相关证据进行了审查,但是没有专门启动非法证据

〔1〕 参见福建省厦门市集美区人民法院刑事判决书,(2019)闽0211刑初38号。
〔2〕 参见山东省青岛市李沧区人民法院刑事判决书,(2018)鲁0213刑初449号。
〔3〕 参见江苏省宜兴市人民法院刑事判决书,(2018)苏0282刑初863号。
〔4〕 参见四川省资阳市中级人民法院刑事裁定书,(2020)川20刑终16号。

排除程序，对相关供述最终也未认定为非法证据。[1]

3. 非法证据排除程序的启动标准多元

当被告人主张存在威胁引诱的情况时，不少法院会在被告人提供具体的威胁引诱情形和具体时间段等线索时启动审查。例如，在“沈某林受贿案”中，被告人在审查起诉前期并未提出存在非法证据，在调查期间的认罪供述也比较稳定，但后来却主张其在调查期间被要求17小时保持固定坐姿，并受到了威胁引诱，从而被迫承认收受的1000万元的性质是受贿款。由于被告人描述了自己遭受非法取证的具体情形，法院专门召开庭前会议进行了审查。[2] 在“徐某涛受贿、挪用公款案”中，法院启动程序进行审查的原因也是被告人能够具体地描述自己遭受威胁的具体时间段和威胁的方式。[3] 在“闵某君贪污、受贿案”里，被告人虽然指出自己遭受了诱供、疲劳审讯，并且提出了存在夜间审讯的时间段，还表示书面供述与录音录像不相一致，但是法院认为线索不足，驳回了其非法证据排除申请。[4] 因为实务中的情形存在千差万别，所以法院很难简单地统一标准，而对非法取证线索的判断加以类型化，进一步细化相关规则，将有助于法院统一裁判标准。

排除程序的启动和非法证据的审查是否分开进行也尚未定论。部分判决书中存在“经审查确定无非法证据”“经查看录音录像确定无非法证据”的表述，而未出现启动非法证据排除程序的相关内容。例如，在“郭某受贿案”里，法院直接根据体检记录等材料认定不存在非法证据。[5] 在“杨某忠徇私枉法案”里，被调查人提出在调查过程中存在“变相刑讯逼供”，二审法院结合一审法院召开了庭前会议等情形，认定一审启动了非法证据排除并且启动程序合法。[6] 为了提升司法效率，根据法律法规的要求，非法证据排除程序应当明确区分启动和审查的不同阶段。在启动阶段筛选移除那些不可能存在非法取证的案件，在审查阶段对可能存在非法取证的案件进一步加以判断。在前述案例中，如果能将非法取证手段类型化，就

[1] 参见湖南省长沙市中级人民法院刑事判决书，(2019)湘01刑终457号。
[2] 参见安徽省芜湖市中级人民法院刑事裁定书，(2020)皖02刑终1号。
[3] 参见山东省青岛市李沧区人民法院刑事判决书，(2018)鲁0213刑初449号。
[4] 参见江苏省宜兴市人民法院刑事判决书，(2018)苏0282刑初863号。
[5] 参见新疆生产建设兵团第一师中级人民法院刑事裁定书，(2019)兵01刑终2号。
[6] 参见新疆维吾尔自治区阿克苏地区中级人民法院刑事裁定书，(2020)新29刑终251号。

可以为法院判断是否启动非法证据审查程序提供便利，具体而言，一审法院可以明确审查线索时的要求和实质性审查证据的要求，二审法院也能更好地对一审法院审查的规范性进行判断。

（三）学术理论中的发现

围绕非法证据排除的学术讨论主要支持类型化的分析判断方法，即基于法律法规的分类规定将非法取证区分为不同类型进行讨论。无论是《刑事诉讼法》及其相关司法解释，还是《监察法》及其实施条例，均对非法取证进行了分类讨论。例如，法条中有“刑讯逼供等非法方法”“威胁、引诱”“侮辱打骂”等不同的表述，这些表述对应的手段不同、剧烈程度不同，判断标准也就随之存在差异。[1] 针对这些不同的规定，理论界分别归类进行分析和阐释。比如，分别讨论“刑讯逼供”和“威胁、引诱”手段各自的典型特征，分别论述怎样的手段满足这些特征。[2]

在对不同类型的非法取证的讨论中，理论界普遍希望对刑讯逼供加强防范，[3]对其他类型的非法取证，理论界的担忧程度相对较弱。已有研究明确强调，不同的非法方法的性质也不同。对人权危害程度高的非法证据应该直接排除，对危害程度不高的则要具体情况具体分析。[4] 刑讯逼供是理论界主要担忧的非法取证类型。鉴于刑讯逼供是冤假错案的主要原因，学者们希望加强对刑讯逼供的防范。[5] 关于刑讯逼供的概念，一般认为是以直接的暴力手段逼迫被告人、被调查人违背自己的意愿进行供述。“刑讯逼供”“肉刑”“变相肉刑”属于同一种类，核心在于通过肢体暴力、违规使用戒具等方式，让被调查人、犯罪嫌疑人、被告人遭受难以忍受的痛苦作出供述。[6] 相比于瑕疵取证，刑讯逼供手段对被告人人权的侵

---

〔1〕 参见余鹏文：《论监察证据与刑事证据的衔接——深入解析〈监察法〉第33条》，载《辽宁公安司法管理干部学院学报》2022年第1期。

〔2〕 参见刘艳红：《职务犯罪案件非法证据的审查与排除——以〈监察法〉与〈刑事诉讼法〉之衔接为背景》，载《法学评论》2019年第1期。

〔3〕 参见郑曦：《论非法证据排除规则对监察委办理案件的适用》，载《证据科学》2018年第4期。

〔4〕 参见拜荣静、王钰彤：《监察调查与刑事侦查排除非法证据立法模式审视》，载《上海政法学院学报（法治论丛）》2021年第6期。

〔5〕 参见吴岸英、林艺芳：《监察证据适用非法证据排除：前提条件、现实困境及对策建议》，载《贵州省党校学报》2021年第3期。

〔6〕 参见龚举文：《论监察调查中的非法证据排除》，载《法学评论》2020年第1期。

害更大,社会负面影响更严重,所以应该重点关注刑讯逼供。[1] 监察调查期间,被调查人处于封闭调查的状态,合法权益保障存在隐患。[2] 而之前的一些冤案,例如“呼格案”“聂树斌案”等都存在刑讯逼供的情况,[3]有研究认为,刑讯逼供是目前职务犯罪非法证据问题的主要隐患,需要重点关注。[4] 相应地,也有研究反对对刑讯逼供类非法取证的线索施加过多的要求,担心这些要求可能导致应当启动的非法证据排除程序无法启动。[5]

对监察调查期间可能出现的威胁、引诱行为,已有研究指出,威胁、引诱同样可能会导致被调查人进行非自愿供述,尤其是职务犯罪调查对口供依赖度较强,所以这类非法取证手段也需要被关注。[6] 一方面,威胁引诱类非法取证可能面临和侦查技巧界限不清的问题,轻易排除可能不利于对职务犯罪的有力打击。[7] 另一方面,不能因为允许适当的调查技巧,就随意地进行威胁和引诱,刑讯逼供是绝对不可以的,而威胁、引诱类非法取证要注意具体问题具体分析。[8] 针对威胁、引诱一类手段,学者们认为“平衡”比较重要。[9] 鉴于职务犯罪嫌疑人多数文化背景较高,通过讯问技巧斗智斗勇十分必要。因此,在考虑威胁、引诱类的非法证据排除问题时,要结合案件具体情况、社会效益、法律规定,判断是否可能对当事人人权造成严重的侵害。[10] 具体而言,首先要判断相关“威胁”“引诱”行为是否可能对被调查人的供述内容产生实质影响,然后再决定是否启动非法证据排除程序。综合

---

〔1〕 参见吴岸英、林艺芳:《监察证据适用非法证据排除:前提条件、现实困境及对策建议》,载《贵州省党校学报》2021 年第 3 期。

〔2〕 参见蔡艺生:《规范行使国家监察权:讯问制度的微观塑造》,载《江西社会科学》2019 年第 10 期。

〔3〕 参见龚举文:《论监察调查中的非法证据排除》,载《法学评论》2020 年第 1 期。

〔4〕 参见郭沙沙、郝世坤:《职务犯罪中录音录像功能之重新定位——以“两法”有效衔接为视角》,载《成都理工大学学报(社会科学版)》2021 年第 3 期。

〔5〕 参见拜荣静、王钰彤:《监察调查与刑事侦查排除非法证据立法模式审视》,载《上海政法学院学报(法治论丛)》2021 年第 6 期。

〔6〕 参见陈伟健:《当前职务犯罪审讯面临的挑战、困局及治理路径》,载《国际公关》2021 年第 6 期。

〔7〕 参见刘艳红:《职务犯罪案件非法证据的审查与排除——以〈监察法〉与〈刑事诉讼法〉之衔接为背景》,载《法学评论》2019 年第 1 期。

〔8〕 参见龚举文:《论监察调查中的非法证据排除》,载《法学评论》2020 年第 1 期。

〔9〕 参见胡之芳、刘敏:《监察调查中的认罪认罚从宽审查制度反思——从〈监察法〉第 31 条切入》,载《湘潭大学学报(哲学社会科学版)》2021 年第 3 期。

〔10〕 参见拜荣静、王钰彤:《监察调查与刑事侦查排除非法证据立法模式审视》,载《上海政法学院学报(法治论丛)》2021 年第 6 期。

已有研究不难发现，理论界对威胁引诱类非法取证的担忧程度不如刑讯逼供类的强，但是仍然对其保持一定的警惕。因此，在对威胁引诱类线索的认定标准上设置得比刑讯逼供类略严格，是符合理论界主流观点的。

瑕疵取证类则不同于上述两种非法取证。瑕疵证据主要是指在证据收集或者固定过程中存在程序性问题的证据。[1] 总体而言，供述的瑕疵主要指讯问笔录等固定供述的材料的瑕疵，而实物证据由于并非直接来源于被调查人，对公民合法权益的侵害没有那么严重，这种类型非法取证的严重程度低于前两种。[2]

已有研究显示，审查瑕疵证据的非法证据排除申请，可以按照如下流程处理：首先，要确定物证、书证的取证过程是否存在违反法定程序的瑕疵。其次，如果确实属于瑕疵，要考虑其是否违反了实质性的法律规范，或者仅仅违反了技术上的细节性要求。实质性规范通常反映了对被调查人重要权利的维护，而技术上的细节要求往往属于形式上、手续上的要求。[3] 例如，在监察调查过程中，全程录音录像就是对被调查人权利的一大保障，也是对公权力的重要监督，录音录像存在瑕疵可能构成实质性的违法，但如果只是存在笔录上的日期记录错误等细节性问题，则对案件的影响可以忽略不计。最后，如果可能存在严重瑕疵且无法补正，就应当启动非法证据排除程序进行调查。

(四) 启发与小结

判断非法证据排除程序是否应该启动，关键要先分类，然后再看线索是否达到相应类型所需的启动标准。不同非法取证行为对司法公正和被调查人人权的侵害程度不同，无论是法律法规、司法实践还是学术理论，对刑讯逼供都是十分警惕的，对威胁引诱类非法取证的警惕程度则次之，对瑕疵取证的担忧则更少。

设置非法证据排除程序的启动标准主要是为了防止对诉讼造成不必要的拖延，不过由于监察调查的封闭性和非法证据排除审查的重要性，职务犯罪案件非法证据排除程序的启动总体上不宜对线索要求过高。在决定线索是否足以启动时，要考虑不同违法手段的危害性，对危害性较强的非法取证行为着重防范，从而实现

---

〔1〕 参见孙远：《非法证据排除的裁判方法》，载《当代法学》2021年第5期。

〔2〕 参见拜荣静、王钰彤：《监察调查与刑事侦查排除非法证据立法模式审视》，载《上海政法学院学报(法治论丛)》2021年第6期。

〔3〕 参见陈瑞华：《论瑕疵证据补正规则》，载《法学家》2012年第2期。

对被调查人人权保障、查清案件事实和司法效率的统一。

针对存在刑讯逼供可能性的案件，无疑应当最为警惕，对线索的要求应当最宽松。在实务中，相较于仅仅提出存在威胁引诱类取证的案件，法院明显更倾向于启动程序调查申请排除刑讯逼供证据的案件，以及查看相关的录音录像。只要被告人在线索里提到了与刑讯逼供类似的词语，如“殴打”等，并对相关的场合、人员进行了一定的描述，法院往往会进行一定的实质性调查。

至于威胁引诱类非法取证，理论界认为应该在诉讼效率和保障人权中达成平衡，实务中对此类非法证据排除程序的启动也相较刑讯逼供类更加谨慎。不过，由于同样可能对被调查人供述的自由意志产生严重影响，在启动所需线索的认定标准上应当严于刑讯逼供类，轻于瑕疵取证类。鉴于威胁、引诱与讯问技巧存在交叉等问题，对此类非法取证行为，应综合考虑手段的严重程度和可能对司法公正造成的影响，决定是否启动非法证据排除程序。可以对威胁、引诱的具体方式进行一定的审查，充分地考虑具体的情境，判断是否可能让被告人无法忍受，再决定是否启动审查。

关于瑕疵取证，在审查线索时，要充分考虑相关瑕疵对司法公正是否可能构成严重影响，是否难以补正。该类型与前两类相比，不仅要满足违法程度严重的要求，还需要达到无法补正或者无法作出合理解释的程度。因此启动该类型审查所需的线索可以较前两类要求更多。具体来说，要考量在供述的收集、固定过程中取证人员对法定程序的违反是否可能让证据的真实性、合法性受到实质的严重影响。重点关注相关瑕疵违反的是实质性的法律规定还是形式上、程序手续上的规定，从而判断该瑕疵是否可能严重影响司法公正。如果可能严重影响司法公正、难以补正，启动非法证据排除程序进行调查；如果瑕疵轻微、可以合理解释，则驳回非法证据排除申请。

总之，对非法取证线索的审查要首先确定具体的类型，明确取证手段是属于刑讯逼供还是威胁、引诱抑或瑕疵取证。存在刑讯逼供可能性的案件，对线索的要求非常宽松；对威胁引诱类非法取证的线索要注意与审讯技巧相区分，把握该手段是否达到难以忍受或超出法律允许的技巧的程度；对瑕疵类非法取证线索，则要注意区别该瑕疵是实质的还是形式上的，以及能否予以补正和解释。

三、非法证据的审查认定

对非法取证的审查以非法证据排除程序的启动为前提。只有启动非法证据排除程序,才涉及对证据合法性的实质性审查。在启动了审查程序后,如何正确、充分地审查可疑证据的合法性是排除非法证据审查的核心问题。

非法证据的审查是一个独立的程序,是针对存在非法取证线索的案件具体判断是不是存在非法证据的程序。这个阶段要注意与之前的线索判断阶段相区分,审查的独立性不仅是指阶段的独立,更是指证明标准的独立和证明责任的不同。对非法证据线索的判断,相关线索只需要引起法官怀疑,就可以启动相关程序,并且证明责任归属于申请非法证据排除一方(也就是辩方)。到了非法证据审查阶段,控方担负着对证据合法性的证明责任,需要通过提供调查阶段录音录像等方式证明取证的合法性。尽管被告人可以提出证据证明非法证据的存在,但是被告人没有责任证明证据是非法的。辩方仅需要令法官产生合理怀疑,而控方则需要让证据合法性的证明达到排除合理怀疑的程度。控方的证明需要达到排除合理怀疑的程度,是因为我国《刑事诉讼法》第55条明确要求对于定案事实要“排除合理怀疑”,而定案的事实是要以“经法定程序查证属实”的证据作为支撑的,只有取证过程的合法性是排除合理怀疑的,才能让证据支撑的事实排除合理怀疑。在审查认定过程中,法院往往需要结合录音录像等证据来还原供述的获取过程,从而判断是否存在非法取证。

对非法证据的审查,主要是审查相关证据获取过程是否能够排除非法取证的可能性。在审查过程中,重点审查讯问过程中讯问方的行为。一般而言,可能被认为存在非法取证嫌疑的行为包括讯问过程中存在肢体接触、辱骂、威胁,不让被调查人休息等,这些行为可能被归入刑讯逼供、威胁引诱或瑕疵取证3种类型中。法官一般会结合非法证据排除程序启动的原因,针对性地确定对应的非法证据类型,审查是否存在非法取证。刑讯逼供类重点审查是否存在殴打、违法使用戒具等行为,以及查看体检记录和录音录像是否全面、完整,对此的争议不多。威胁引诱类则存在一定的争议。这是因为,一方面,部分威胁行为可能与讯问技巧和政策宣传存在界限模糊的问题;另一方面,由于监察调查具有口供依赖性,讯问技巧的使用也是必需的。因此,审查中的难点便在于界定被告人提出的“威胁、引诱”是不是违法的“威胁、引诱”。[1]

非法证据的审查与排除是我国推进以审判为中心的刑事诉讼改革的重要助推器，通过非法证据排除制度，可以部分缓解“以调查为中心”的问题，促进监察机关依法办案。[2] 就非法证据审查程序而言，核心是检察院和监察委配合法院，由法院进行裁判。但是，由于监察委的特殊地位，法院想充分发挥自己的作用可能并不容易。而非法证据排除程序的存在可以让法院的“中心”地位得到更加充分的保障，促使监察机关合法办案。[3] 同时，被告人在监察调查阶段缺失律师帮助权，调查阶段的人权保障存在障碍。[4] 案件发展到非法证据审查阶段意味着确实存在刑讯逼供等非法手段的线索，所以这一阶段可以将存在非法取证或者不能排除非法取证的证据排除，从而部分弥补前期律师帮助权的阙如。

非法方法的具体手段多种多样，延续前文的分析，本部分根据危害程度将其分成3类，即刑讯逼供类、威胁引诱类、瑕疵取证类。刑讯逼供是非法获取证据的各种方式中突出的一种手段，这种手段的核心是让被调查人遭受难以忍受的剧烈痛苦从而获取供述。防范这种手段是防范冤假错案的重点。[5] 刑讯行为的核心特点是具有“直接性”，对被调查人采取直接的强制性手段，逼迫被调查人进行供述。由于这种手段强迫性高，被重点防范。对此，审查阶段的主要任务是对案件中的具体取证手段是否属于刑讯逼供的范围，是否满足刑讯逼供类证据的排除条件进行判断。[6] 同时，关于另两者的类型，其中威胁引诱类手段是否合法的界限问题比较严重，而瑕疵取证很多只是细节上的轻微违法，需要具体考虑威胁、引诱和瑕疵的具体性质，考量具体手段违法的严重程度，从而决定是否适用非法证据排除。[7]

对非法证据进行审查，是对被调查人合法权益的程序性保障。通过调取录音

---

〔1〕 参见龚举文：《论监察调查中的非法证据排除》，载《法学评论》2020年第1期。

〔2〕 参见朱孝清：《刑事诉讼法与监察法衔接中的若干争议问题》，载《中国刑事法杂志》2021年第1期。

〔3〕 参见谢登科：《监察证据在刑事诉讼中的使用——兼论〈监察法〉第33条的理解与适用》，载《中共中央党校学报》2018年第5期。

〔4〕 参见龙宗智：《监察与司法协调衔接的法规范分析》，载《政治与法律》2018年第1期。

〔5〕 参见拜荣静、王钰彤：《监察调查与刑事侦查排除非法证据立法模式审视》，载《上海政法学院学报（法治论丛）》2021年第6期。

〔6〕 参见龚举文：《论监察调查中的非法证据排除》，载《法学评论》2020年第1期。

〔7〕 参见拜荣静、王钰彤：《监察调查与刑事侦查排除非法证据立法模式审视》，载《上海政法学院学报（法治论丛）》2021年第6期。

录像等材料可以对监察调查过程进行全面的审核,判断相关供述是否合法,从而排除不合法的证据。

在非法证据排除程序启动后,被告人对存在非法证据不负证明责任,法院主要考察控方是否能证明取证过程合法。被告人在程序启动前对存在非法证据的可能性承担了初始证明责任,只要能够让法官怀疑证据有以非法方式获取的可能性,就完成了自己所需要承担的证明责任。在启动后,证明责任倒置,由控方承担证据为合法取得的证明责任。这一证明需要达到排除合理怀疑的标准。由于不同类型非法取证方式的特点不同,理论界和实务界对不同取证方式的审查方法也存在一定区别。其中,对刑讯逼供类的审查是最重要的一类,也是争议最多、引发关注最广的一类。囿于篇幅,本部分仅就涉及刑讯逼供的非法证据审查进行研究。

经研究,本书认为,当被告人提出存在刑讯逼供时,法官在对相关证据的合法性进行审查时应当遵循以下几点:第一,对涉及刑讯逼供可能性证据的审查应当谨慎,要比对是否存在其他非法方法的审查更加严格。第二,明确证明责任属于控方,要求控方对不存在刑讯逼供的证明达到能够排除合理怀疑的程度。第三,一般情况下应该要求控方提供调查期间的录音录像,如果存在被告人受伤等情况并且没有录音录像,那么相关供述应当被排除。第四,审查录音录像时应该要求调查人员出庭。第五,对控、辩双方提供的关于刑讯逼供的证据,法官应当着重考虑是否存在刑讯逼供的怀疑,这种怀疑只要有可能存在即可,不要求很有可能或者明显可能存在。第六,对难以判断的调查期间的行为,要着重考虑该行为的特定环境与对被调查人可能的影响。以下分别从法律法规、案例和学术理论中的发现3个方面论述法官应当遵循前述6点。

(一)法规、细则的发现

在法律法规层面,刑讯逼供是非法证据排除规则关注的重点。针对职务犯罪案件涉及刑讯逼供的非法证据排除,法律法规及其他规定主要有以下几方面的指引和要求。

首先,法律对“非法方法”概念进行了界定,并且将“刑讯逼供”置于最为重要的位置。《刑事诉讼法》第56条规定,“采用刑讯逼供等非法方法收集的犯罪嫌疑人、被告人供述和采用暴力、威胁等非法方法收集的证人证言、被害人陈述,应当予以排除”。不难发现,“刑讯逼供”被放在了“非法方法”中的核心位置。同时,2021年《刑事诉讼法解释》第123条对“刑讯逼供”概念进行了较为详细的界定,即以

"殴打、违法使用戒具等暴力方法或者变相肉刑的恶劣手段,使被告人遭受难以忍受的痛苦而违背意愿"进行供述,从手段的具体程度可以看出法规层面对"刑讯逼供"这一非法取证类型的重视。虽然2021年《刑事诉讼法解释》和2021年《监察法实施条例》及其2025年修改版对威胁引诱类和瑕疵取证类的概念也进行了规定,但是从规则的前后顺序和表意方式上可以看出法律法规对刑讯逼供类非法取证的概念尤为重视。审查非法证据时应从法律上的概念出发,判断相关取证行为是否可能构成刑讯逼供或者其他类型的非法取证。

其次,法律明确了控方的证明责任。《刑事诉讼法解释》第135条第1款规定:"法庭决定对证据收集的合法性进行调查的,由公诉人通过宣读调查、侦查讯问笔录、出示提讯登记、体检记录、对讯问合法性的核查材料等证据材料,有针对性地播放讯问录音录像,提请法庭通知有关调查人员、侦查人员或者其他人员出庭说明情况等方式,证明证据收集的合法性。"因此,一旦非法证据排除程序启动,就由控方担负对证据合法性的证明责任。换言之,控方是证明刑讯逼供不存在的主体,被告人可以提供存在刑讯逼供的证据材料,但是即使被告人在程序启动后不再提供新的证据材料,检察院仍然需要承担证明刑讯逼供不存在的责任。如果不能完成证明责任,那么该证据会作为非法证据予以排除,不能作为定案的依据。

再次,法律规定了非法证据的审查方法,即可以要求控方提供录音录像和通知相关人员出庭作证。2021年《刑事诉讼法解释》第130条第2款明确规定:"在庭前会议中,人民检察院可以通过出示有关证据材料等方式,对证据收集的合法性加以说明。必要时,可以通知调查人员、侦查人员或者其他人员参加庭前会议,说明情况。"这一规定赋予法院在必要的时候通知相关的调查人员出庭作证的权力,这也弥补了调查人员出庭作证义务的规则依据的缺失。《刑事诉讼法》及相关司法解释要求对讯问过程进行录音录像,《监察法》第44条第2款更是明确规定:"调查人员进行讯问以及搜查、查封、扣押等重要取证工作,应当对全过程进行录音录像,留存备查。"同时,2021年《刑事诉讼法解释》还明确了法院可以要求调查人员出庭作证。《监察法》规定,录音录像"留存备查",而不是直接随案移送。但是由于证明责任属于控方,一旦出现刑讯逼供的可能性,结合法律上录音录像留存备查的规定,控方一般应当提供调查期间录音录像,法院也有权要求调查人员出庭作证。虽然法律规定录音录像不需要随案卷移送,但这只是出于保证庭审效率的考虑,而非赋予监察委在证据合法性存疑时仍然可以随意不提交录音录像的自由。事实上,

《监察法实施条例》已明确了监察机关的配合义务。尽管2021年版的第56条要求“经审批依法予以提供”，但2025年修订后的第60条取消了审批流程，明确规定“人民检察院、人民法院需要调取同步录音录像的，监察机关应当依法予以提供”，进一步强化了监察机关的配合义务。

另外，被告人在非法证据排除程序启动后，不承担在审查阶段不能提供充足证据的不利后果。法律规定，辩方有权提出非法证据排除申请。2021年《刑事诉讼法解释》第127条规定，被告人申请非法证据排除“应当提供涉嫌非法取证的人员、时间、地点、方式、内容等相关线索或者材料”。一旦辩护方在庭前会议阶段提出非法证据排除申请，控方就要对证据收集程序的合法性进行一定的说明。根据《刑事诉讼法解释》第135条的规定，一旦法院认为证据合法性可能存在疑问，就可以启动调查程序，控方就需要承担证明证据收集的合法性的责任。而辩方在调查程序中只享有辩护权，并不需要承担举证不能的不利后果。此外，《监察法》对非法证据采取的是严格排除的模式，并没有规定补正。所以，法官要着重审查检察机关的证明责任，且不得增加辩方的证明责任。

最后，在被告人提出初始线索后，控方对取证过程合法的证明要达到排除合理怀疑的程度。被告人完成线索提出责任后，在非法证据审查阶段，控方负有证明证据合法的责任，在证明标准上，控方对取证过程不存在非法行为的证明应达到排除合理怀疑的程度。排除合理怀疑的法律依据，主要是《刑事诉讼法》第60条规定的“确认或者不能排除存在本法第五十六条规定的以非法方法收集证据情形的”，应当适用非法证据排除。这里的“不能排除”表明，不仅要排除确认取证过程使用了非法方法的证据，还要排除不能确保取证过程合法的证据。因此，需要排除对取证过程为非法的合理怀疑，才能排除存在非法取证的可能性。

总之，通过梳理非法证据排除相关的法律法规，可以得到如下发现：首先，法律法规对非法证据排除程序本身进行了规定，明确了非法证据排除程序的启动标准、非法证据排除程序的时间以及运行方式，即一般在庭前会议时进行，先根据申请判断有无线索，有线索时再进行实质性审查。法官在审查时应该按照法定程序审查非法证据排除申请。其次，《监察法》第44条第2款明确要求调查过程需要全程录音录像。2021年《刑事诉讼法解释》要求法院通过审查笔录、录音录像、通知调查人员出庭作证等方法，审查调查人员的具体取证过程，并与相关规定的具体要求进行比较，以确定是否违法。

刑讯逼供的核心是直接的肢体接触和肉眼可见的暴力或者强迫性手段，法官可以直接通过审查录像、询问调查人员与对比讯问笔录等方式，得出相关调查手段是否合法的结论。鉴于刑讯逼供是性质十分严重的非法取证方法，所以对以刑讯逼供为由申请排除非法证据的案件，法官应该严格结合程序和从在案证据反映出来的情况还原调查现场，只要调查取证程序存在无法进行合理解释的异常，就应当直接排除相关供述。以下针对不同资料的具体审查展开分析。

1. 体检记录

2021 年《刑事诉讼法解释》第 135 条明确了"体检记录"可被用于证明证据收集的合法性。体检记录的主要作用是证明被调查人员是否遭受了殴打等直接的暴力，防范刑讯逼供。由于监察调查时间长，即使有痕迹也可能消失，法院如果发现异常，不应过于纠结相关情况的严重与否，而应该侧重于查看体检记录形成的时间与被调查人描述的非法取证的时间间隔，从而判断被告主张是否合理。同时，对体检记录的审查，应当注意查看体检项目是否齐全，程序是否合规。

2. 录音录像

《监察法》第 44 条第 2 款对录音录像的规定是"调查人员进行讯问以及搜查、查封、扣押等重要取证工作，应当对全过程进行录音录像，留存备查"，2021 年《刑事诉讼法解释》第 135 条的规定则是控方证明证据合法性要"有针对性地播放讯问录音录像"，所以在调取录音录像时，要结合被告人的申请有针对性地调取被告人质疑的时间段，并对相关时间段进行审查。

对录音录像进行审查时，要查看资料是否完整，调查人员的行为方式和讯问方式是否合理，是否与被调查人发生不合理的肢体接触。重点对被质疑时间段进行考察，也要适当查看相关时间段附近的录音录像，避免被告人记忆不准确而导致审查不准确。

3. 讯问笔录

法院应当审查讯问笔录的制作、修改是否符合《刑事诉讼法》及有关规定。比如 2021 年《刑事诉讼法解释》第 93 条第 2 款就明确要求，讯问笔录的制作、修改应当符合法律有关规定，注明讯问的具体起止时间和地点，首次讯问时应告知被告人有关权利和法律规定，被告人应核对确认。对讯问笔录的审查，要审查笔录的制作时间、调查人员签字等形式要件是否符合法律规范。笔录中与当事人表述存在差异的地方,应当结合录音录像进行确定。需要指出的是,对讯问笔录的审查不仅是审查有无程序性瑕疵,还包括通过审查笔录的内容来判断是否可能存在刑讯逼供类或者威胁引诱类非法取证行为。

(二)案例的启发

1. 司法实践对刑讯逼供的审查重视度更高

法院在审查案件中是否存在刑讯逼供时,往往会考虑得十分仔细,对一些细节性的问题也会仔细研究。具体而言,法院会对讯问的整个流程进行全面的审查,并结合录音录像等证明材料进行判断。例如,在"蒋某岳、吴某兴徇私枉法、受贿、挪用公款案"中,被调查人于2019年涉嫌受贿被留置,一审法院召开了庭前会议对讯问过程进行审查,二审法院尽管强调不再审查讯问过程,但仍旧仔细查看了相关材料,确定不存在刑讯逼供或变相刑讯逼供的情形。[1]

相比之下,威胁引诱类和瑕疵类非法取证的审查更为简略。在"闵某君贪污、受贿案"中,被告人在诉讼阶段主张存在疲劳审讯等情况,同时提出笔录存在瑕疵,希望法庭能够调取录音录像核实。法院认定讯问在夜里12点前已经结束,并且录音录像并非必须调取的证据,从而没有启动非法证据排除程序进行审查。[2] 在"沈某林受贿案"中,尽管法院对非法取证问题进行了调查,但调查的核心仍是被告人是否遭受直接的刑讯逼供。在确定被告并未被殴打后,法院没有支持辩方调取录音录像的请求。[3] 由此可见,是否存在刑讯逼供是法院对非法证据审查的主要关注点,法院对存在刑讯逼供可能性的案件的非法证据审查会更加严格、细致。

监察调查阶段取得的证据,在诉讼阶段需要符合基本的法定形式,否则很有可能会被排除。例如,在"赵某1受贿案"中,由于部分证人证言系通过微信传输,而没有让证人到场,取证过程严重违反法定程序,法院启动了非法证据排除程序并对相关证据进行了排除。[4] 同时,法院也可能对留置过程中被调查人基本权益的保障情况进行审查。又如,在"黄某敏贪污案"中,法院在审查是否存在刑讯逼供等非法取证之外,还对调查机关是否保障被调查人基本生活需要进行了详细调查。[5]

---

〔1〕参见江西省上饶市中级人民法院刑事裁定书,(2020)赣11刑终238号。

〔2〕参见江苏省宜兴市人民法院刑事判决书,(2018)苏0282刑初863号。

〔3〕参见安徽省芜湖市中级人民法院刑事裁定书,(2020)皖02刑终1号。

〔4〕参见湖北省竹山县人民法院刑事判决书,(2019)鄂0323刑初61号。

〔5〕参见新疆维吾尔自治区克拉玛依市中级人民法院刑事审判监督刑事通知书,(2021)新02刑申10号。

2. 审查过程中由控方对证据合法性承担证明责任

在众多的职务犯罪案件中，当非法证据的审查程序启动后，法院都要求控方承担证明相关证据合法性的责任，要求控方排除有关证据可能为非法收集的合理怀疑。辩护方只承担程序启动前提供线索的责任，之后享有的是辩护的权利，所以辩护方在审查过程中一般不需要提交证据。辩护方是否提交证据不会影响法官的审查结果。"郑某勋受贿案"的被告人仅提出自己遭到逼供的主张，由控方提供录音录像等材料回应质疑。[1] 在"汪某安贪污案"一审程序中，被告人提及的更多的是讯问人员的行为（打耳光），同样没有在审查过程中提供具体的证据材料。[2] 实际上，被采取留置等措施的被调查人也很难提供证据，且在非法证据排除程序的启动阶段，被告人就已经提供了初步线索，因此在审查阶段主要应由控方提供证据。

对存在刑讯逼供可能性的案件，公诉机关需要证明整个调查过程不存在直接殴打或者冻、饿、晒、烤等手段，通过提供录音录像、提讯记录、体检报告等材料，对调查过程形成完整的证据链条，以证明不存在刑讯逼供。例如，在"唐某连受贿案"中，面对存在刑讯逼供的质疑，控方系统地通过录音录像和多份讯问笔录还原调查过程，全面地论证不存在刑讯逼供。[3] 在"王某良受贿案"中，被告人提出存在"指供"等问题，控方则提交了体检表和录音录像等证据证明不存在刑讯逼供等违法取证情形。[4] 总之，在这些案件中，完全由控方承担证明调查过程不存在刑讯逼供的责任，被告人主要是对存在一定疑问的环节进行质疑，法院则会对控方的证明进行全面的审查，审查内容主要包括录音录像与笔录是否基本一致、录音录像有无被删改等情况，从而判断能否排除刑讯逼供的可能性。

3. 以录音录像为关键证据，以办案说明和出庭说明为补充

在涉及刑讯逼供的案件中，控方一般会提供调查期间的录音录像回应质疑，录音录像也往往是法院的重点判断依据。例如，在"王某良受贿案"里，控方在庭前会议便已提交调查期间的录音录像和情况说明，从而证明取证合法。[5] 在"汪某安贪污案"中，被告人于2018年被留置，在诉讼程序中，被告人提出非法证据排除申请。控方为

---

[1] 参见浙江省台州市中级人民法院刑事裁定书，(2020)浙10刑终214号。

[2] 参见陕西省汉中市南郑区人民法院刑事判决书，(2018)陕0721刑初63号。

[3] 参见江苏省滨海县人民法院刑事判决书，(2019)苏0922刑初486号。

[4] 参见江苏省丰县人民法院刑事判决书，(2019)苏0321刑初131号。

[5] 参见江苏省丰县人民法院刑事判决书，(2019)苏0321刑初131号。

了应对被告人的申请,出具了调查阶段录音录像等材料,而法院结合录音录像等证据,最终认定案件中不存在非法取证。[1] 在"谈某雷受贿、徇私枉法案"中,法院也是主要结合录音录像认定不存在暴力或者其他手段非法取证。[2] 在"华某受贿案"中,法院同样是通过录音录像认定被告人神情自然,并未在讯问过程中遭受刑讯逼供。[3]

办案说明可以对实务办案过程中的一些问题进行说明,在录音录像得到提供的情况下,可以为其发挥补充的作用。例如,前述"汪某安贪污案"中,控方提供了调查期间的录音录像,也提供了办案说明,用来解释汪某安在话务平台中的作用等一般性事项,在与录音录像的结合下共同证明不存在刑讯逼供,法院最终认定不存在刑讯逼供。[4] 不过,在没有录音录像的情况下,如果只有办案说明,法院未必会支持控方,这也从侧面证明了录音录像的重要性。在"翟某受贿案"中,办案过程缺乏录音录像,控方试图用办案说明来证明证据的合法性,并且没有侦查人员出庭作证,最终法院排除了相关证据。[5]

在实务中,在庭前会议阶段,被告人以刑讯逼供为由提出非法证据排除,控方一般会提供录音录像进行证明,若录音录像缺失,单靠情况说明则难以弥补。对涉及刑讯逼供可能性的非法证据审查,法院一般会要求控方提供录音录像。如果确有特殊情况,可以要求调查人员出庭作证,结合情况说明和其他证据综合裁量相关证据的合法性。

4. 审查标准为是否会产生刑讯逼供存在的合理怀疑

在审查控方提供的证明证据合法性的材料时,法官应当重点审查是否会产生刑讯逼供可能存在的合理怀疑。法官是运用排除法从反向来审查证据的合法性,而不是正向确定证据是合法的。控方对证据合法性的证明需要与刑事诉讼整体的证明标准一样,达到排除合理怀疑的程度。事实上,对证据合法性排除合理怀疑是整个刑事案件排除合理怀疑的证明标准的一部分,要把供述放在整个证据体系中审查是否能排除有关刑讯逼供的合理怀疑。例如,在"沈某南、吕某伟、俞某受贿案"里,法院结合沈某南翻供的时间节点、其之前的供述,审查了供述与其他证据的

---

〔1〕 参见陕西省汉中市中级人民法院刑事裁定书,(2019)陕07刑终99号。

〔2〕 参见云南省开远市人民法院刑事判决书,(2020)云2502刑初123号。

〔3〕 参见四川省邛崃市人民法院刑事判决书,(2020)川0183刑初86号。

〔4〕 参见陕西省汉中市中级人民法院刑事裁定书,(2019)陕07刑终99号。

〔5〕 参见吉林省镇赉县人民法院刑事判决书,(2017)吉0821刑初14号。

互相印证情况，综合认定不存在刑讯逼供等非法取证行为。[1]

法院对刑讯逼供类非法取证的严格排除，主要体现在对材料的全面审查。“汪某安贪污案”中即使一审法院已经认定不存在非法证据，但在二审中检察院仍然全面提供了取证过程的通知书、录音录像等，法院也对材料进行了全面详细的审核。[2] 在“郑某勋受贿案”中，尽管一审控方已经提供了4个时间段录音录像，法院认定不存在非法取证的情况，但二审法院仍然对录音录像进行了一定的审查，并确定不存在刑讯逼供的情形。从这个案件中可以看出法院对排除合理怀疑的坚持。[3] 可见，法院对刑讯逼供十分警惕，通常会全面结合材料进行审查，从而力争能够排除对存在刑讯逼供的合理怀疑。

（三）学术理论中的发现

1. 刑讯逼供应为非法证据审查重点

现有研究普遍认为，刑讯逼供是非法取证中最严重、最直接的非法取证手段，需要进行严格防范和重点审查。首先，刑讯逼供在国际范围内都是公认的反人类的调查方法，不符合现代法治社会的精神和现代刑法的价值。反酷刑是现代社会文明进步的一大标志。[4] 其次，由于监察调查封闭性较强，即使发生刑讯逼供，被调查人身上的痕迹可能也早已消失，这更增加了审查涉及刑讯逼供的非法证据的难度。最后，刑讯逼供是很多冤假错案发生的重要原因。[5] 通过严查刑讯逼供，有利于促进监察、检察机关合法办案，实现准确查明案件事实和保障人权相结合。具体的严格审查方式，可以是在涉及刑讯逼供的案件中，要求调查机关一般情况下应当提供录音录像，除非调查人员出庭作证及办案说明等材料能足以证明确实有合理的不提供录音录像的理由，否则原则上应排除相关供述。

威胁、引诱的手段也属于非法取证，但这种类型的非法取证与调查技巧存在交

---

〔1〕 参见浙江省绍兴市中级人民法院刑事判决书，(2019)浙06刑终671号。

〔2〕 参见陕西省汉中市中级人民法院刑事裁定书，(2019)陕07刑终99号。

〔3〕 参见浙江省台州市中级人民法院刑事裁定书，(2020)浙10刑终214号。

〔4〕 参见刘玉杨：《监察法视野下非法证据排除规则的适用研究》，载《哈尔滨职业技术学院学报》2020年第3期。

〔5〕 参见邓联荣、高通：《赋予监察证据以刑事证据资格研究——以〈监察法〉第33条第1款为中心》，载《湘潭大学学报(哲学社会科学版)》2021年第1期。

叉,对被调查人影响较为间接。[1] 出于办案需要和手段本身强迫性不高等原因,学界整体上对此类非法手段采取相对宽容的态度。事实上,威胁、引诱等行为对被调查人的影响更多体现在心理层面,其对被调查人的人身侵害并不直接,不像刑讯逼供行为那样具有十分明显的强迫性,因此研究普遍认为此种类型的非法取证的严重程度没有刑讯逼供高。对审查认定而言,法院可以自由裁量案件是否需要提供录音录像,运用经验法则判断供述是否应当排除。

关于瑕疵证据,学者们更关注其如何"补正",对这类证据的危害则担心较少。有研究表示,程序性瑕疵,如"遗漏记录"等,对被调查人实质性权益的侵害一般较低,将此类证据排除,成本大于收益。[2] 事实上,瑕疵证据通常都是源于取证的细节性错误,往往未涉及案件事实,难以影响案件结果,补正规则实际上是对瑕疵证据中的轻微瑕疵和违法的瑕疵进行区分的规则。[3]

因此,理论界认为,实务中应当对不同非法取证手段区别对待,对刑讯逼供重点防范,合理区分威胁引诱与调查技巧,对瑕疵证据不作过严要求。

2. 控方承担审查阶段的全部证明责任并应达到能够排除合理怀疑的程度

监察调查过程中的封闭性较强,并且被调查人没有律师帮助,可能出现非法取证而被调查人又无法得到救济的情况,所以理论界希望通过使得非法获取的证据无法发挥作用,来倒逼监察机关合法办案。[4] 在非法证据排除程序启动后,辩方就不应当再承担相关的证明责任,而是由控方证明取证过程合法。[5] 因此,被告人即使对非法情形进行了一定的举证,也不会导致结果意义上的证明责任转移。这既是无罪推定原则的要求,又适应控辩双方举证能力不对等的客观实际,避免因过度苛求辩方承担举证责任而对被告人的人权造成侵害。非法证据排除程序启动后的证明责任倒置,使得获得、保存证据更加容易的控方承担证明责任,避免出现

---

[1] 参见刘艳红:《职务犯罪案件非法证据的审查与排除——以〈监察法〉与〈刑事诉讼法〉之衔接为背景》,载《法学评论》2019 年第 1 期。

[2] 参见拜荣静、王钰彤:《监察调查与刑事侦查排除非法证据立法模式审视》,载《上海政法学院学报(法治论丛)》2021 年第 6 期。

[3] 参见陈瑞华:《论瑕疵证据补正规则》,载《法学家》2012 年第 2 期。

[4] 参见李海峰:《非法证据排除规则在监察程序中的价值预期与合理运用》,载《法治研究》2020 年第 6 期。

[5] 参见程衍:《中国特色独立监察程序下非法证据排除规则的制度建构》,载《南京大学学报(哲学·人文科学·社会科学)》2019 年第 2 期。

被告人因证据不足而无法证明自己遭受了非法取证之困境,也让法院可以更加全面地审查案件是否存在非法取证的可能性。

值得注意的是,检察院确实有权对证据进行审查,但是监察委的政治属性以及监察调查的特殊性,都使得检察院在一定程度上受到监察委办案的影响。〔1〕因此,加强对辩方权益的保护,尤其是设定合适的证明责任要求(辩方只需要引起法官的合理怀疑),将有助于通过实质化的庭审保障被告人的权益,促进非法证据的审查,这也符合我国以审判为中心的刑事诉讼改革的要求。

关于证明标准问题,已有研究显示,控方对不存在非法取证的证明至少要达到排除合理怀疑的程度,而对于如何排除合理怀疑,也存在不同见解。有研究认为,审判机关可以通过录音录像判断取证过程的合法性,确定是否能够排除合理怀疑。〔2〕也有研究认为,对非法证据的审查,不能仅审查体检报告和录音录像等材料。因为监察调查的封闭性很强,许多非法手段即使存在也可能不会出现在录音录像中,所以要注意结合被告人提出的线索,重点审查相关手段是否合理,并且还要考虑检察机关、监察机关对相关疑问的回应是否充分,从而判断相关案件是否存在非法取证的“合理怀疑”。〔3〕

3. 重视录音录像和调查人员出庭作证

由于调查期间被调查人缺乏律师帮助,很多研究都希望讯问过程的录音录像能够在证明中发挥更加充分的作用。有研究认为,录音录像可以给法院判断证据合法性提供充分的参考,保障被调查人的程序性权利。〔4〕也有研究认为,由于调查阶段录音录像是“留存备查”,给刑事诉讼中充分地利用录音录像带来了困难。〔5〕实践中,在调查阶段监察委的权力与被调查人的权利对比较为悬殊,然而这一阶段中录音录像的使用却存在诸多限制。被调查人在调查阶段基本上只有配合监察机关调查的

---

〔1〕参见刘艳红:《职务犯罪案件非法证据的审查与排除——以〈监察法〉与〈刑事诉讼法〉之衔接为背景》,载《法学评论》2019 年第 1 期。

〔2〕参见程衍:《中国特色独立监察程序下非法证据排除规则的制度建构》,载《南京大学学报(哲学·人文科学·社会科学)》2019 年第 2 期。

〔3〕参见毕惜茜:《非法证据排除与取证合法性审查》,载《国家检察官学院学报》2016 年第 2 期。

〔4〕参见刘艳红:《职务犯罪案件非法证据的审查与排除——以〈监察法〉与〈刑事诉讼法〉之衔接为背景》,载《法学评论》2019 年第 1 期。

〔5〕参见程衍:《中国特色独立监察程序下非法证据排除规则的制度建构》,载《南京大学学报(哲学·人文科学·社会科学)》2019 年第 2 期。

义务,并未形成刑事诉讼中的控辩对抗模式。[1] 同时,录音录像“留存备查”的规定导致录音录像并不必然会进入后续程序,这给法院审查证据合法性带来了困难。[2] 有研究结合规则现状,认为需要对监察委不提供录音录像的不利后果进行规定。[3] 同时,理论界认为要警惕控方借助办案说明,不当地降低自己的证明标准。[4]

(四)启发与小结

非法证据排除程序的启动与非法证据的审查认定,应当遵循相互独立的程序。根据法律规定,启动非法证据排除程序要提供非法取证的线索,即非法取证的手段、方式等,在此阶段,线索的质量只能影响程序是否启动。在程序启动后,判断相关证据是否合法的重点在于控方对相关证据取证过程的合法性证明是否达到“排除合理怀疑”的证明标准。

刑讯逼供是非法证据排除程序的审查重点,法律上对刑讯逼供行为的非法性进行了清晰的规定。在审查程序中,控方负有完全的证明责任。在实务中,控方可以通过出具调查阶段录音录像、申请调查人员出庭作证、出具体检记录等方式证明其取证过程的合法性。

在审查过程中,调查阶段的录音录像是十分重要的判断依据。虽然受限于《监察法》“留存备查”的规定,部分案件中并未发挥调查阶段录音录像的作用,但是鉴于刑讯逼供行为具有的严重非法性,控方应当尽可能提供录音录像。鉴于办案说明是办案机关出具的对自身行为的证明,所以法院在审查涉及刑讯逼供的案件时可以使用,但是应当慎重,可通过结合录音录像、体检记录等材料进行综合判断。

在进行非法证据审查时,法院需要结合上述材料,判断案件中是否存在刑讯逼供的可能性,如果存在,则进行非法证据排除;如果不存在,则认定相关证据合法。总体而言,刑讯逼供行为的违法程度比威胁引诱和瑕疵取证更严重。因此,对可能存在刑讯逼供的证据要进行更为严格的审查。

---

〔1〕 参见郑寻:《对监察证据与审判证据标准相统一的反思——以〈中华人民共和国监察法〉第三十三条为视角》,载《湖南税务高等专科学校学报》2020 年第 3 期。

〔2〕 参见吴岸英、林艺芳:《监察证据适用非法证据排除:前提条件、现实困境及对策建议》,载《贵州省党校学报》2021 年第 3 期。

〔3〕 参见刘艳红:《职务犯罪案件非法证据的审查与排除——以〈监察法〉与〈刑事诉讼法〉之衔接为背景》,载《法学评论》2019 年第 1 期。

〔4〕 参见王超:《刑事诉讼中的办案说明实证分析——以山东省 B 市 Z 县检察院办案数据为样本》,载《人民检察》2020 年第 2 期。

第四章　不因非法证据翻供的审查评价

一、本章概述

翻供是指被调查人、被告人作出与先前供述不一致的陈述。既可能是庭前翻供，也可能是当庭翻供。既可能是首次翻供，也可能是反复翻供。翻供的内容是对犯罪的全部或部分事实的承认或不承认，或者是对法律适用提出的不同理解。本章聚焦于当庭翻供，因为虽然各个环节的翻供都可能影响对被告人口供的审查和对量刑情节的认定，但是只有裁判者对当庭翻供的评价才具有终局性。本章的讨论范围限定于当被告人不以庭前存在刑讯逼供为由翻供，并且未提出非法证据排除申请的情形，因为此时法官需要审查的口供情况更为复杂，即庭上存在两份都具有证据资格但内容又相互矛盾的口供。本章旨在解决不因非法证据当庭翻供的认证和相关情节的认定问题，基本观点是对待翻供不能一概而论，而应当善意、审慎地进行认证，并且在被告人举证困难时司法机关需尽到一定的照顾义务，应当以“产生合理怀疑”之标准决定是否采信翻供提出的辩解。同时，应当区分不同类型的翻供的影响，并按照文义解释来认定量刑情节，不能以成立条件之外的“认罪态度不好”为由否定自首、坦白等法定从宽情节。

以庭审为中心的诉讼制度改革，使人们对庭审中的各种现象逐渐重视。当庭翻供是刑事审判中的常见现象，当被告人脱离了相对封闭的诉前阶段之后，其所面对的不再是持对立立场的调查人员或检察人员，而是来到开放性更强的法庭之上，接受立场中立的法官所主持的审判，此时其往往会选择说出案件事实的真相，或发表更利己的虚假陈述。我国刑事审判中一直存在“坦白从宽、抗拒从严”的政策导向，在诉前的调查阶段中被调查人负担着“如实供述”的义务，被调查人出于各种原因往往也会选择配合调查。有些供述和客观事实相符,当调查得细致准确,收集到足够多的罪证时,被调查人面对如山铁证只好供认不讳。同时实践中当然也可能存在和事实有出入的供述,出于诉讼策略的考量,被调查人为了获得量刑减让,可能会选择先庭前承认,再当庭翻供。为了避免对翻供一概而论,本章以证明责任分配和证明标准为切入点,规范当庭翻供的审查过程,从不同的翻供类型和法定从宽情节的具体要求出发,提出评价当庭翻供对量刑情节产生的影响的方法。

本章将围绕不因非法证据翻供时口供审查认定的难题中最为突出的五大问题展开,通过法规梳理、案例中司法经验总结,并综合学术讨论成果,回答以下问题:如何审查不因非法证据翻供的口供?如何分配举证责任及争议事实真伪不明时的证明责任?适用何种证明标准?何种类型的当庭翻供才会影响量刑?以何种方式实际影响量刑?

第一部分的主要内容为不因非法证据的当庭翻供的审查,解决采取何种审查认证方式、如何分配举证责任、适用何种证明标准定罪的问题。

首先,应当以刑事诉讼基本原则为指导,先审查被告人口供的一致性和稳定性,并对翻供是否具有合理原因进行初步审查,再以综合认证的方式实质审查翻供内容。

翻供出现的场域是刑事诉讼庭审,需要坚持无罪推定原则。不能因为被告人出现过有罪供述,就对翻供抱有偏见,下意识地选择一律驳回翻供。被告人供述也可能存在反复、前后不一致、无法与其他证据印证的情形。应避免受到庭前案卷材料的影响而在内心假定被告人有罪,并认为其翻供是有意地与司法机关对抗。应当首先采取善意且中立的态度,将当庭翻供作为诉讼中被告人的正常行为,以审慎的目光结合在案证据对其进行审查。

保障司法程序公正,以庭审为中心,需要坚持直接言词原则。根据直接言词原则,作出裁判的法官必须直接对证据进行审查,认定案件事实;在庭审调查过程中的举证和质证环节都必须以言词的方式进行。被告人当庭翻供,正是以言词的方式提出了新的辩解,同时质疑庭前供述的真实性。因此,法官需要认真对待当庭翻供,不能流于形式地审查,更不能未经实质审查就轻易采信庭前有罪供述。法官应当在庭上查清被告人翻供的原因,判断是否具有合理性。对于能当庭说明合理原因的被告人,法官应当结合其他证据对翻供内容进行实质审查,评价翻供时所提出的辩解的证明力。

审查评断当庭翻供所提出的辩解的证明力时,需秉持自由心证原则。法官在评价证据的证明力时虽然享有自决权,但是不能自由擅断,应当在裁判文书中具体说明翻供是否影响以及如何影响其心证形成过程。同时,对证据证明力的评价作为一种运用推理的思维活动,还需要遵循逻辑法则或论理法则的要求,推理的前提要真实,概念要明确,判断要恰当;推理的形式要正确,必须既遵循同一律、不矛盾律和排中律等基本规律,又遵循每一种具体推理形式(如直接推理、演绎推理、归纳推理和类比推理等)所必须遵守的规律和规则。在具体的审理过程中,不能简单地以"翻供不符合常理"就得出翻供内容为假的结论,需要结合其他在案证据综合审查翻供的真实性。

其次,根据"谁主张,谁举证"原则和无罪推定原则,由控方承担证明被告人有罪的责任,被告人单纯否认事实时不需负担提供证据的责任,但在提出积极抗辩事由时承担形成"争点"的提供证据的责任。职务犯罪案件中的犯罪手段具有隐蔽性,尤其是在贪污受贿案件中,当事人侵吞公款或权钱交易的行为常秘密进行、不留痕迹,给案件事实的查明带来一定困难。这就导致全案证据样态主要以被告人的庭前有罪供述为主,而客观性较强的实物证据往往难以搜寻,进而定罪依据大多为主观性较强的言词证据。一旦被告人当庭翻供,庭前供述的证明力将受到挑战,使证据调查和事实认定的过程相较于一般案件更为复杂。

被告人当庭翻供后,法官的心证是否受到影响,控辩双方何者需要举证,都是无法回避的问题。可能出现以下 3 种情形:(1)综合全案证据,法官可以形成稳定心证,选择采信庭前供述,认定被告人有罪或罪重;(2)综合全案证据,法官可以形成稳定心证,选择采信当庭翻供所提出的辩解,认定被告人无罪或罪轻;(3)法官无法形成稳定心证,不同的翻供内容决定了被告人是否有首先提出证据的必要,在被告人能够使争点形成,争议事实真伪不明时,由控方补充举证。在上述第三种情形下,被告人的翻供内容决定了其是否负担提供证据的责任:(1)被告人单纯否认事实的,只要通过了翻供是否具有合理原因的初步审查,且翻供不违反常理,一般都能够使争点形成,动摇法官心证;(2)被告人提出积极抗辩事由的,根据"谁主张,谁举证"原则,辩方应当首先举证,辩方举证困难的,可以通过提供线索申请法院调查的方式完成举证。尽管此时提供证据的责任发生了转移,但在争议事实真伪不明时的结果意义上的证明责任并没有转移,犯罪成立条件中的违法性和有责性的证明责任始终是由控方承担。被告人虽然在翻供之初要负担一定的提供证据的责任，但只要使事实认定存在疑点，使案件审理就特定的犯罪阻却事由形成“争点”，即达到了其证明之目的。如果继续要求被告人在待证事实真伪不明时承担败诉的不利后果，将有违无罪推定原则下的“疑罪从无”。

最后，对于控方的举证应当适用“排除合理怀疑”的有罪证明标准，并相应地以是否能使法官产生合理怀疑判断被告人当庭翻供所提出辩解的真实性。在没有出现翻供时，庭上的证据样态以控方提交的有罪证据为主，而且一般能够形成比较完整的证据链，不会出现只有口供的情况，因为我国法律严禁仅凭被告人供述定罪。控方作为有国家力量支撑的专业法律人，深知刑事裁判逻辑，往往能够给法官提供合理的叙事思路和下判方案。故而在法庭上处于先天不利的地位的当庭翻供，很可能就被以“不能与在案其他证据印证”为由直接驳回。但这样无疑会使被告人庭前一旦认罪就无法再作争辩。因此，应当从“排除合理怀疑”的有罪证明标准出发，反推出被告人的翻供只要能够给案件事实的认定带来疑点、使“争点”形成即为完成了证明任务，辩解具备真实性时足以采信。根据举证方的不同，不同情形适用的证明标准分述如下：(1)被告人单纯否认事实的，控方补充举证后需达到“排除合理怀疑”的有罪证明标准；(2)被告人提出积极抗辩事由的，辩方举证只需要达到“产生合理怀疑”的证明标准。[1]

第二部分的主要内容为对当庭翻供的评价，回答何种类型的当庭翻供才会影响量刑、当庭翻供以何种方式实际影响量刑的问题。在法官完成对翻供的审查之后，由于犯罪是否成立及其不法程度已经查清，评价对象将发生转变，即不再是通过评价证据的证明力完成对罪中事实的认定，而是通过评价被告人的罪后表现确定其是否具有从轻或从重处罚的量刑情节，脱离犯罪行为而关注犯罪人本身。[2] 从刑罚的角度来看，当庭翻供的审查阶段是为了实现罪责的认定和判断报应刑的大小，而评价阶段则与预防刑的大小相关。

一方面，经审查后受支持的当庭翻供行为本身不会对量刑情节产生影响，其属于被告人行使辩护权的正当行为。当庭翻供未受支持时，被告人存在虚假陈述行为，此时才需要进一步判断何种程度的虚假陈述行为会影响量刑情节。翻供行为本身能否实际对量刑情节产生影响不能一概而论，需要根据翻供内容进行类型化

---

〔1〕 参见何家弘、刘品新：《证据法学》(第7版)，法律出版社2022年版，第366页。

〔2〕 参见单子洪：《论量刑事实的证明》，中国社会科学出版社2020年版，第21～22页。

区分。仅对法律提出不同理解或对个别事实改述的翻供行为不足以影响量刑情节,因为考虑到被告人都有趋利避害的心理,较低程度的虚假陈述属于法律可以容忍的正常表现,不至于动用刑罚手段。只有对主要犯罪事实翻供的行为才足以影响量刑情节,此时“当庭翻供”作为罪后事实才会成为一个影响量刑情节的独立因素。虽然翻供内容与犯罪构成要件事实的关系会影响量刑,但并不是由于其内容的真实性影响对构成要件事实的认定,而是翻供行为本身成为评估被告人的人身危险性的因素,并经法官综合评估后决定相关量刑情节是否成立。

另一方面,当庭对主要犯罪事实翻供的行为一般是通过影响法定从宽情节的成立来影响量刑结果,仅在较少情况下会成为酌定从重情节“认罪态度不好”的认定依据。有观点将被告人当庭翻供未受支持与被告人认罪态度不好联系起来,进而不分程度“一刀切”式地加重对被告人的量刑,否定被告人庭前如实供述的积极表现,使自首、坦白和认罪认罚等以“如实供述”为要件的法定从宽情节无法成立。这种做法运用的是目的解释方法,认为惩罚当庭翻供的原因在于法定从宽情节旨在鼓励悔罪态度,但翻供体现了被告人有意对抗司法进程的不良企图。然而,此种目的解释与文义解释相悖,以法定从宽情节成立条件之外的“认罪态度不好”否定从宽情节的认定并不合理。因为,在当庭翻供未受支持时,庭前供述必然得到采信,被告人庭前的行为实际上已经符合“如实供述”的要求,当庭所作的虚假陈述并未影响事实认定。所以,正确的做法应当是严格遵循法律条文规定的成立条件,优先进行文义解释,先承认庭前如实供述的作用,认定成立相关的法定从宽情节,再将翻供作为评估被告人的人身危险性的考虑因素之一,以决定是否从宽以及从宽的幅度。在被告人可能成立自首或坦白情节时,若将翻供行为加上退赔等其他行为综合评价后得出被告人的人身危险性较高的结论,则将否定自首或坦白从宽情节的成立。被告人在庭前已签署认罪认罚具结书的,仅有当庭翻供不足以表明被告人反悔,只有被告人作出撤回认罪认罚的意思表示时,才不再适用认罪认罚从宽的规定。

二、不因非法证据翻供的审查

在司法实践中,被告人出现当庭翻供,将给定罪量刑带来事实认定方面的困难,增加了证据审查的复杂性。翻供的内容针对的是犯罪过程中的事实,即罪中事实,既可能是构成要件,如是否具有受贿的主观意图、是否实际收受了贿赂、是否具有将公共财物据为己有的非法占有目的、是否实际侵吞了公共财物等,又可能针对的是量刑情节,如对于犯罪数额的全部或部分的否认,这将影响对被告人是否属于“数额巨大”等法定刑升格情节的认定。此时,翻供的真实性将决定犯罪行为、阻却事由以及行为不法程度的认定,需要有效的审查方法和评判标准。

法官一般采用印证的方法来判断被告人翻供前后内容矛盾的数份口供的真实性。例如,在“鲍某贪污案”中,被告人鲍某庭前供述其在担任胶州市民政局副局长期间,利用分管优抚安置科的职务便利,亲笔书写了一份补办伤残抚恤证的书面申请,伪造1976年在挖胶莱河时因土地倒塌砸伤腰部的情况,安排优抚安置科科员郑某为他办理了伤残抚恤证,享受免费医疗待遇并领取伤残抚恤金,但在庭审中,鲍某翻供否认他指使郑某作假和亲笔书写补办伤残抚恤证的书面申请。面对内容相互矛盾的两份口供,该案法官采用了印证的方法判断口供的真实性。该案法官认为,鲍某当庭翻供,未能作出合理解释,其在胶州市纪律监察委员会所作的供述有其亲笔书写的检查、证人郑某的证言予以印证,故采信其庭前供述。[1] 又如,在“罗某行贿、串通投标案”中,被告人罗某在庭前供述中交代,2016年年初,邓某某通过运作让她参加大涌电视台广告招标项目。项目开标之前的一天,邓某某主动打电话给她,让她准备好30万元。她就从个人银行账户提取了30万元现金,用一个袋子装好送到邓某某位于颐和山庄的家中,但在庭审中,罗某翻供称:“30万元虽承诺要给邓某某,但尚未实际贿送。”针对内容相矛盾的两份口供,该案法官同样采用了印证的方法来判断口供的真实性:“被告人罗某与受贿人邓某某在侦查阶段均作了供认,基本内容能够印证,其中二人对于该30万元名义上系用于以感谢某镇领导帮助等细节的供述吻合。被告人罗某当庭翻供并提出30万元尚未实际贿送的辩解,不能给予合理解释,亦与常理不符,本院不予采纳。”[2]

《刑事诉讼法解释》支持法官采用印证的方法判断口供的真实性。根据该解释第96条,法官应当结合全案证据审查口供,并且以“与其他证据相互印证”为标准选择采信庭前供述或翻供后的辩解。尽管第96条为翻供的审查认定提供了指引,但“与其他证据相互印证”标准实际上仅对证据作了形式化的印证要求和数量上的要求,即至少有一份口供和一份用于印证口供的其他证据,至于其他证据如何

---

〔1〕 参见山东省胶州市人民法院刑事判决书,(2019)鲁0281刑初500号。
〔2〕 广东省中山市第一人民法院刑事判决书,(2019)粤2071刑初1158号。

印证口供仍由法官自由裁量。

本书认为，为了使对被告人翻供的审查实质化，法官应当以矛盾口供指向的争议事实为焦点。争议事实往往是公诉人主张的犯罪构成要件事实和量刑事实，被告人当庭翻供时，或单纯否认争议事实的存在，或提出与争议事实相矛盾的积极抗辩事由。由于争议事实的认定往往决定了被告人犯罪是否成立及其不法程度，应当将刑事诉讼证明标准作为判断翻供是否成立的标准。同时，法官应当合理运用证明责任分配规则，督促控辩双方举证并进行有效质证，最终结合双方提供的所有证据以及被告人的全部供述和辩解进行审查认定。

在被告人当庭翻供的场合，处理流程可以分为对翻供的初步审查、控辩双方补充举证质证和对翻供的最终审查 3 个阶段。

第一阶段，在被告人翻供后，法官应当结合控辩双方的证据对翻供进行初步审查，主要审查翻供是否反复、是否具有合理原因。作为被告人提出的直接证据，当庭翻供所提出的辩解一般不会在关联性与合法性方面受到质疑。但被告人的辩解也属于言词证据，具有真伪并存的特点，因此在认证时首先需要初步审查庭前供述是否存在反复、被告人能否就前后供述不一致给出合理原因。若被告人的多份供述前后一致，则更可能具有真实性。供述出现反复时，需要结合其他证据查明原因。被告人可能基于真诚悔罪、审判压力、趋利避害翻供，[1]也可能基于记忆错误翻供。然而，被告人翻供的理由并非只要属于前述几种类型就一定是合理的，还要看翻供的具体内容是否存在明显漏洞。比如，被告人自始至终只存在一笔受贿，借口时间久远记忆错误而翻供并不符合常理。如果被告人是数年间多次受贿，对于其中个别次数的受贿具体金额记忆不清，则属于比较合理的情形。不过，即使当庭翻供没有通过合理原因审查，也不意味着翻供必然被否定。只是此时认证的重心转向了对于庭前供述证明力的审查，关注庭前多份供述是否具有一致性和稳定性、能否和其他证据相互印证、能否令法官形成稳定的心证、公诉人对争议事实的证明是否达到证明标准。如果公诉人对争议事实的证明达到“排除合理怀疑”的标准，那么法官将不予采信翻供，选择采信庭前有罪供述。

第二阶段，在被告人的翻供通过合理原因审查之后，法庭进入对其翻供内容的

---

〔1〕 参见张保生：《〈人民法院诉讼证据规定适用指南〉的理论逻辑和要点分析》，载《法律适用》2021 年第 1 期。

实质审查,即认证过程。对于当庭翻供选择单一认证还是综合认证的方式,取决于认证的对象。对证据能力的认定,一般适用单一认证的方式。对于证明力的认定,如果案情比较简单而且证据相对独立,可以采用单一认证的方式;如果案情比较复杂而且待证事项较多且相对独立,可以采用一组证据综合认证的方式;如果案情复杂而且证据之间的关系紧密交织,则可以采用全案证据综合认证的方式。[1] 翻供内容的审查属于对证明力的认定,由于口供不能单独作为认定案件事实的根据,还需要其他证据补强其证明力,一般不会采用单一认证的方式。当涉及的是单笔贪污或受贿事实时,可以将相关的证据归为一组进行综合认定。当涉及多笔贪污或受贿事实乃至对全案事实翻供时,应当结合全案证据综合认定。

在认证过程中,根据"谁主张,谁举证"原则,当被告人提出了积极抗辩事由时,应当将提供证据的责任分配给被告人,因为被告人可能更具备举证上的便利,例如某些记载了受贿经过的日记、记录等只有被告人知晓存放地点。同时,控方也无法事先准备相关的证据,因为要阻却积极抗辩事由的认定,就要证明对应的犯罪阻却事由不存在,在调查过程中,由于不知道日后被告人会提出何种类型的出罪事由,也很难有针对性地去收集证据。有学者将此类抗辩称为"幽灵抗辩",即被告人针对检察官的有罪控告为减轻或者免除其刑事责任而提出难以查证的辩解。[2] 即使控方耗费大量司法资源可能也难以查清相关事实,因而由辩方举证更为合理。不过,在被告人的当庭翻供内容仅为单纯否认犯罪事实时,提供证据的责任依然由控方承担,因为此时被告人没有主张新的事实。

在被告人提出当庭翻供的初始状态下,一般被告人有举证的必要性。因为要让案件形成疑点,仅有被告人当庭翻供提出的辩解是不够的。被告人的辩解和供述都属于口供,根据口供补强规则,只有口供不能定案,需要其他的证据与口供相互印证。尽管形成疑点和定案所适用的证明标准不同,前者应当更低,但为了使法官产生合理怀疑,至少要有证据能和被告人当庭翻供提出的辩解相互印证。然而,当庭翻供往往难以满足印证要求,就全案证据样态而言,翻供时提出的辩解常处于"孤立无援"的境地。除非控方同时收集了其他能证明被告人无罪或罪轻的证据,或者由被告人提出新的证据。但是,现实中控方提交的证据一般都为有罪证据,同

[1] 参见何家弘、刘品新:《证据法学》(第7版),法律出版社2022年版,第296页。
[2] 参见万毅:《"幽灵抗辩"之对策研究》,载《法商研究》2008年第4期。

时被告人基本不具备完成举证任务的能力。大部分情况下,被告人当庭翻供时无法提供能够与之相互印证的证据,至多是给出一些线索,并不存在前述举证上的便利。与之相反,庭前有罪供述能轻易达到与其他证据相互印证的标准,因为刑事庭审中的在案证据以控方提交的有罪证据为主,自然能与庭前供述形成印证关系,并且满足口供补强规则的要求。这就导致无论在举证责任方面作何分配,一旦落实到证据层面,控方都将占据优势地位,致使被告人的庭前有罪供述更有可能被法官采信。

对于存在举证困难的被告人,司法机关应当履行一定的照顾义务,弥补辩方在举证能力上的弱势地位。例如,被告人申请证人出庭的,在不会导致诉讼过于拖延的情况下,法官一般都应当允许。被告人提出线索申请法院调查取证,法院能够调取的,一般都应当同意收集。法官也可以根据实际情况决定是否给予照顾,若被告人的当庭翻供没有通过合理原因审查,内容明显不合常理,也不存在其他证据相互印证,可以认为相关案件事实的认定不存在疑点,或被告人的积极抗辩不成立,驳回被告人的主张。在该阶段,控辩双方在法官的指引下充分举证质证,并承担举证不能的后果。

第三阶段,在控辩双方充分举证质证的前提下,法官应当结合控辩双方提供的所有证据以及被告人的全部供述和辩解审查翻供,依据相应的证明标准,最终决定采信庭前有罪供述或当庭翻供提出的辩解。

由于翻供提出的辩解和庭前有罪供述都是能够单独证明犯罪构成要件事实和阻却事由的直接证据,应当适用“排除合理怀疑”的有罪证明标准来决定是否采信庭前有罪供述,并以相应的“产生合理怀疑”标准决定是否采信辩解。只要被告人的辩解使得犯罪构成要件事实或阻却事由成为“争点”,控方就必须继续举证直至法官对其指控成立排除合理怀疑,否则将承担争议事实真伪不明时的败诉风险。

在被告人提出积极抗辩事由时,只需要达到令法官产生合理怀疑的证明标准,不需达到“优势证据”标准。因为犯罪成立条件中的违法性和有责性的证明责任始终由控方承担,被告人虽然在翻供之初要负担一定的提供证据的责任,但只要使得事实认定存在疑点,使案件审理就特定的犯罪阻却事由形成“争点”,即达到了证明之目的。如果继续要求被告人在待证事实真伪不明时承担败诉的不利后果,将有违无罪推定原则下的“疑罪从无”。在被告人单纯否认犯罪事实时,也同样适用“产生合理怀疑”标准,但和提出积极抗辩事由的情形的不同之处在于,此时被告人不必额外地提交新证据，只要翻供的内容合情合理，单纯的否认即可使得针对特定构成要件事实的“争点”形成。

(一)法规、细则的发现

1. 通过综合审查判断当庭翻供的真实性

当庭翻供的审查具有复杂性，审查的对象包括被告人的供述和辩解，审查的内容主要为证据的真实性。早在2010年《死刑证据规定》第18条中就规定了审查被告人供述和辩解的一般原则和重点内容，其后2012年《刑事诉讼法解释》第80条正是在此条的基础上进行文字修改而成，并为2021年《刑事诉讼法解释》第93条所沿用。该司法解释第93条第1款第6项至第9项规定了如下审查重点：“被告人的供述是否前后一致，有无反复以及出现反复的原因；被告人的供述和辩解是否全部随案移送；被告人的辩解内容是否符合案情和常理，有无矛盾；被告人的供述和辩解与同案被告人的供述和辩解以及其他证据能否相互印证，有无矛盾；存在矛盾的，能否得到合理解释。”从中可以看出，口供是否具有一致性和稳定性、翻供是否出于合理原因、内容是否合情合理等因素决定了被告人的翻供能否得到法官认可。

在审查方式上，《刑事诉讼法解释》第93条要求结合被告人的全部供述和辩解以及全案证据进行审查，第96条第1款专门规定了对于被告人供述和辩解的综合审查：“审查被告人供述和辩解，应当结合控辩双方提供的所有证据以及被告人的全部供述和辩解进行。”这一规定由《死刑证据规定》第22条修改而来，主要是为了考察证据之间的关联方式和一致性程度。具体而言，被告人的全部供述和辩解可视为一个小型证据系统，在该系统中审查口供的稳定性和一致性程度，确定哪些供述和辩解更加可信；然后再将控辩双方提供的所有证据视为一个大型证据系统，在该系统中审查口供和其他证据的一致性程度和印证程度。[1]

同时，结合全案证据的综合审查方式也符合对证据真实性的审查要求。对翻供的综合审查过程亦是为了判断其是否具有真实性、能在多大程度上证明案件事实，应当遵循2021年《刑事诉讼法解释》第139条的规定：“对证据的真实性，应当综合全案证据进行审查。对证据的证明力，应当根据具体情况，从证据与案件事实

---

〔1〕 参见江必新主编：《最高人民法院刑事诉讼法司法解释理解与适用(上)：条文意旨·理解适用·审判实务》，人民法院出版社2015年版，第274页。

的关联程度、证据之间的联系等方面进行审查判断。”该条规定了法官认证，即对证据证明力及全案证据进行综合认证的原则，同样适用于对当庭翻供的综合审查。

2. 证明责任分配以控方承担有罪证明责任为主

被告人当庭翻供提出的辩解和庭前的供述都服务于一定的证明对象，而凡是证明对象都有相应的证明责任，对证明责任进行分配需要先明确证明对象，再遵循相应的分配规则。2021年《刑事诉讼法解释》第72条第1款规定了刑事诉讼的证明对象，具体包括：“(一)被告人、被害人的身份；(二)被指控的犯罪是否存在；(三)被指控的犯罪是否为被告人所实施；(四)被告人有无刑事责任能力，有无罪过，实施犯罪的动机、目的；(五)实施犯罪的时间、地点、手段、后果以及案件起因等；(六)是否系共同犯罪或者犯罪事实存在关联，以及被告人在犯罪中的地位、作用；(七)被告人有无从重、从轻、减轻、免除处罚情节；(八)有关涉案财物处理的事实；(九)有关附带民事诉讼的事实；(十)有关管辖、回避、延期审理等的程序事实；(十一)与定罪量刑有关的其他事实。”相应地，《刑事诉讼法》第51条规定：“公诉案件中被告人有罪的举证责任由人民检察院承担，自诉案件中被告人有罪的举证责任由自诉人承担。”一般认为，举证责任和证明责任是同义词，可以相互替换使用。[1] 实务中对于该条文的理解是，检察院应当承担被告人有罪的证明责任，既包括提供证据的责任，又包括待证事实真伪不明时承担败诉风险的结果责任。

结合《刑事诉讼法》和《刑事诉讼法解释》的规定可知，在实体法事实范围内，由检察院承担证明责任的事实主要包括《刑事诉讼法解释》第72条第1款中的前6项与犯罪构成要件该当性、违法性及有责性相关的事实，这些事实往往也是被告人当庭翻供时的“争点”。若被告人单纯否认这些事实形成“争点”，则应当由控方补充举证直至达到证明标准。

然而，现行规定依然存在两点模糊之处：一是对于《刑事诉讼法解释》第72条第1款第7项规定的被告人从重、从轻、减轻、免除处罚情节的量刑事实的证明责任应当如何分配？二是若被告人当庭翻供时提出了积极抗辩事由，对该事由的证明责任又该如何分配？

对于从重处罚的量刑事实，可以通过体系解释的方法明确其证明责任分配。检察院承担被告人有罪的证明责任，判断其证明责任是否完成适用《刑事诉讼法》

[1] 参见何家弘、刘品新：《证据法学》(第7版)，法律出版社2022年版，第340页。

第200条的规定,“案件事实清楚,证据确实、充分,依据法律认定被告人有罪的,应当作出有罪判决”,根据该条款,我国刑事诉讼的有罪证明标准是“案件事实清楚,证据确实、充分”。同时,《刑事诉讼法解释》第72条第2款规定:“认定被告人有罪和对被告人从重处罚,适用证据确实、充分的证明标准。”由于定罪事实和从重处罚的量刑事实适用相同的证明标准,反推可知检察院承担被告人有罪和对被告人从重处罚的证明责任。实际上,对定罪事实和从重处罚的量刑事实的证明是密不可分的,检察院在提交证据证明被告人是否成立犯罪的同时,也必然会证明犯罪行为的不法程度,即是否存在从重处罚的量刑情节。对于从轻、减轻、免除处罚情节的量刑事实,由于检察院负担客观义务,一般也应当由公诉人提交相应证据。虽然相关规定未明确证明责任的分配,实务中的做法往往也是由辩方积极举证,但不能据此理解为应当由被告人承担证明责任。被告人自愿举证是其行使诉讼权利的体现,但不应当因没有提出相应证据而承担不利后果。

对于积极抗辩事由的证明责任,则需要学术理论加以补充。有学者指出同样可以通过体系解释的方法明确被告人不承担证明责任,因为《刑事诉讼法》中并没有将排除犯罪事由的证明责任分配给被告人的规定,尤其是第200条关于“证据不足,不能认定被告人有罪的,应当作出证据不足、指控的犯罪不能成立的无罪判决”的规定,更充分地反映出检察机关承担全部证明责任的意旨。[1]

3. 采信的证明标准应为“足以产生合理怀疑”

检察院提交被告人庭前供述是为了完成其所负担的对于被告人有罪和罪重的证明责任,由于对被告人供述和辩解的审查要结合全案证据,口供内容往往关系着主要犯罪事实的认定,对翻供的审查应当适用“案件事实清楚,证据确实、充分”的证明标准。《刑事诉讼法》第55条第2款对“证据确实、充分”标准进行了细化规定:“证据确实、充分,应当符合以下条件:(一)定罪量刑的事实都有证据证明;(二)据以定案的证据均经法定程序查证属实;(三)综合全案证据,对所认定事实已排除合理怀疑。”因此,对于庭前有罪供述的采信适用“排除合理怀疑”的证明标准。

被告人当庭翻供追求的是无罪或罪轻的判决结果,既然控方提交庭前供述证明被告人有罪和罪重的标准是“排除合理怀疑”,那么当庭翻供采信标准应当为足

[1] 参见纵博:《刑事证据规则的解释原理与路径》,载《法学》2022年第3期。

以令法官对指控事实“产生合理怀疑”。当庭翻供所提出的辩解作为辩方证据,只要能够动摇法官的心证,对被告人有罪的指控产生合理怀疑,即达到了证明的目的。这是因为,从理论上看,同一个案件中存在当庭翻供提出的辩解和庭前供述两份内容相互矛盾的证据,二者各自的证明力是此消彼长的。若庭前供述使得被告人有罪的可能为90%,则当庭翻供使得被告人无罪的可能为10%。那么当庭翻供只要使被告人无罪的可能超过10%,就足以令法官无法定罪,即使被告人提出了积极抗辩事由,也并不需要让证明被告人无罪的可能性达到50%以上的程度。

然而,2021年《刑事诉讼法解释》第96条第2款和第3款规定了当庭翻供和庭前供述存在矛盾时的采信规则,将“与其他证据相互印证”作为取舍口供的证明标准,现存的难题是应该如何理解这一规定确立的证明标准?

首先,不应当僵化理解基于印证方法的证明标准,避免对翻供的审查流于形式。基于印证的证明方法有其科学性,能够体现证据之间相互支撑的关系。印证证明方法的作用机理是通过数份所含信息内容相同或所含信息指向相同的证据相互证明,来证明案件事实存在。其理论基础是真理的融贯论和真理的符合论,即内部各命题协调一致的系统和与系统没有矛盾的命题是真理,且各命题必须符合客观实在,具有可靠性,这就要求证据之间相互印证且印证证据具有可靠性,是基于案件事实的自然因果关系产生的。[1] 在出现矛盾口供时,以“与其他证据相互印证”标准进行判断是不可或缺的实用手段,能够帮助法官识别明显虚假的当庭翻供。

但是,印证方法也有其局限性,如果僵化理解“与其他证据相互印证”之标准,容易导致对证据真实性的描述浮于表面,导致事实认定不准确。一方面,2021年《刑事诉讼法解释》第96条要求通过口供与其他证据的相互印证来证明口供的真实性,并且进而证明案件事实,这一规定偏重真理的融贯论。然而内部各命题协调一致仅是真理的必要非充分条件,虽然真理内部的各命题一定协调一致,但内部各命题协调一致的并不都是真理,如神话等完全捏造的系统内部各命题也是协调一致的。该理论反映到印证的证明方法中则体现为,完全虚假的两份证据之间仍可能相互印证,进而用以证明完全虚假的事实。另一方面,口供中包含多个案件事实,从主观的罪过、犯罪目的、犯罪动机到客观的犯罪行为、犯罪时间地点、犯罪工

---

〔1〕 参见龙宗智:《刑事印证证明新探》,载《法学研究》2017年第2期。

具、同案犯等,被告人翻供时要么否认供述的全部案件事实,要么否认供述的部分案件事实。但强调印证关系可能导致因口供中部分案件事实有证据印证进而采信全部口供的情形,比如仅仅根据多个非案件主要事实有证据印证,就援引 2021 年《刑事诉讼法解释》第 96 条采信包含案件主要事实的全部口供,并回避审查被告人就案件主要事实进行的翻供。考虑到上述两方面因素,应当将《刑事诉讼法解释》第 96 条理解为仅对翻供的审查认定提出形式化印证要求和证据数量要求。如果将第 96 条理解为对翻供的全部审查要求,那么在这种审查认定方式下,庭审中翻供将难以得到采信,被告人的辩护权甚至有被架空的风险。因为公诉人准备的其他证据必然会围绕口供形成稳定的印证关系,而被告人的翻供难以动摇这种稳定的印证关系。

其次,既然僵化理解《刑事诉讼法解释》的“与其他证据相互印证”标准不足以保障法官审查翻供的准确性,并且有悖于立法意图,那么应当以上位法即《刑事诉讼法》第 55 条中的“排除合理怀疑”的刑事诉讼证明标准来纠正这种僵化理解,以保证正确、充分地把握翻供的审查标准。法官对翻供的审查认定仍然应当以自由心证为主,对庭前供述的采信适用“排除合理怀疑”标准,对翻供的采信适用“产生合理怀疑”标准,如此,能够避免审查因机械适用“与其他证据相互印证”标准而流于形式。

对于庭前供述,适用“排除合理怀疑”标准更符合刑事诉讼原则。2021 年《刑事诉讼法解释》第 96 条第 2 款规定可以采信庭前供述的情形为:“被告人庭审中翻供,但不能合理说明翻供原因或者其辩解与全案证据矛盾,而其庭前供述与其他证据相互印证的……”此时被告人的翻供明显不具有真实性,无法形成有效的“争点”,自然不会被法官采信。但是对于庭前供述的采信也不能仅依据其与在案证据原本就存在的印证关系。《人民法院诉讼证据规定适用指南》中甚至并未收录该条第 2 款中此部分的内容。即使被告人当庭翻供失败,庭前供述的证明力也不会被当然认可,必须通过质证的程序进行调查核实后达到“排除合理怀疑”标准才能够被采信。

对于当庭翻供,2021 年《刑事诉讼法解释》第 96 条第 3 款所列举的情形都可以通过“产生合理怀疑”标准的适用得到解决。该条款规定:“被告人庭前供述和辩解存在反复,但庭审中供认,且与其他证据相互印证的,可以采信其庭审供述;被告人庭前供述和辩解存在反复,庭审中不供认,且无其他证据与庭前供述印证的,不得采信其庭前供述。”在前者的情况下，被告人庭审中供认，审理过程不存在“争点”，也不会出现审查难点，印证关系只是被告人供述满足口供补强规则的体现。在后者的情形中，被告人的翻供可能使“争点”形成，但是并未区分不同类型的翻供，无从判断是通过何种方式、能否满足“产生合理怀疑”的标准。真正产生法律效果的其实是庭前供述无法与其他证据相互印证这一要素，其必然会令法官对于被告人是否有罪“产生合理怀疑”，实际上也属于适用“产生合理怀疑”标准的情形。

综上可见，对2021年《刑事诉讼法解释》第96条规定的口供审查标准应当避免僵化和形式化的解读，否则不仅不利于解决翻供审查难题，还可能招致庭审虚化的风险，本书认为，应当适用作为上位法的《刑事诉讼法》中规定的刑事诉讼证明标准来解读第96条的具体含义。

（二）案例的启发

1. 司法中常用印证方法审查当庭翻供

法官对被告人的当庭翻供进行实质回应的常见方式是说明在案证据与庭前有罪供述相互之间如何印证，以展现对翻供内容涉及的案件事实的认定过程。在“刘某波受贿案”中，被告人刘某波当庭翻供，认为其妹妹刘某苔收受彭某斌的30万元是由于妹夫唐某与彭某斌之间有债权债务关系，不是受贿。法官认为：被告人刘某波利用职务上的便利为彭某斌谋取利益，向彭某斌提出资助其妹妹刘某苔，彭某斌送给刘某苔30万元，被告人刘某波事前告知其妹要用于过年和还账，事后也知悉；证人彭某斌、刘某苔、孙某、万某的证言证实了上述事实，被告人刘某波也在调查阶段于岳阳县监察委和审查起诉阶段于岳阳县人民检察院作了多次供述，虽然唐某与彭某斌之间确实有经济往来，但与被告人刘某波通过刘某苔收受彭某斌30万元的贿赂无关；没有证据证明彭某斌给被告人刘某波的妹妹刘某苔30万元是用于偿还自己欠唐某的债务。[1] 可见，法官不予采信翻供所提出的辩解的主要理由是其无法与在案证据形成印证关系。

同时，法官还会考察不同种类的证据之间的相互印证关系，对于翻供内容涉及的事实予以认定，避免对于单一书面证人证言的过度依赖。例如，在“孙某受贿案”中，被告人提出曾通过孙某1退还给李2某6万元，该6万元应从受贿数额中

〔1〕 参见湖南省岳阳县人民法院刑事判决书，(2019)湘0621刑初278号。

核减。法院经审理查明:“自 2014 年至 2017 年期间,李 2 某的建设银行卡中有七次 1 万元 ATM 机现金存入情形,时间分别为 2014 年 5 月 5 日、2016 年 1 月 3 日、2016 年 7 月 2 日、2016 年 11 月 2 日、2017 年 5 月 7 日、2017 年 5 月 19 日、2017 年 8 月 1 日。由于李 2 某的银行卡第一笔 1 万元现金收入发生在 2014 年 5 月 5 日,即使该笔款项系孙某转入,该时间距孙某开始收受李 2 某等人贿赂(2012 年底)的时间也较远,不属于‘收受请托人财物后及时退还或上交’的情形,且证人孙某 1、李 2 某的证言均不能证实该款项系退还的贿赂款。同时,从证人李 2 某、厉某东、汪某等的证言来看,三家游戏机室分别于 2016 年 6 月以后均关停,也不再向孙某交纳‘治安费’,而前述所提的七次李 2 某的银行收入中,有五次发生在 2016 年 7 月至 2017 年 8 月,同样不属于‘及时退还’的情形,不宜认定孙某退还了李 2 某受贿款 6 万元。”[1]此案中对翻供的审查结合了银行转账记录和证人证言,既有实物证据又有言词证据,形成了完整的证据链,对翻供所提辩解不予采信的结论合理可信。同时,此案法官将翻供涉及的事实认定作为控辩双方争议的主要问题并予以专门回应,体现了法官对翻供审查的重视。

此外,法官还会基于相互印证的间接证据进行推理,以应对难以运用直接证据证明要件事实时的证明难题,例如,被告人否认主观故意时的证明问题。在“宋某彬贪污案”中,被告人宋某彬当庭翻供,称不知道同案犯吴某隐瞒了社保安置名额。法院认为:经查,被告人宋某彬作为石庙村文书、村民委员会主任全程参与了连乐铁路在石庙村的征地拆迁项目,并负责审核报送石庙村社保安置人员的相关资料,其在多次会议中及文书材料中知晓了石庙村社保安置名额。但其在得知在吴某处可以购买社保名额后,积极招徕不符合社保安置条件的村民购买社保收取相应钱款,并在截流 6 万元用于自己挥霍后,余下部分交吴某支配。其在具体实施对不符合安置条件的村民进行社保安置过程中,明知吴某出售的社保安置名额属于石庙村集体所有的多余社保名额,仍然利用职务便利,按照吴某的授意在安置花名册上为不符合社保安置条件的村民盖章并伪造了石庙村村民委员会主任签名,从而将吴某隐瞒的 13 名社保安置名额做实,以此达到将出售隐瞒社保安置名额的部分钱财占为己有的目的。由此可见,被告人宋某彬主观上具有协助吴某占有所隐瞒社保安置名额的故意,客观上实施了将社保安置名额变现的行为,其行为属于贪污公

---

〔1〕 湖北省襄阳市中级人民法院刑事判决书,(2020)鄂 06 刑终 347 号。

共财产的行为。[1] 法官通过被告人的行为推知其有共同贪污的故意,说理较为充分,逻辑较为严密。

2. 印证标准的大量适用存在形式化可能

尽管运用印证方法也是审查翻供的有效手段,但是印证标准的大量适用存在一定风险。比如,可能基于庭前有罪供述满足了形式化的印证标准而轻易认可其证明力,然后将供述内容中被告人有罪或罪重的部分作为已查明的事实对待,简单地以当庭翻供和庭前供述不一致为由认定被告人是在当庭虚假陈述。除此之外,对印证标准的偏重还可能表现为强调被告人庭前有罪供述的稳定性来认可供述的证明力。比如,被告人在调查阶段前后多次作出稳定有罪供述,其在庭审中翻供时,如果只注重印证关系,那么翻供一般不会得到支持,因为在案证据以有罪证据为主。由此可能导致对当庭翻供和庭前供述的审查流于形式,也使被告人提出的不同意见被轻视和忽略。

对印证标准进行实质理解需要走出只关注庭前有罪供述与其他证据浮于表面的印证关系的思维误区,而应从刑事诉讼证明标准入手,以“证据确实、充分”的标准检视在案证据,重点关注证明有罪的证据是否存在疑点,认定被告人有罪的结论是否足以令人排除合理怀疑。

3. 被告人是否承担举证责任取决于当庭翻供的不同类型

通过对案例的梳理,本书发现,可以将被告人的当庭翻供分为单纯否认的翻供和提出积极抗辩事由的翻供。若被告人采取单纯否认的翻供,则只需要给出翻供的合理原因,同时翻供内容也不违反常理常情的,一般都会令法官产生合理怀疑,并不需要由被告人举证证明翻供所提辩解的真实性,而是由控方补充举证。若被告人采取提出积极抗辩事由的翻供,则需要承担提供证据的责任。

(1)单纯否认的翻供一般不需要被告人举证

单纯否认的翻供是指被告人仅否认庭前供述,不提出与争议事实相矛盾的其他事实。在贪污受贿案件中,单纯否认的翻供可分为被告人给出翻供的合理原因和被告人没有给出翻供的合理原因两类,前者在翻供内容没有明显违反常理时一般都能令法官产生合理怀疑,而后者往往不会被法官采纳。

如果被告人不能给出翻供的合理原因,那么当庭翻供一般都不会得到法官的

---

[1] 参见四川省乐山市市中区人民法院刑事判决书,(2020)川1102刑初322号。

支持。在相当多的案件中，被告人无法给出合理解释是法官驳回翻供的主要理由。以“孙某彬受贿案”为例，被告人孙某彬在留置调查期间主动供述，“曾于2017年到2019年在南京市城市名人酒店房间内、南京市城市名人酒店茶馆内、南京市江苏大厦18楼李某的办公室内以及南京市江宁区审计局附近收受李某贿赂共计160,000元”；但在庭审中，孙某彬翻供称：“在名门茶馆收了60,000元属实，在审计局收了10,000元属实，其余指控不属实。”法院认为：“被告人孙某彬在侦查阶段多次供述均承认多次收受李某贿赂的事实……该事实与行贿人陈述的行贿的时间、地点、方式等情节印证，且被告人孙某彬无合理解释证明其辩解的理由，故该辩解，本院不予采纳。”[1]孙某彬在翻供时仅否认庭前供述，没有提出其他事实，属于单纯否认的翻供，其翻供内容无法影响公诉人对争议事实即“孙某彬收受李某贿赂共计160,000元”的证明程度，这是因为当庭翻供连是否具有合理原因的初步审查都没有通过，无法使得“争点”形成。此时，由于不存在“争点”，公诉人对争议事实的证明达到了排除合理怀疑的标准，争议事实符合法律意义上的真实，公诉人解除了相应的证明责任。

判决书中的常见做法是直接指出被告人没有就翻供给出合理原因，部分判决书中会进一步说明被告人基于何种类型的理由翻供是合理的。例如，趋利避害属于翻供的合理原因，在“鲁某华贪污案”中，被告人翻供的理由为：“其2018年3月16日起所作供述笔录都是在惧怕留置室密闭环境、惧怕家庭财产及退休金被冻结退赔，且受到诱导的情况下，按照侦查工作人员既定金额形成，部分内容不真实。”被告人没有提出排除非法证据的申请，其行为仍属于不因非法证据的翻供，前后陈述不一致的原因可概括为趋利避害。法院认为：“应当全面审查被告人庭前供述、辩解及其他证据的稳定性与一致性，同时考虑其翻供的理由，从而判断其移送起诉之前供述的真实性……以上鲁某华到案后表现，符合被告人趋利避害、避重就轻的侥幸心理，在多日政策教育及思想工作下，最终形成的稳定供述，基本事实一致，细节上有些许不同之处，更显示了每次讯问笔录的客观性和真实性，结合证人证言、书证等综合判断，本院认为，鲁某华的翻供不能成立。”[2]在此案中，法官进入了翻供内容真实性的实质审查环节，同时承认了被告人基于趋利避害心理翻供是一种

---

〔1〕 江苏省镇江市京口区人民法院刑事判决书，(2020)苏1102刑初249号。
〔2〕 浙江省宁波市江北区人民法院刑事判决书，(2018)浙0205刑初183号。

合理原因。

如果被告人能够给出翻供的合理原因,而符合常理的翻供一般都足以形成争点,则法官一般不会要求被告人举证,当控方无法补充举证或者举证不力使法官仍然存在合理怀疑时,法官就会对庭前供述不予采信。在"杨某1受贿案"中,被告人当庭翻供后没有补充提交证据,但其翻供经过法官认真审查后依然得到了支持。法院认为:"指控的第6笔事实,即被告人杨某1收受彭某2人民币20万元,此笔事实仅有证人彭某2的证言,被告人杨某1的供述及证人韩某1的证言均认为是彭某2替林某雅偿还的借款,且证人彭某2翻供(应当是翻证),故此笔事实不予认定为受贿行为。"[1]此案说明翻供得到支持并不完全依赖于辩方举证,如果被告人的当庭辩解使得证据锁链无法形成,同样可以动摇法官心证。同时,法官对翻供的审查是从其他证据与庭前供述的矛盾点入手,没有简单地以被告人庭前存在过有罪供述为由就否定庭审中辩解的证明力,是对2021年《刑事诉讼法解释》第96条提出的印证方法的准确运用。该案法官及时发现了控方提交的有罪证据的薄弱之处,即使辩方并未补充提交证据,也认定了翻供与其他证据的印证关系。在该案中,无论是对辩方不利的证据还是有利的证据,法官均一视同仁,此种裁判也是认真对待翻供的体现。

(2)提出积极抗辩事由的翻供需要被告人承担举证责任

通过对案例的梳理,本书发现在贪污受贿案件中,提出积极抗辩事由的翻供的常见情形如下:①被告人提出将公共财物用于公务支出而非据为己有的辩解以否认贪污的供述。例如,在"曹某贪污案"中,被告人曹某庭前供述,"和欧某在印制耕保卡业务中套取了68万元,其中23万元占为己有用于个人消费,并没有交给智源公司",后曹某翻供称:"23万元是州国土局暂时存放在智源公司的,后均被用于代国土局处理、支付车费、酒费及招待费等欠款。"[2]又如,在"高某剑贪污案"中,被告人高某剑庭前供述,"空刷军粮指标套取的军粮款大部分被用于了个人炒股",后高某剑翻供称:"空刷军粮指标套取的军粮款主要用于招待、接待、发过节费、军需股基础建设、向上级部门及领导送礼等。"在庭审中,高某剑又翻供称:"空刷军粮指标套取军粮款是按照领导指示做的,领导知情且支持,军粮款的处理是按

---

〔1〕 湖南省慈利县人民法院刑事判决书,(2020)湘0821刑初36号。

〔2〕 湖南省吉首市人民法院刑事判决书,(2019)湘3101刑初121号。

照领导意思进行的,或用于公务开支或用于发过节费等,没有私吞。"[1] ②被告人提出利用工作上的便利、利用自身技术等途径获取合法报酬而非利用职务之便的辩解以否认贪污的供述。例如,在"代某刚贪污案"中,被告人代某刚在庭前供述中声称:"在姚安县林业局的异地林项目中,以姚安县林业站的名义,组织林管员施工,在工程结束后将剩余的30,728元项目工程款归个人使用。"但在庭审中,代某刚翻供称:"不是以林业站的名义组织林管员施工,是以自己的名义组织林管员施工,没有利用职务上的便利。"[2] ③被告人提出所收财物是借款的辩解以否认受贿的供述。例如,在"缪某显受贿案"中,被告人缪某显庭前供述,"收受闵某10万元和16万元,为闵某组织网络赌球一事得到从轻处罚提供帮助",后缪某显翻供称:"收受闵某的16万元属借款。"[3] ④被告人提出所收财物是劳动报酬、中介费、货款、提成、分红、利息等合法所得的辩解以否认受贿的供述。例如,在"刘某禄、张某峰受贿、贪污案"中,被告人刘某禄在2013年9月19日和9月23日两份口供中供述:"在担任赣研所所长期间,因钟某承租赣研所店面开药店和酒店收受钟某23万元感谢费。"而在其他多份口供中,刘某禄辩称:"23万元是入股钟某的药店和酒店所得分红。"[4] 又如,在"冯某华受贿、玩忽职守案"中,被告人冯某华庭前供述,他于2015年2月13日收受温某镇转账的7.7万元,温某镇说7.7万元是拿给他过年用的,为了感谢他在工程项目验收、拨款等方面的关照。后冯某华翻供称:"7.7万元是温某镇支付的水泥瓦钱。"[5] ⑤被告人提出所收财物是人情往来等他人赠与的辩解以否认受贿的供述。例如,在"郭某受贿案"中,被告人郭某庭前供述曾于2012年准备儿子婚礼前收受了姚某20万元现金,他认为这20万元现金是姚某借着儿子结婚给他送的感谢费。后郭某翻供称收受姚某给他儿子结婚的20万元贺礼,是与姚某的礼尚往来,在姚某儿女结婚时,郭某也送姚某玉雕作为贺礼。[6]

实践中一般会要求提出积极抗辩事由的被告人承担提供证据的责任,但并不

---

[1] 江苏省泰州市海陵区人民法院刑事判决书,(2017)苏1202刑初353号。
[2] 云南省姚安县人民法院刑事判决书,(2020)云2325刑初15号。
[3] 云南省陆良县人民法院刑事判决书,(2019)云0322刑初525号。
[4] 江西省高级人民法院刑事判决书,(2017)赣刑终100号。
[5] 贵州省施秉县人民法院刑事判决书,(2020)黔2623刑初81号。
[6] 参见青海省西宁市中级人民法院刑事判决书,(2018)青01刑初47号。

意味着被告人只要提交了证据就能使翻供得到支持。被告人可能因为所提交的证据缺乏合法性、辩方证据之间的印证关系不够有力等而翻供失败。例如,在"叶某萌受贿案"中,法院否定了辩方证据的合法性,认可控方证据之间的印证关系。被告人辩称其从没有收过吴某2的钱,辩护人提交了被告人女友刘某3红与吴某2的谈话录音及录音书面记录一份,证明在刘某3红与吴某2谈话过程中,吴某2多次承认其没有送钱给被告人。法院认为,该份证据系在未征得证人同意的情况下偷录的,取证方式不合法。同时,公诉机关提交的证人吴某2的证言、被告人叶某萌在侦查阶段的供述、证人金某、严某、沈某2、陈某3的证言及施工承包合同、建设工程施工合同、协议书等书证证据来源及形式合法,证据间能够相互印证,证实该笔受贿事实。[1]

对于被告人承担的提供证据的责任,法官一般会适用"产生合理怀疑"的证明标准。由于公诉人需要排除合理怀疑地证明犯罪成立,被告人对积极抗辩事由的证明只要达到了足以令法官产生合理怀疑及以上的程度,就意味着公诉人无法排除合理怀疑地证明犯罪构成要件事实,此时被告人就完成了有效辩护。例如,在"刘某某受贿、贪污、滥用职权案"中,法院认为:"对公诉机关指控被告人刘某某犯受贿罪的第1~6起犯罪事实,经查,被告人刘某某与柳某某之间存在借贷往来的辩解成立……公诉机关所提供的受贿罪有罪证据无法排除二人之间存在其他经济往来的合理怀疑……"[2]被告人刘某某提出他与柳某某之间是借贷关系的积极抗辩事由,以否认他承认所受柳某某财物的性质为贿赂的庭前供述,同时,刘某某申请3名证人出庭作证并提交转账记录,完成了提供证据的责任,使公诉人对他所受柳某某财物的性质为贿赂的证明没有达到排除合理怀疑的证明标准,是一种有效辩护。该案的判决体现了这一立场,法院认为指控第1~6起受贿罪的证明标准无法达到事实清楚,证据确实、充分,故对相应的案件事实不予认定。

(三)学术理论中的发现

关于刑事诉讼中控辩双方的证明责任分配,现行规定中仅有《刑事诉讼法》第51条规定公诉案件中被告人有罪的举证责任由人民检察院承担,结合《刑事诉讼法解释》第72条可知,检察院承担证明责任的事实范围主要包括与犯罪构成要件

---

〔1〕 参见浙江省丽水市莲都区人民法院刑事判决书,(2016)浙1102刑初766号。

〔2〕 湖南省岳阳市屈原管理区人民法院刑事判决书,(2018)湘0691刑初40号。

该当性、违法性及可责性相关的事实，但就其中是否包括被告人当庭翻供时提出的积极抗辩事由这一问题存在较大争议。被告人是否应当就其提出的积极抗辩事由承担证明责任？这需要学术理论加以明晰。通过对现有学术文献的梳理可以发现，学界比较支持被告人翻供时应当根据“谁主张，谁举证”原则承担提供证据的责任，但是不需要达到承担结果意义证明责任的程度。以下进行详细阐述。

1. 提出积极抗辩事由的被告人应当承担提供证据的责任

一般认为，被告人提出的积极抗辩事由包括关于被告人责任能力的事实主张、关于被告人行为合法性或正当性的事实主张、关于侦查人员或执法人员行为违法性的事实主张和关于被告人不可能实施犯罪行为的事实主张。[1] 被告人有可能提出的是“幽灵抗辩”，如果这些事由的证明责任由公诉人承担，那么即使花费大量时间，耗费巨量司法资源也可能难以查清。因此，应当根据“谁主张，谁举证”原则将提供证据的责任分配给被告人。

已有文献也指出，依据“谁主张，谁举证”原则让被告人承担提供证据的责任不会有悖于无罪推定原则。无罪推定原则与“谁主张，谁举证”原则并行不悖，无罪推定原则明确整个案件的证明责任由提出犯罪指控的公诉人承担，案件中具体事实的证明依然遵循“谁主张，谁举证”原则。[2] 无罪推定原则要求，公诉人需要提出被告人有罪的事实主张，并提供证据证明其有罪指控以及说服法官相信有罪指控。在假定被告人无罪的条件下，根据“谁主张，谁举证”原则也能得到同样的结论，即为了推翻被告人无罪的假定，公诉人需要提出被告人有罪的事实主张并提供相应的证据。

不仅如此，已有文献进一步指出，证明责任分配不能只考虑无罪推定原则，无罪推定原则的适用不代表被告人无论在任何情况下都不需要承担提供证据的责任，因为还需要兼顾利益衡量原则和诉讼便利原则。所谓利益衡量原则，是指基于刑事政策、证明的难易、诉讼效率的考虑而将提供证据的责任分配给被告人。[3] 所谓诉讼便利原则，是指根据经验法则判断让通常举证更为便利的一方承担提供证据的责任，或根据盖然性预测让事实主张不符合通常情况的一方承担提供证据

〔1〕 参见何家弘、刘品新：《证据法学》（第7版），法律出版社2022年版，第365～366页。

〔2〕 参见何家弘、刘品新：《证据法学》（第7版），法律出版社2022年版，第365页。

〔3〕 参见卞建林、谭世贵主编：《证据法学》（第4版），中国政法大学出版社2019年版，第466～467页。

的责任。[1] 还有学者认为,应当考虑诉讼经济、加强被告人权利保障、特殊刑事政策、公平性、方便性和证据距离等要素来分配提供证据的责任。[2] 当被告人提出具有积极辩护意义的事实主张时,考虑到举证便利和诉讼效率,提供证据的责任就会转移到辩方。综上可见,学界较为支持被告人在提出积极抗辩事由时应当承担提供证据的责任。

2. 提出积极抗辩事由的被告人不承担结果意义的证明责任

面对当庭翻供的具体情形时,法官需要根据我国刑事审判的现状、刑事庭审在案证据的样态,综合考虑被告人举证的必要性和现实可能性。即使被告人因为提出了积极抗辩事由而需要承担提供证据的责任,也不必承担争议事实真伪不明时的败诉风险,通过对现有文献的进一步梳理可以发现学界对前述观点的支持。

首先,从刑事实体法的角度出发,回溯到犯罪成立条件的层面,在我国刑法理论中,积极抗辩事由也可以被解释为属于控方证明的范围。在三阶层理论中,积极抗辩事由属于违法性部分的证明事项,是犯罪成立的消极要件。在四要件理论中,支持犯罪构成的 4 个方面囊括了构成要件符合性、违法性和有责性 3 个方面的全部内容;四要件均具有入罪和出罪功能,行为符合具体犯罪的犯罪构成,就意味着该行为不可能具备正当防卫、紧急避险等排除犯罪性事由。[3] 无论是认可三阶层理论还是四要件理论的观点,均承认排除犯罪性事由属于是否构成犯罪的必备要素。[4] 可见,控方要证明犯罪成立,就不能仅止步于证明构成要件成立,还包括排除积极抗辩事由的存在。

其次,从刑事程序法的角度出发,通过历史解释可知,立法者也倾向于不让辩方承担提出积极抗辩事由在结果意义上的证明责任。现行《刑事诉讼法》关于控方承担有罪证明责任的规定自 2012 年入法,立法者指出,对于被告人不在犯罪现场、未达到刑事责任年龄、属于依法不负刑事责任的精神病人的证据,被告人及其辩护人也可以要求司法机关进行调查、收集有关材料,这是辩方享有的诉讼权利,

---

〔1〕 参见卞建林、谭世贵主编:《证据法学》(第 4 版),中国政法大学出版社 2019 年版,第 468 页。

〔2〕 参见李静:《犯罪构成体系与刑事诉讼证明责任》,载《政法论坛》2009 年第 4 期;龙宗智:《证明责任制度的改革完善》,载《环球法律评论》2007 年第 3 期。

〔3〕 参见黎宏:《我国犯罪构成体系不必重构》,载《法学研究》2006 年第 1 期。

〔4〕 参见李昌盛:《积极抗辩事由的证明责任:误解与澄清》,载《法学研究》2016 年第 2 期。

不行使这项权利,不能导致有罪的法律后果。[1] 可见,举证与否对被告人来说更像是一种自由选择,而非为了避免败诉后果的必要举措。当然,如果被告人提出的违法和责任阻却事由明显不成立,且未提供证据,则要承担法官不考虑该事由的风险。[2]

再次,出于无罪推定原则的适用考虑,如果在具体事实的证明中不强调控方负担结果意义的证明责任,被告人的证明负担就会更重,更容易滋生“有罪推定”。无罪推定原则的适用难点主要在于我国刑事庭审以控方提交的有罪证据为主,诉讼的初始状态就处于无罪推定大概率被推翻的情形。被告人很少能够熟练运用无罪推定原则和相关的证明责任分配规则达成逃避惩罚借机脱罪之目的,而往往是处于被动不利的一方。在被告人翻供的场合,实际上当庭翻供的被告人都会承担提供证据的责任,而被告人一般都会因为举证能力有限而难以完成举证任务。但如果强调适用无罪推定原则,有罪证明责任由控方承担,法官就会更加审慎地对待当庭翻供和庭前供述。

另外,即使让控方负担积极抗辩事由的结果意义的证明责任,也不会存在耗费大量司法资源也无法收集相关证据的“幽灵抗辩”难题。在职务犯罪中,被告人当庭翻供提出的积极抗辩事由的常见类型并不是“幽灵抗辩”,而是属于负担客观义务的检察官应当调查取证的范围。

被告人翻供所提的积极抗辩类型包括合法来源抗辩与合理使用抗辩,合法来源抗辩多见于受贿案件,合理使用抗辩常见于贪污案件。在受贿案件中,被告人常见的辩解理由包括收受的财物是基于借贷、投资收益、人情往来、劳动报酬等正当事由,以此否定利用职务便利。[3] 在贪污案件中,“幽灵抗辩”的典型表现之一就是被告人辩称将公共财物用于公共事务,以此否定个人的非法占有目的。[4] 以辩称收受的财物为借贷而非贿赂的翻供为例,能够证明被告人主张的证据有:证明借贷合意的凭证,如借条;证明被告人有还款行为的转账记录,以及借款人的证人证言。实际上,被告人所称的“借款人”亦是该案控方所称的“行贿人”,在调查阶段,

---

〔1〕 参见全国人大常委会法制工作委员会刑法室编:《关于修改〈中华人民共和国刑事诉讼法〉的决定:条文说明、立法理由及相关规定》,北京大学出版社 2012 年版,第 45 页。

〔2〕 参见纵博:《刑事证据规则的解释原理与路径》,载《法学》2022 年第 3 期。

〔3〕 参见罗猛、邓超:《贿赂犯罪证明模式研究》,载《中国刑事法杂志》2016 年第 4 期。

〔4〕 参见万毅:《“幽灵抗辩”之对策研究》,载《法商研究》2008 年第 4 期。

"行贿人"往往都会作为证人接受询问,并提供证明被告人有受贿行为的证人证言,其与受贿人之间的转账记录也会被监察机关调取。如果存在借条等凭证,在对被调查人的居所进行搜查时也会有所收获。可见,控方有足够的办案力量和调查手段获取证据证明被告人的积极抗辩事由不成立,被告人提出的事实主张也并未超出控方的查案范围。即使证据存处于只有被告人知晓的秘密地点,也可以通过被告人提供线索申请法院调查的方式获取。容易出现争议的地方在于主观方面的证明,如被告人声称是被勒索才将公共财物交予他人,此时可以通过申请证人出庭等方式查清是否属实。

职务犯罪中"幽灵抗辩"的证明难题,本质上是国家力量支撑的调查权能否足以对抗此类犯罪的隐蔽性。即使要求特定情形下被告人对辩护事实承担证明责任,也可以借助检察官所负的保证客观义务尤其是借助法官所负的依职权澄清义务。[1] 在控方有能力提供相应证据,裁判者能够恰当运用诉讼程序解决证明难题的现状下,以有举证上的便利为由要求当庭翻供的被告人承担完全的证明责任不尽合理,反而使检察官从全面收集证明被告人有罪和无罪的证据的客观义务中得以脱身,令司法机关怠于承担对处于弱势地位的诉讼当事人的关照义务。不能一味地苛求能力不足的被告人举证,更应当着力于通过司法机关的帮助来补足被告人的举证能力。

最后,虽然被告人要承担提供证据的责任,但基于现实情况之考量,在被告人举证困难时,法院应当履行一定的照顾义务。一般情况下,被告人完成举证任务的现实可能性较低。自被决定留置起,被调查人的行动能力就受到限制,到审查起诉乃至庭审阶段,被告人都可能一直处于被羁押状态,无法主动收集对己有利的证据。同时,被告人也很难将收集证据的工作交由律师代为完成,因为作为被调查人时就难以获得律师的有效帮助,即使能够会见律师并提供相关的收集线索,律师在行使调查取证权时也是顾虑重重。[2] 在大部分情况下,被告人当庭翻供时是无法提供能够相互印证的证据的,故不存在所谓的举证便利,而至多提供一些线索。被告人提出线索申请法院调查取证时,法院能够调取的,一般都应当同意收集。被告

[1] 参见欧卫安:《辩护事实论要——案件事实的一种新分类》,载《法商研究》2019 年第 5 期。

[2] 参见欧卫安:《论刑事被告人的证明责任及其履行——以积极辩护为中心》,载《法学评论》2018 年第 5 期。

人申请证人出庭，在不会导致诉讼过分拖延的情况下，一般都应当允许。存在积极抗辩事由时，通过构建一套建基于"照顾义务"之上的证据调查申请权，可以让被告人切实获得无罪推定的保障。[1]

（四）启发与小结

对不因非法证据翻供的审查认证是动态的过程，法官应当根据证明责任分配规则和证明标准督促控辩双方举证质证，使审查摆脱形式化。首先，法官应当提高认证质量，避免因受案卷材料影响而对当庭翻供抱有偏见，应当以审慎中立的态度，对口供是否具有一致性、翻供是否具有合理原因、是否有违常理进行初步审查。在结合其他证据对翻供内容进行实质审查的过程中，警惕形式化适用印证标准，以避免架空刑事诉讼证明标准。其次，应当根据"谁主张，谁举证"原则和无罪推定原则明确证明责任分配，被告人单纯否认事实时无须负担提供证据的责任，但在提出积极抗辩事由时承担形成"争点"的提供证据的责任。再次，检察官应尽客观义务，全面收集证明被告人有罪、罪重、罪轻、无罪的证据，不应仅关注证明犯罪构成要件成立及情节严重的证据，还需考虑与被告人可能提出的积极抗辩事由相关的证据。由于口供内容一般涉及案件主要事实，庭前供述一旦得到采信往往就会使得有罪指控成立，控方的证明标准依然是"排除合理怀疑"的刑事诉讼证明标准。最后，被告人应当尽量收集能够证明其翻供内容真实性的证据或线索，必要时也可以申请由法院进行调查，要求其承担一定的司法照顾义务，避免法院不予认可辩方收集的证据的合法性。辩方对于翻供内容的证明只需达到令法官产生合理怀疑的程度。对被告人适用更低的证明标准和完善口供审查的配套措施，是为了保障被告人能够有效行使辩护权以及保障无罪的人不受追究，但不代表是对被告人以拖延诉讼为目的随意翻供的虚假陈述行为的容忍。概言之，规范当庭翻供的审查过程，是为了实现不枉不纵、宽严相济的刑事司法目标。

三、关于不因非法证据翻供对量刑情节的影响之评价

当庭翻供对于被告人的量刑有实质性影响。当庭翻供得到支持时，被告人将得以减轻刑罚，甚至被宣告无罪。当庭翻供未受支持时，翻供行为本身将成为认定量刑情节的重要考虑因素。法官可能以被告人拒不认罪为由从重处罚，或否定被

---

〔1〕 参见李昌盛：《积极抗辩事由的证明责任：误解与澄清》，载《法学研究》2016年第2期。

告人可能成立的自首等法定从宽情节,不过实践中以翻供影响法定从宽情节较为常见,故本部分的讨论集中于可能受翻供影响的法定从宽情节。

如何评价不以非法证据为由的翻供对量刑情节的影响是一个实践难题。关于当庭翻供究竟是属于行使辩护权的正当行为,还是应当视为被告人拒不认罪的恶劣表现这一问题,理论界和实务界的观点不一。学者们往往从权利保护的角度出发,对当庭翻供行为持宽容态度。有观点认为,没有必要过分解读被告人"否认指控"的行为,因为裁判结果不是仅由被告人的供述或辩解单方面决定的。即使被告人当庭翻供,也未必会影响定罪量刑。无论被告人认罪还是不认罪,案件事实都需要法官结合控辩双方提供的证据全面审查后才能认定。也有观点认为,在坚持不被强迫自证其罪原则的基础上,被告人对行为性质和相关犯罪事实的辩解,甚至是当庭翻供,都是行使诉讼权利的行为,不能作为拒不认罪的表现。即使是一般程度上的认罪态度不好,也不应作为从重处罚的理由。

实务界则基于案件审理经验加以判断,在约定俗成的实践用语中,"翻供"指代犯罪嫌疑人、被告人推翻先前供述,作出内容不一致的陈述的行为,翻供一般都是虚假的。[1] 从本质上看,理论界与实务界的分歧在于"翻供"的定义是否包含了虚假陈述。学者们不会预断翻供内容的真实性,且认为其并非对案件真相的否定。[2] 与之相反,法官们大多对当庭翻供内容的真实性持怀疑态度。前述两种定义实际上分别对应的是从被告人翻供到法官决定是否采信这一过程中的两个阶段,故而本部分在两种意义上描述当庭翻供的内涵。第一种意义出现在被告人翻供的初期,此时存在的是行为意义上的翻供,即被告人在庭前作出过有罪供述,但是当庭又对检察机关指控的事实提出异议,与庭前供述不一致的行为。第二种意义出现在当庭翻供经过法官审查的后期,此时存在的是结果意义上的翻供,即法官决定不予采信,导致被告人被认定为没有如实供述,进而影响以如实供述为成立要件的法定量刑情节,如自首、坦白和认罪认罚,或当庭翻供行为被单独评价为认罪态度不好的酌定量刑情节。主张保护权利者实质上指向的是行为意义上的翻供,即被告人可以在法庭上不受干扰、无须多虑地提出异议,而不会招致与其罪责不相

---

[1] 参见张军、黄尔梅主编、最高人民法院刑事审判第一庭编著:《最高人民法院自首、立功司法解释:案例指导与理解适用》,法律出版社 2012 年版,第 111 页。

[2] 参见欧卫安:《翻供的证据法意义》,载《法学论坛》2007 年第 1 期,第 119 页。

当的严惩。尽管该观点具有一定的倡导意义,但是结果意义上的翻供才会对量刑产生实际影响,其评价方式更值得深究。

如前所述,《刑事诉讼法解释》第96条规定的印证标准在一定程度上化解了当庭翻供的审查难题,但却又会引发新的讨论。相关条款将“能与其他证据相互印证”作为判断标准,而在大部分情况下与占主要地位的控方证据相互印证的庭前供述更可能被采信,当庭翻供就会给人留下“一般为虚假”的直觉经验。有学者指出,当采用“能与其他证据相互印证”作为辩解的采信标准时,辩解的证明价值会被低估,导致被告人翻供成功的难度增加。采信标准印证化之后带来的风险是控辩双方在原有证据已存在偏在结构的基础上进一步失衡。[1]有学者也表达过相关担忧,被告人庭前有罪供述与其他证据相互印证的状态或许只是一种形式化的印证,并不意味着庭前供述的证明力更高,反而会误导裁判人员。[2]

考虑到控方有较强的证据收集能力,其获取与庭前有罪供述内容上相互印证的证据并非难事。同时,由于刑事诉讼中长期存在司法机关相互配合的一体化倾向和流水线的办案模式,法官对于检察官呈递的证据的态度是信任多于质疑,重建构而轻解构。[3] 此外,国家机关的权力配置和政治地位也会产生一定影响。监察委具有调查和监督的权能,行使权力具有高度自主性,[4]仅有当庭翻供很难动摇监察委收集的证据的真实性及监察委提出的相关建议的重要性。

综上,当庭翻供所提出的辩解的低采信率是多种因素造成的,其中被告人是否有脱罪企图并不是唯一决定因素。即使辩解未被采信,也不能仅归咎于被告人认罪态度不好或主观恶性大,也不等于被告人是在恶意对抗诉讼,需要根据具体情况区分出具有可责性的恶意翻供行为和正当行使诉讼权利的行为。但在1998年最高人民法院《关于处理自首和立功具体应用法律若干问题的解释》(以下简称《自首和立功解释》)中,却将当庭翻供等同于体现主观恶性的虚假陈述,与否定量刑情节相挂钩。

---

〔1〕 参见吴洪淇:《印证的功能扩张与理论解析》,载《当代法学》2018年第3期。

〔2〕 参见陈瑞华:《刑事证据法的理论问题》,法律出版社2015年版,第191~192页。

〔3〕 参见龙宗智:《论贿赂犯罪证据的客观化审查机制》,载《政法论坛》2017年第3期。

〔4〕 参见陈邦达:《推进监察体制改革应当坚持以审判为中心》,载《法律科学(西北政法大学学报)》2018年第6期。

为使对当庭翻供的评价回归客观理性，本书提出了区分具体情况的递进式评价方法，这一方法将翻供内容和行为本身分别进行评价，以期有效解决当庭翻供所具有的正当性与可责性之间界限不明的问题。该方法的具体内容为，先根据翻供内容判定翻供行为是否具有可责性，再根据具体情节要求确定翻供行为的可责性程度是否足以影响量刑情节。此种评价方法不仅契合现有规定的立法精神，符合宽严相济的刑事政策，还有助于消解将当庭翻供行为视为认罪态度不好的偏见。

因此，在被告人当庭翻供的场合，规范的处理流程应当分为对行为意义上的翻供进行审查以及对结果意义上的翻供进行评价两个部分。

在第一部分，被告人此时只是作出了行为意义上的翻供，法官应当秉持客观中立的立场，避免受到法外因素影响，不能未经审查就主观臆断翻供内容为虚假，从而直接认定诉讼效果。基于任何人不得被强迫自证其罪的原则，法官应当尊重被告人提出不同意见的权利，具体表现为认真对待翻供的审查过程。审查过程可以分为对翻供的初步审查、控辩双方补充举证质证、对翻供的最终审查3个阶段。首先，初步审查庭前供述是否存在反复、被告人能否就前后供述不一致给出合理原因。其次，在被告人翻供通过初步审查之后，进入对其翻供内容的实质审查。根据“谁主张，谁举证”原则确定由哪一方负担提供证据的责任，对于存在举证困难的被告人，司法机关应当履行一定的照顾义务。最后，经过双方举证质证，法官结合控辩双方提供的所有证据以及被告人的全部供述和辩解进行综合认证，依据“产生合理怀疑”标准，最终决定是否采信当庭翻供提出的辩解。

在第二部分，法官根据审查结果评价翻供的诉讼效果，此时行为意义上的翻供转化为结果意义上的翻供。翻供内容涉及的事实认定已经完成，取而代之的问题是“被告人出现当庭翻供”是否能作为一个新的事实影响定罪量刑。对于翻供得到支持的情形，被告人已然实现了所欲追求的诉讼效果，此时翻供行为属于被告人行使辩护权的正当行为，不必再对其另作评价。对于翻供未受支持的情形，则运用递进式的评价方法区分具体情况。

首先，根据翻供内容判断其是否足以影响量刑情节，这一步旨在区分出对行为性质的辩解和对个别事实的异议行为。这两类行为本身具有正当性，即使不被支持，被告人也不会因此受到加重处罚。只有被告人对主要犯罪事实的翻供未受支持时，实则为虚假陈述的翻供行为本身才足以体现被告人对抗诉讼的主观意图，成为足以影响量刑情节的考虑因素。

其次,将具有可责性的当庭翻供行为与其他因素结合考虑,综合评价被告人是否符合法定从宽情节的适用条件,判断翻供行为本身能否实际对量刑情节产生影响。这一步旨在评估被告人当庭翻供行为可责性的程度,确定当庭翻供行为对量刑情节所产生的实际影响。在被告人可能成立自首或坦白情节时,若将翻供行为加上退赃、退赔等其他行为综合评价后得出被告人的人身危险性较高的结论,则否定自首或坦白情节的成立。被告人在庭前已签署认罪认罚具结书的,仅有当庭翻供不足以表明被告人反悔,只有被告人作出撤回认罪认罚的意思表示时,才不再适用认罪认罚从宽的规定。

(一)法规、细则的发现

通过梳理相关法律法规发现,当庭翻供行为并非天然地就具有可责性,在未被判决不予支持之前,其本质上仍属于被告人行使辩护权的正当行为。被告人翻供不等于就是在虚假陈述或无理狡辩。在出现翻供的场合,无罪推定原则具体体现为对翻供内容的真实性不作有偏见的预断。任何人都不被强迫自证其罪,不能仅以被告人当庭翻供为由就认定其有对抗诉讼的恶意和逃避罪责的企图。因此,未经实质审查的翻供不等同于影响量刑情节的“拒不认罪”。对翻供进行审查,实际上是在两份内容矛盾的口供之间取舍,不能止步于形式化的印证标准并轻易采信庭前有罪供述,判决被告人有罪和罪重仍应当遵循“证据确实、充分”的标准。即使经过审查后对翻供不予支持,被告人的量刑情节也未必会受到影响,还需根据翻供的内容和具体的量刑情节要求来确定。一般而言,对行为性质的辩解不影响自首情节的成立,对个别事实的否认也不影响被告人“认罪”。

1. 被告人翻供是不被强迫自证其罪的体现

我国1998年签署加入的《公民权利和政治权利国际公约》第14条第3项即规定了被告人享有自我辩护及不被强迫自证其罪的权利。2012年起,我国《刑事诉讼法》第50条也确立了不得强迫任何人自证其罪的原则,并为2018年《刑事诉讼法》所沿用。被告人当庭翻供是其行使辩护权的一种方式,即使被告人在庭前曾经作出过有罪供述,也不妨碍其在庭审中对法律适用和事实认定提出异议。在未经法院宣判有罪前,被告人都应当被推定为无罪,其提出自己罪轻或无罪的辩解,是不被强迫自证其罪的应有之义。

2. 翻供行为并非当然与量刑情节挂钩

（1）对行为性质的辩解不影响量刑情节

相关规定主要明确翻供是否会影响法定从宽量刑情节，但并未将所有翻供行为都予以负面评价，而是留有余地，即当翻供指代被告人庭审前后陈述不一致的行为时，翻供后形成的新的当庭陈述也被称为"辩解"，而享有辩护权的被告人提出辩解，无可厚非。2004年，最高人民法院在《关于被告人对行为性质的辩解是否影响自首成立问题的批复》中指出："被告人对行为性质的辩解不影响自首的成立。"除了自首，认罪认罚的适用也不受"对行为性质的辩解"的影响。2019年最高人民法院、最高人民检察院、公安部、国家安全部、司法部《关于适用认罪认罚从宽制度的指导意见》（以下简称《认罪认罚指导意见》）第6条规定："承认指控的主要犯罪事实，仅对个别事实情节提出异议，或者虽然对行为性质提出辩解但表示接受司法机关认定意见的，不影响'认罪'的认定。"2015年最高人民检察院公诉厅《关于转发〈浙江省人民检察院关于公诉环节口供审查工作指引〉的通知》中规定："辩解是指犯罪嫌疑人罪轻、无罪的申辩，翻供是一种特殊形式的辩解。"2021年《刑事诉讼法解释》第96条也将辩解作为翻供同义替换使用。这些规定从文本上体现了对于被告人辩护权的保护。

（2）对个别事实翻供不影响量刑情节

除了将翻供内容定性为"辩解"以避免对量刑情节产生影响，相关规定中还存在另一种做法，就是直接规定程度较轻微的翻供行为不影响量刑情节。

对于可能适用认罪认罚的案件，如前所述，《认罪认罚指导意见》第6条已经规定了在两类情形下都不影响认罪的认定。

对于可能适用自首从宽的案件，翻供行为一般是通过影响"如实供述"要件的成立而导致无法认定自首，但较低程度的虚假翻供不会产生影响。2010年最高人民法院《关于处理自首和立功若干具体问题的意见》（以下简称《自首和立功意见》）第2条规定："虽然投案后没有交代全部犯罪事实，但如实交代的犯罪情节重于未交代的犯罪情节，或者如实交代的犯罪数额多于未交代的犯罪数额，一般应认定为如实供述自己的主要犯罪事实。"这一规定是基于1998年的《自首和立功解释》修改而成，相比于原有规定认为翻供都会影响自首认定的立场，《自首和立功意见》也体现了逐渐摆脱对出现当庭翻供行为的被告人一律在量刑上从严惩处的思维定式。与区分翻供和辩解的法律效果相比，规定对部分事实提出异议不影响量刑的做法直接承认了翻供的合理性，凸显了对于被告人辩护权的尊重，也避免了提出相近概念而导致定性上的模糊不清。

3. 等同于虚假陈述的翻供行为才足以否定量刑情节

将翻供与否定量刑情节相挂钩的部分规定，实际上包含了将翻供行为等同于虚假陈述，体现被告人企图逃避刑事责任的主观意愿，需要加重处罚的立场预设。例如，1998 年的《自首和立功解释》中规定："犯罪嫌疑人自动投案并如实供述自己的罪行后又翻供的，不能认定为自首，但在一审判决前又能如实供述的，应当认定为自首。"可见，被予以消极评价的翻供行为指向的是被告人负隅顽抗的无理狡辩，因此才需要用刑罚的手段加以惩处，具体的方式就是否定可能成立的法定从宽情节。自首之所以能从宽，是被告人的认罪态度好。然而，过于重视被告人的认罪表现，却无视被告人在调查初期自动投案及如实供述为办案提供的便利，恐怕并不符合自首从宽制度的设立本意。当前自首从宽的考虑因素已经从过去的以认罪态度为主转向了兼顾主客观方面，因此被告人庭前如实供述为办案机关提供的便利也需要重视。

另一种理解是，司法解释的制定者认为当庭翻供是一种拖延诉讼进程的行为，即使庭前如实供述带来了司法资源的节省，当庭翻供行为客观上也造成了司法资源的浪费。但这不足以成为对当庭翻供一概而论的理由，不加区分地以当庭翻供为由否定自首情节的成立的做法不符合比例原则。如果把当庭翻供行为都看作对诉讼进程的阻碍，那么其消耗的司法资源和庭前节省的司法资源是否在任何情况下都能相提并论？自首情节最高可带来基准刑 40% 的刑罚减让，假设被告人仅对个别事实翻供且不被采信，并未给案件审理带来很大困难，但机械适用相关规定否定了自首情节，使被告人的刑罚因此增加了 40%，无疑将导致罪责刑不相适应。因此，不能仅凭条文的字面含义就将翻供行为和否定量刑情节简单对应。

《自首和立功解释》不但首次将翻供与量刑情节挂钩，还在一定程度上明确了翻供的内涵包括虚假陈述。司法解释的制定者使用"翻供"一词，不仅仅指代的是被告人当庭提出与庭前供述不一致意见的行为，更重要的是被告人有虚假陈述行为，因此才需要对翻供进行惩罚。从逻辑上看，此规定内容合理，并无矛盾。但是出现翻供即否定自首的表述却容易给裁判者带来误导，将否定虚假翻供的范围不当扩张到否定所有辩解行为。将所有的翻供都贴上虚假陈述的标签，是一种有罪推定。翻供内容的真实性有待于根据具体案情、结合在案证据进行审查，立法者的设想无法代替司法者在个案中的判断,因此在制定法规时就进行立场预设并不合适。应当认为,更为准确的表达是只有虚假的翻供才能影响自首情节。

在相关法规中,将翻供与虚假陈述紧密联系已经成了习惯。从2021年发布的《监察法实施条例》第214条(2025年修改后为第245条)中涉及翻供的相关内容来看,法规制定者依然认为翻供行为包含了虚假陈述的内涵。2025年《监察法实施条例》第245条第1款规定:“涉嫌职务犯罪的被调查人有下列情形之一,如实交代自己主要犯罪事实的,可以认定为监察法第三十四条第一项规定的自动投案,真诚悔罪悔过……”第2款规定:“被调查人自动投案后不能如实交代自己的主要犯罪事实,或者自动投案并如实供述自己的罪行后又翻供的,不能适用前款规定。”不过,相比于《自首和立功解释》中将翻供与自首的整体认定直接挂钩的做法,此条规定对于翻供和量刑情节之间的关系表述得更加清晰具体,能够减少适用方面的误解。从第1款和第2款的对应关系可知,能够影响法定量刑情节成立的,应当是体现被告人并未真诚悔罪悔过的虚假翻供行为。翻供并不会直接影响量刑情节的成立要件“自动投案”或“如实供述”,而是通过虚假陈述体现主观恶意,说明被告人改造难度大、人身危险性高,据此导致量刑情节的认定发生改变。

4. 如实供述是被告人成立法定从宽量刑情节的关键因素

等同于虚假陈述的翻供行为将导致自首等从宽情节不成立,相应地,如实供述则受到鼓励,被告人可据此获得不同程度的量刑减让。2021年,最高人民法院、最高人民检察院《关于常见犯罪的量刑指导意见(试行)》中规定:“……(六)对于自首情节,综合考虑自首的动机、时间、方式、罪行轻重、如实供述罪行的程度以及悔罪表现等情况,可以减少基准刑的40%以下;犯罪较轻的,可以减少基准刑的40%以上或者依法免除处罚。……(七)对于坦白情节,综合考虑如实供述罪行的阶段、程度、罪行轻重以及悔罪表现等情况,确定从宽的幅度。1. 如实供述自己罪行的,可以减少基准刑的20%以下;2. 如实供述司法机关尚未掌握的同种较重罪行的,可以减少基准刑的10%~30%;3. 因如实供述自己罪行,避免特别严重后果发生的,可以减少基准刑的30%~50%……”因此,即使被告人出现了翻供行为,只要不影响如实供述的认定,综合考虑之后仍然可能成立自首和坦白等法定从宽情节。

综上,翻供相关规定中的立场变化体现了权利保护意识正逐渐深入人心。具体表现为,从过去将所有翻供行为一律等同于虚假陈述,转变为如今消除先入为主的偏见,逐渐重视证据审查的程序;从过去对翻供的被告人动辄加重处罚,发展到如今注重对被告人行为的整体评价和综合认定,有一定的容错性。正是基于此种变化,实践中产生了对翻供认真审查、区分情况具体评价的需求。

(二)案例的启发

1. 不被采信的翻供未必影响量刑情节

不被采信的翻供未必一定与否定量刑情节挂钩,法官往往会有一定的裁量空间,并不会武断地认为被告人确为拒不认罪,或认罪态度不好。在“张某受贿案”中,被告人存在行为意义上的当庭翻供,虽然庭前供述了全部的受贿事实,但是当庭对于是否索贿以及收受的财物的性质提出了辩解。不过法院并没有认定存在结果意义上的翻供,即使最终并未采信被告人的辩解,也依然判定被告人成立自首情节。法院认为:“在案证据不能证实监察机关是在掌握了何种违法、犯罪证据的情况下对张某实施的留置,张某在留置期间主动如实交代了全部受贿、行贿事实,根据最高人民法院、最高人民检察院《关于办理职务犯罪案件认定自首、立功等量刑情节若干问题的意见》,其受贿、行贿行为均应以自首论,并依法予以从轻或减轻处罚……辩护人提出的张某在提起公诉前如实供述、真诚悔罪、积极退赃,应从轻处罚的量刑意见与审理查明的事实相符,本院酌予采纳。”〔1〕在此案中,甚至公诉机关都对被告人的当庭表现持宽容态度,认为张某仍属于悔罪态度良好,当庭认罪认罚。可见,被告人当庭翻供与表示认罪的两个行为之间并不存在必然的冲突。

即使法官将被告人的翻供行为解读为认罪态度不好的体现,也会结合其他行为综合评价,如是否有退赃、退赔行为,认罪态度并不是从轻处罚的决定性因素,被告人仍有较大的提出不同意见的空间。在“韩某三受贿案”中,被告人韩某三否认的事实既包括主观方面又包括客观方面,从性质上来说属于对主要事实翻供。从定量的角度来看,被告人对占全部犯罪数额62.9%的部分翻供,已经达到否认大部分事实的程度。但法院认为:“被告人韩某三归案后能够如实坦白其犯罪事实,有较好的认罪态度,但在庭审中无正当理由对部分事实翻供,整体认罪态度一般。鉴于本案受贿赃款已全部追缴,依法对其从轻处罚。”〔2〕可见法官在认定是否坦白时,不会仅因为存在翻供就否定坦白或者如实供述,而是综合庭前、当庭的表现,整

〔1〕 内蒙古自治区乌海市海南区人民法院刑事判决书,(2019)内0303刑初29号。

〔2〕 山东省淄博市博山区人民法院刑事判决书,(2020)鲁0304刑初122号。

体进行判断。

成立法定从宽情节的关键仍在于是否符合法律规定的条件，自首情节和坦白情节均要求被告人“如实供述”，但这并非要求被告人完全放弃提出异议的权利，只要被告人概括地认罪，或者对主要事实认罪，依然有较大的可能性符合从宽情节的成立条件。在“王某怀受贿案”中，被告人当庭表示认罪，但辩解收受行贿人的财物不具有请托事项，其辩解未得到采信。法院依然判定成立自首情节：“被告人王某怀主动投案，如实供述其收受贿赂的犯罪事实，且对受贿罪当庭自愿认罪，是自首，对其犯受贿罪可以从轻处罚。”[1]共同犯罪中也是如此，被告人未达到对主要事实翻供的程度，依然可以成立自首。例如，在“李某民、徐某中、蒋某良贪污案”中，三名被告人中有两名被告人翻供，但依然成立自首情节。被告人李某民、徐某中对李某民是否与村民实际签订承包合同与庭前供述不一致，当庭翻供称与村民实际签订了承包合同，承包合同是真实的。法院认为：“被告人李某民、徐某中虽在庭审中翻供称承包合同是真实的，但对私分侵吞油茶抚育金的主要犯罪事实供认不讳，三被告人的行为符合自首条件。”[2]又如，在“朱某斗受贿案”中，被告人当庭表示认罪，另对部分事实辩解。法院认为：“被告人朱某斗到案后如实供述其非法收受他人贿赂的罪行，且能当庭自愿认罪，是坦白，对其犯受贿罪可从轻处罚。”[3]

即使被告人对主要事实翻供，法官也不会轻易以被告人出现当庭翻供行为就否定其庭前如实供述行为的法律效果。在“孙某东受贿案”中，法院认为：“虽然被告人孙某东在被组织约谈时，如实供述了尚未被掌握的受贿罪的犯罪事实，但其在开庭审理时当庭对受贿 12 万元的主要犯罪事实予以否认，该否论并非单纯对行为性质的辩解，而系对犯罪故意之主观构成要件事实的否认，不应当认定其犯受贿罪部分为自首……其到案后如实供述受贿罪的部分犯罪事实，可以酌情从轻处罚。”[4]在“张某徽受贿案”中也反映出同样的立场。法院的评价虽然否认了自首情节，但还是保留对调查阶段如实供述的酌情从轻处罚。法院认为：“被告人张某徽虽自动投案，但当庭否认大部分受贿犯罪事实，故其行为不应认定自首。对其自

〔1〕湖北省江陵县人民法院刑事判决书，(2020)鄂 1024 刑初 35 号。

〔2〕湖南省邵阳县人民法院刑事判决书，(2018)湘 0523 刑初 323 号。

〔3〕湖北省江陵县人民法院刑事判决书，(2019)鄂 1024 刑初 28 号。

〔4〕福建省厦门市集美区人民法院刑事判决书，(2018)闽 0211 刑初 949 号。

动投案情节及如实供述部分受贿事实，调查阶段主动交代监察机关尚未掌握的大部分受贿事实，及案发前退还部分赃款的情节，量刑时酌情考虑。”〔1〕不以对少部分事实翻供行为的存在就否定对大部分事实的如实供述，是法官们遵循比例原则的体现。

整体而言，实务中对翻供行为秉持较为客观中立的立场，不会将翻供等同于体现被告人企图逃避刑事责任的虚假陈述，或随意地就以翻供为由从重处罚。翻供作为可能出现法定量刑情节不成立的消极因素，不再被赋予过多的权重。法官们会综合考量被告人的整体表现，从罪责刑相适应的角度出发，既承认庭审前主动如实供述的积极作用，又能仔细甄别庭审中体现主观恶性的无理狡辩。

2. 对主要犯罪事实进行虚假陈述的翻供才会影响量刑情节

一般而言，影响量刑情节的翻供在两方面具备可责性：一是行为性质属于虚假陈述，二是达到对主要事实翻供的严重程度。司法实践中说理充分的裁判文书会展现被告人对主要犯罪事实进行虚假供述和法定从宽情节不成立之间的因果关系，既有对翻供程度的关注，又会对行为性质加以说明。例如，在“杨某林受贿案”中，法院认为：“被告人杨某林对关键事实予以翻供，翻供的犯罪情节重于如实供述的犯罪情节，且翻供内容与全案证据相矛盾，根据最高人民法院《关于处理自首和立功具体适用法律若干问题的解释》第 1 条第 2 项的规定，犯罪嫌疑人自动投案并如实供述自己的罪行后又翻供的，不能认定自首。”〔2〕该案法官不仅点明了被告人翻供内容的程度，而且对比了虚假供述与如实供述的轻重，贯彻了比例原则，还在最后运用了印证标准，说明其对翻供已展开了认真审查，查明了被告人当庭翻供实为虚假陈述的性质，并据此否定自首情节。该裁判文书说理透彻，逻辑清晰，有理有据。

同时，实践中也会在“本院认为”部分仅强调翻供程度足以影响量刑情节而不必重复说明翻供的虚假性质。例如，在前述“孙某东受贿案”中，法院认为：“虽然被告人孙某东在被组织约谈时，如实供述了尚未被掌握的受贿罪的犯罪事实，但其在开庭审理时当庭对受贿 12 万元的主要犯罪事实予以否认，该否认并非单纯对行为性质的辩解，而系对犯罪故意之主观构成要件事实的否认，不应当认定其犯受贿

---

〔1〕 辽宁省沈阳市中级人民法院刑事判决书，(2020)辽 01 刑初 114 号。

〔2〕 四川省筠连县人民法院刑事判决书，(2019)川 1527 刑初 110 号。

罪部分为自首。"[1]此种做法也有合理性,因为法官在裁判文书的查明事实部分已经将被告人翻供内容涉及的事实认定问题作为争议焦点加以回应,充分展现了相关证据的印证关系和推理过程。由于裁判文书的前文已经说明了对翻供不予采信的原因,在法院认为部分就无须赘述翻供的虚假陈述性质。同时,这一做法也符合法官群体的用语习惯,因为实务中使用的"翻供"往往指代结果意义上的翻供,包含了虚假陈述,会造成量刑情节不成立的消极后果。

此外,也有法官在确定翻供对量刑情节影响时,选择强调被告人通过虚假陈述体现出来的主观恶性。在"柯某朴受贿案"中,法院认为:"柯某朴在整个侦查和诉讼阶段都没有如实向办案部门供述自己的罪行,在侦查阶段曾试图以普通民间借贷关系隐瞒其索取10万元的事实,在诉讼阶段则出于轻判的目的隐瞒其索取10万元的真实意图。因此,柯某朴不存在坦白情节,对辩护人提出的柯某朴具有坦白情节应予以轻判的意见,本院不予采纳。"[2]此案中,被告人对全部事实翻供,没有区分翻供程度的必要。对全部事实翻供的内容皆为虚假,足以体现其意欲逃避罪责的企图,主观恶性较大。

可见,超出了合理限度的翻供表明被告人系在有意拖延诉讼、干扰法官,此种翻供行为才需要运用刑罚手段加以惩罚,而惩罚的方式就是取消原本可能获得的量刑减让,否定自首等法定从宽情节的成立。量刑减让的换取不应以减损权利为代价,而应作为被告人主动放弃对社会的加害行为的奖励。与之对应,在合理限度内以翻供的方式提出异议,是被告人行使辩护权利的合法行为,而非在与公权力做对抗,此时被告人的翻供反而是在揭露案件真相,在提供使法官的认识向事实更进一步的合力。

(三)学术理论中的发现

1. 对当庭翻供行为应区别评价

(1)当庭翻供不等于需要从重处罚的拒不认罪

学界呼吁应贯彻无罪推定原则,以客观中立的态度对待翻供,不能将其等同于被告人拒绝接受改造的恶劣行为。有学者认为,依据无罪推定原则,被告人即使涉嫌刑事犯罪,也应当享有作为诉讼主体的权利,并且不能因自己正当行使权利的行

---

〔1〕 福建省厦门市集美区人民法院刑事判决书,(2018)闽0211刑初949号。

〔2〕 广东省阳江市中级人民法院刑事判决书,(2020)粤17刑终164号。

为承受不利后果。[1] 也有学者从证据裁判原则出发,认为对拒不认罪的行为从重处罚将产生两个悖论:一是有损被告人包括质证权在内的辩护权,二是导致公诉人与审判人员的庭审程序角色错位,庭审将沦为对公诉方证据进行确认的“走过场”。最后经分析得出,对于被告人拒不认罪的各种情形,公诉人和法官皆有可行的法律对策。对被告人的当庭翻供行为从重处罚,既不应当也无必要。[2] 还有观点认为“拒不认罪,从重处罚”既会对被告人辩护权进行限制和剥夺,又会导致法官将当庭翻供行为与认罪态度评价捆绑,进而否定对被告人从宽处理的法定量刑情节的成立。这一政策在实务中的运用是中华人民共和国成立初期“坦白从宽,抗拒从严”的刑事政策的延伸,其合理性存在于特定的历史阶段和时代背景。因此,随着政权的巩固和法治建设逐步走上正轨,该刑事政策正在逐渐失去其部分正当性。[3]

(2)当庭翻供和辩解的区分方法

为了避免“一刀切”式地对翻供行为予以负面评价,一种可行方式是从中区分出“对行为性质的辩解”,这也是较多规定在处理翻供是否影响法定从宽情节问题时所采用的方法。但由此又引发了如何定义“对行为性质的辩解”的问题,对此,目前学界多数观点采取的是较为限缩的解读方式,即认为“对行为性质的辩解”是指被告人基于对法律不同的理解而为争辩,不涉及事实上的改述。因此,只对法律适用提出不同见解不会影响法定量刑情节成立要件的认定,毕竟“如实供述”是事实判断,考察的是被告人供述与事实的相符程度,而“辩解”是法律判断。[4] 这一解释具有实际意义,因为不具备法学专业知识的被告人对犯罪行为的法律定性产生不同理解是正常现象,提出异议无可厚非。

被告人也可以针对在案证据合理质疑检方的指控未达证明标准。因为在庭前的调查阶段和审查起诉阶段,被调查人处于信息相对封闭的状态,几乎无从了解证据的收集情况,司法人员也只会向其透露已获取的有罪证据,促使其认罪。在

---

〔1〕 参见白冰:《刑事司法中的“翻供恐惧症”及其破解——以被告人阅卷权为切入的分析》,载《理论探索》2020年第4期。

〔2〕 参见封安波:《“拒不认罪、从重处罚”的证据裁判主义审视》,载《法律科学(西北政法大学学报)》2017年第4期。

〔3〕 参见郭海清:《“拒不认罪”不应成为“从重处罚”的理由》,载《法学》2011年第12期。

〔4〕 参见吴占英:《坦白成立要件“如实供述自己罪行”理解探微》,载《法学杂志》2016年第10期。

开庭审理时，被告人诉讼主体的地位才能得到实际意义上的保障，此时被告人可以通过证据调查环节获知现有证据，有效参与案件事实的证明。对于检方证据的薄弱之处进行质疑，是被告人行使质证权的体现。虽然被告人提出异议在表面上似乎是否定犯罪事实存在的翻供行为，但实质上是在针对证明标准和证明规则的适用提出不同意见，也应视为正常的辩解行为，将其评价为不影响量刑情节的行为。

2. 应从量刑情节的要求判断当庭翻供的效果

(1)法定从宽情节的认定均为翻供留有空间

由于翻供可能影响的大多是法定从宽情节，有研究从可能涉及的具体法定量刑情节入手，发现认罪认罚、自首和坦白等情节的成立不会因翻供的出现而被当然否定。

对于自首情节，有学者认为，要分析被告人辩解的内容，只有能够对被告人的定罪量刑产生重大影响的翻供，才足以阻碍自首的成立。被告人如实供述的认定不会因供述内容出现改变就被轻易否定，还要区分自首的不同情况把握认定翻供的严格程度。[1]

对于坦白情节，有学者认为被告人在一审判决前即使有翻供，只要最后如实供述，也不影响坦白的认定，因为其主观上仍然有接受国家追诉的自觉性，而最初的供述也在客观上为案件侦办提供了方便。[2]

对于认罪认罚，在认罪认罚从宽制度实施初期，有观点认为被告人庭前自愿认罪接受处罚、签署过认罪认罚具结书的，若在庭审时出现翻供行为，则视为对认罪认罚的反悔，导致认罪认罚具结书失效。然而，现今学界对此持有不同见解。自认罪认罚从宽制度实施以来，各方面的研究逐渐深入，从对概念的解释进入了权利构建和程序设计的阶段。大部分学者认为撤回认罪认罚是被告人所享有的一项权利，即“反悔权”，享有反悔的自由是保障被追诉人自愿认罪认罚的有效手段。赋予被告人反悔权，既有利于确保认罪认罚的自愿性，也能避免对被告人辩护权的限制。反悔权的行使有一定的要求，被告人可以通过当庭翻供并表示不再认罪认罚的方式行使反悔权，但不是所有翻供行为都能被解读为反悔。有学者认为二者存

---

〔1〕 参见蔡智玉：《对自首被告人庭审翻供的审查》，载《人民司法》2020 年第 14 期。

〔2〕 参见赵学军：《坦白的正当化根据与合法性适用》，载《法律适用》2019 年第 7 期。

在不同的权利保护要求,出现翻供时的采信规则旨在保障被告人的辩护权,而明确认罪认罚撤回的效果目的在于保障被告人供述的自愿性。[1] 因此,被告人当庭翻供不一定即是表示反悔,还可能是为了寻求再次协商的机会,故不必然导致认罪认罚失效。

(2)影响量刑情节的当庭翻供需体现被告人的人身危险性升高

自首和坦白制度在设立之初是作为对确有悔改之意的犯罪嫌疑人在量刑上的一种奖励,承载了更多的公正价值,自首和坦白从宽的理论依据建立在被告人良好的认罪态度之上。但随着研究的深入,对人身危险性的评估替代了对认罪态度的考察。这是因为自首和坦白行为是合法的法律行为,一般对法律行为的评价是从客观方面入手的,这与评价犯罪行为时需要考虑主观方面有所不同。"自首或坦白情节的成立"与"根据情节决定从宽幅度",应当是两个既相互联系又相互区别的步骤,最终确定是否适用自首从宽或坦白从宽。[2] 传统的"悔罪说"并未区分自首行为的认定和自首从宽处理,主观因素不仅限于影响从宽幅度,还被加入自首行为的判断之中,这种观点过度夸大了被告人认罪态度的意义,不利于在实际适用中把握。"人身危险性说"既承认了被告人的认罪态度有一定影响,又兼顾了多种因素进行综合判断,以人身危险性作为量刑的主要考虑因素,这种观点符合刑罚个别化原则,有助于实现对犯罪的特殊预防。

有学者借用法律行为学说解释自首和坦白的适用,认为当庭翻供会影响被告人量刑的原因在于其体现了被告人拒绝接受裁判和处罚的意思表示。[3] 此种见解本质上是将自首和坦白理解为被告人的意思表示,被告人能否获得从宽处理取决于其外在表现的认罪态度,而当庭翻供正是认罪态度不好的表现。但实际上自首和坦白的适用更类似于"条件成就"而非"意思表示"。自首和坦白是否成立应当按照相关要件进行考察,"自动投案"和"如实供述"都是对事实状态的认定,而非对被告人主观状态的评价。

试想,尽管被告人在调查阶段如实供述,事实上帮助了办案人员的工作顺利推进,但被告人在最后关头推翻了部分供述,于是判定其认罪态度不好,所以不成立

---

〔1〕 参见肖沛权:《论被追诉人认罪认罚的反悔权》,载《法商研究》2021 年第 4 期。

〔2〕 参见邓晓霞:《自首制度的理论与实践反思》,中国政法大学出版社 2016 年版。

〔3〕 参见万毅:《自首制度的程序法解读》,载《江苏行政学院学报》2013 年第 1 期。

自首，不能减轻或从轻处罚，由此就会产生一个悖论：庭审中庭前供述得到采信，意味着在调查阶段有罪供述的真实性得到了承认，则认定被告人“如实供述”的情形自然不成问题，满足自首的成立要件。然而，在出现当庭翻供以后，被告人最终却因成立要件之外的“认罪态度不好”使得全案无法被认定为自首，这很有可能导致罪责刑不相适应。

因此，当庭翻供未受支持时被告人无法得到从宽处理，所影响的并不是“如实供述”的成立要件，而是从宽处理的考虑因素。在确认被告人存在自首或坦白行为后，才进入量刑评价的环节，此时才需要将被告人的主观状态纳入考虑范围，从而决定对基准刑的调节幅度，将人身危险性作为重要的考虑因素。根据《自首和立功意见》第 8 条，对具有自首、立功情节的被告人是否从宽处罚、从宽处罚的幅度，应当考虑其犯罪事实、犯罪性质、犯罪情节、危害后果、社会影响、被告人的主观恶性和人身危险性等。

人身危险性并非仅根据被告人的当庭表现而判定，单纯以被告人出现当庭翻供行为就武断地认为其再犯可能性高的做法并不可取。评估人身危险性的因素包括动态因素和静态因素，既要考虑个人的人格因素（如生理状态、心理精神状态、反社会态度），又要考虑环境因素（如家庭关系、教育经历、不良行为）等。[1] 因此，人身危险性的升高体现在犯罪人区别于常人的行为和品格之中，由此才需要通过刑罚加以矫正，达到预防再犯的目的。而对于普遍出现的正常行为，不应将其作为人身危险性较高的指标。因为一般理性人在相同情况下也会作出类似行为，期待被告人克服趋利避害的本性并不现实，而被告人出现当庭翻供行为正是一种普遍存在于案件审理过程中的现象。在法院判决以前，被告人并不知道当庭翻供是否能得到采信，改变供述所要追求的后果也只是获得量刑上的减轻或从轻，追求的方式也是合理利用诉讼程序行使辩护权。从行为动机和方式来看，都未体现出被告人具有反社会的内在人格，故将其评价为人身危险性较高的做法太过牵强。

在贪污受贿案件中，还可结合是否有退赃、退赔情节综合评价被告人的人身危险性。贪污受贿案件的特点在于，被告人可以通过事后积极退还所收受的贿赂、将赃款上缴国库等行为弥补其犯罪行为造成的损失，如果被告人有能力退款却逃避

---

〔1〕 参见文姬：《人身危险性评估方法研究》，中国政法大学出版社 2014 年版，第 73 页。

责任,更能真实地体现其主观恶性之大。退还赃款是悔罪认罪的应有之义,被告人没有理由继续持有非法获取的财物,这与当庭翻供行为的性质不同,因为后者存在一定程度的合理性,特定情况下可能被认为是被告人行使辩护权的正当行为。

(3)当庭翻供需表明被告人反悔才能产生撤回认罪认罚的效果

认罪认罚追求的是具有契约精神的正义,认罪协商已逐渐成为刑事司法程序的发展方向。[1] 认罪认罚制度旨在追求非对抗的诉讼格局,优化司法资源配置。[2] 兼具实体和程序双重意义的认罪认罚从宽原则的确立,对提高诉讼效率、实现案件的繁简分流有重要意义。认罪认罚的协商性逻辑体现在检察机关提出精确的量刑建议,且量刑建议一般都能得到法院采纳。[3] 立法也确认相关制度保障控辩双方的平等协商,弥补被告人在专业法律知识方面的劣势,如法律规定认罪认罚具结书的签署需有律师在场,设置值班律师制度的动力也源于此。控方还负有一定的告知义务以确保辩方获悉案件情况。在庭审阶段,法官也会重点对被告人认罪认罚的自愿性展开审查,目的在于确认控辩双方的合意是否存在。因此,被告人自愿作出认罪认罚的意思表示,是认罪认罚从宽适用的前提条件之一。

由于被告人的意思表示具有举足轻重的作用,无论是认罪认罚的适用还是撤回,都必须查明被告人的真实意思,不能将正常的诉讼行为视为对认罪认罚具结书的背反,如当庭翻供、提出上诉和选择程序等。法院不会仅因被告人以量刑过重为由上诉就否定一审认定的认罪认罚情节。[4] 同理,其他提出异议的行为也是如此,如被告人可以在认罪认罚后选择不适用速裁程序或简易程序,在庭审中就量刑建议提出异议,这些均不会产生撤回认罪认罚的效果。只有当被告人明确表示行使反悔权时,才会推翻认罪认罚情节。

在贪污受贿案件中,适用认罪认罚的争议多集中于调查阶段对协商性的保障。首先,认罪认罚的适用条件和程序都较为严格,被调查人要成立认罪认罚所需满足

---

[1] 参见叶青、吴思远:《认罪认罚从宽制度的逻辑展开》,载《国家检察官学院学报》2017 年第 1 期。

[2] 参见陈卫东:《认罪认罚从宽制度研究》,载《中国法学》2016 年第 2 期。

[3] 参见杜磊:《认罪认罚从宽制度适用中的职权性逻辑和协商性逻辑》,载《中国法学》2020 年第 4 期。

[4] 参见最高人民法院刑事审判第一、二、三、四、五庭编:《刑事审判参考》(总第 127 集),人民法院出版社 2021 年版,第 40 ~43 页。

的条件比一般案件更多,还需同时有主动投案或立功表现,这对被告人配合调查的主动性和积极性都要求更高。根据《监察法》第34条,涉嫌职务犯罪的被调查人主动认罪认罚,有下列情形之一的,监察机关经领导人员集体研究,并报上一级监察机关批准,可以在移送人民检察院时提出从宽处罚的建议:①自动投案,真诚悔罪悔过的;②积极配合调查工作,如实供述监察机关还未掌握的违法犯罪行为的;③积极退赃,减少损失的;④具有重大立功表现或者案件涉及国家重大利益等情形的。监察机关决定是否提出适用认罪认罚建议的程序也有所不同,不仅要经过讨论,还要报上一级监察委决定。上级把关的方式强化了程序适用的行政色彩,也增加了适用的难度。其次,被告人即使符合适用条件,也难以展开有效协商。在职务犯罪调查阶段律师不得介入,这就意味着被告人无法获得基于维护其利益的专业法律建议。调查阶段的证据开示也受到严格限制,目前仅要求办案人员告知基本的案件情况和被告人享有的诉讼权利。因此,被告人可能期待在其他阶段获得更多的案件信息和协商机会。

被告人可能希望通过当庭翻供提出异议的方式提请法官注意无罪或罪轻的事实,进行新一轮的协商。因为在庭审阶段,诉讼程序由中立性更强的法官主持,被告人也获得了更多公开陈述意见的机会,此类翻供行为中并不包含被告人撤回认罪认罚的意思表示。例如,在"廖某伟受贿案"中,被告人廖某伟否认的事实足以影响量刑情节,但法院依然认定其成立认罪认罚,正是因为其仍然有认罪认罚的意思表示。[1]

法官需要向被告人释明撤回认罪认罚的法律后果,认罪认罚的适用建立在保障当事人的自愿性和明智性的基础上,被告人在知晓撤回认罪认罚所将带来的程序回转等法律效果后依然选择反悔的,即是具有明智性的决策。被告人反悔应当以明示的方式作出,不能将被告人对主要犯罪事实翻供当然视为对认罪认罚的默示撤回,因为被告人可能是为了重启协商程序。若经过再次协商仍然无法达成合意,且被告人拒不接受量刑建议,此时的当庭翻供行为才体现了被告人反悔的意思表示,认罪认罚的情节无法成立。

(四)启发与小结

当庭翻供行为具有双重性,既属于被告人行使辩护权的正常表现,又暗含着逃

---

〔1〕 参见广东省深圳市福田区人民法院刑事判决书,(2019)粤0304刑初134号。

避罪责的心理倾向。[1] 当庭翻供行为的双重性质并不是界限分明的，在正当性与可责性之间存在过渡的中间状态。被告人可能是由于对法律性质存在错误理解而翻供，也可能是由于庭审中获知了在案证据情况，认为控方证据无法满足有罪证明标准而投机性地翻供，还可能是为了阻碍诉讼进程而故意翻供。

当庭翻供未受支持，说明法院认为被告人在庭上的陈述存在一定的虚假性，考虑到翻供行为的双重性，需要通过递进式评价方法来判断被告人当庭翻供行为是否具有可责性，以避免一味因翻供而增加刑罚量，给被告人辩护权的行使带来不当限制。实现对当庭翻供根据不同情况具体评价以判断其对法定从宽情节的影响，需要对翻供内容和行为本身分别进行评价。第一步，先根据翻供内容是否仅限于法律适用、是否推翻主要犯罪事实，来判断翻供程度是否足以影响量刑情节，进而才能将翻供行为本身纳入刑罚裁量范围，作为影响法定从宽情节的事实加以评价。该步骤的作用在于排除被告人具有正当性的辩解行为。第二步，从被告人可能成立的量刑情节出发，以法定从宽情节的适用要求检视被告人出现翻供后的整体评价是否依然满足成立条件。这一步旨在评估被告人当庭翻供行为的可责性，确定当庭翻供行为对量刑情节所产生的实际影响。若将翻供行为加上退赔等其他行为综合评价后得出被告人的人身危险性较高的结论，则否定自首或坦白情节的成立。被告人在庭前已签署认罪认罚具结书的，仅有当庭翻供，不足以表明被告人反悔，只有被告人作出撤回认罪认罚的意思表示时，才不再适用认罪认罚从宽的规定。

---

〔1〕 参见熊秋红：《比较法视野下的认罪认罚从宽制度——兼论刑事诉讼“第四范式”》，载《比较法研究》2019 年第 5 期。